Ferdinand Raab

Johann Joseph Felix von Kurz, gennant Bernardon

Ein Beitrag zur Geschichte des deutschen Theaters im xviii. Jahrhundert

Ferdinand Raab

Johann Joseph Felix von Kurz, gennant Bernardon
Ein Beitrag zur Geschichte des deutschen Theaters im xviii. Jahrhundert

ISBN/EAN: 9783743688896

Hergestellt in Europa, USA, Kanada, Australien, Japan

Cover: Foto ©ninafisch / pixelio.de

Weitere Bücher finden Sie auf **www.hansebooks.com**

Johann Joseph Felix von Kurz

genannt
Bernardon.

Ein Beitrag zur Geschichte des deutschen Theaters
im XVIII. Jahrhundert

von

Ferdinand Raab.

Aus dem Nachlass herausgegeben
von
Fritz Raab.

Mit 2 Abbildungen, 1 Wappentafel und 1 nach
dem Original verkleinerten Theaterzettel.

Frankfurt a/M.
Literarische Anstalt
Rütten & Loening
1899.

Im Verlag der Literarischen Anstalt, Rütten & Loening in Frankfurt a. M. ist erschienen:

Moderne Geister.

Literarische Bildnisse aus dem neunzehnten Jahrhundert

von

Georg Brandes.

Dritte durchgesehene und bedeutend vermehrte Auflage mit einem Gruppenbild in Glanzlichtdruck.

1897. VI und 542 Seiten. Elegant gebunden in Leinwand.

Preis M. 11.50.

—

„In diesem Buche ganz besonders verführt Brandes wie ein Naturforscher, der von der äusseren Erscheinung des Wesens, das er zu beschreiben gedenkt, ausgeht, dieselbe im Zusammenhang mit ihren Lebensbedingungen zu verstehen sucht und endlich, zergliedernd und mit Hülfe des feinsten Mikroskops, auch ihre geheimsten Fasern bloss legt. Ob er uns nun Renan, Stuart Mill, Ibsen, Flaubert oder die Gebrüder Goncourt schildert, — wo möglich knüpft er an seine eigene persönliche Bekanntschaft mit dem betreffenden Manne an — oder er giebt uns wenigstens nach dem Zeugniss glaubwürdiger Zeitgenossen die Schilderung der Persönlichkeit, deren Werke, deren ganze Geistesart er uns nahe bringen will . . . . . Uebrigens man mag das Buch aufschlagen wo man will — man wird sich überall sofort durch die Kraft der Gedanken, die packende Lebhaftigkeit und Schönheit der Sprache gefasst und zum Weiterlesen genötigt sehen. Die zur Behandlung kommenden „modernen Geister" sind: **Paul Heyse, Max Klinger, Ernest Renan, Gustave Flaubert, die Brüder Goncourt, Turgenjew, John Stuart Mill, Andersen, Tegner, Björnson, Ibsen.** Die Verlagshandlung hat das Werk durch schönen Antiquadruck und sonstige prächtige Ausstattung mit Recht ausgezeichnet."

(Sonntagsblatt des Berner Bund.)

Author und Berühmter Comicus unter dem Nahmen Bernardon.
Dem Selben gewidmet von seinen Gönnern.

Wappen der Familie „von Kurz".

Johann Joseph Felix von Kurz

genannt

Bernardon.

Ein Beitrag zur Geschichte des deutschen Theaters im XVIII. Jahrhundert

von

Ferdinand Raab.

Aus dem Nachlass herausgegeben

von

Fritz Raab.

Mit 2 Abbildungen, 1 Wappentafel und 1 nach dem Original verkleinerten Theaterzettel.

Frankfurt a/M.
Literarische Anstalt
Rütten & Loening
1899.

Vorrede.

Die Quellen für die Geschichte des deutschen Theaters im 18. Jahrhundert, besonders für die der Wiener Bühne fliessen so spärlich, dass auch ein bescheidener Beitrag Beachtung verdient. Desshalb schien mir die Herausgabe der folgenden Studie über den „Wienerischen Bernardon" Joseph von Kurz aus dem Nachlass meines Vaters gerechtfertigt. Die ersten Abschnitte I—VIII, welche die Thätigkeit Bernardons in Wien bis zum Jahre 1760 schildern, lagen in der Abschrift des Verfassers druckfertig vor, die übrigen IX—XII stellte ich aus den vorhandenen Aufzeichnungen und den mir zu Gebote stehenden Hilfsmitteln zusammen. Etwaige Irrthümer in diesem Theil kommen also auf Rechnung des Herausgebers. Uebrigens fallen in diese Zeit die Unternehmungen des Kurz in Prag und in Frankfurt a. M., welche bereits durch Oscar Teuber und durch E. Mentzel sachkundige und ausführliche Darstellungen fanden.

Den Auszügen der Kurz'schen Stücke liegen hauptsächlich Handschriften der K. K. Hofbibliothek in Wien zu Grunde. Die übrigen benutzten Hilfsmittel sind an den betreffenden Stellen angeführt. Den Herren

Archivaren und Bibliothekaren in Wien, Prag, München, Nürnberg, Frankfurt a. M., Mainz, Mannheim und Köln, allen Freunden meines verstorbenen Vaters, welche diese Arbeit mit Rath und That förderten, erlaube ich mir den verbindlichsten Dank abzustatten. Ebenso fühle ich mich verpflichtet den Herren Verlegern für das überaus freundliche Entgegenkommen und die elegante Ausstattung des Buches meinen höflichsten Dank auszusprechen.

Meran im September 1898.

Fritz Raab.

INHALT.

		Seite
I.	Abstammung. Geburt 1717. Jugendjahre.	1
II.	Erstes Auftreten in Wien 1737. „Bernardon".	5
III.	Gastspiel in Frankfurt a. M. 1741|42. „Judenhochzeit". Heirath in Dresden 1743.	16
IV.	Kurz' zweiter Aufenthalt in Wien 1744. „Bernardon der 30 jährige ABC Schütz".	32
V.	Bernardon's Kampf gegen das regelmäfsige Schauspiel 1747. „Der neue krumme Teufel". Censur 1751.	54
VI.	Verbot der Bernardoniade 1752. „Zamor". „Hochzeit auf dem Scheiterhaufen". „Der verheirathete Teufel". Kurz' Abgang von Wien 1753.	73
VII.	Kurz in Prag 1753. Die Neuber in Wien. Kurz wieder in Wien 1754. „Gelsen Insul".	91
VIII.	Tod der Frau Franziska Kurz 1755. „Prinzessin Pumphia". Vermählung mit Theresina Morelli 1758. „Beschützte Unschuld". Abgang von Wien 1760.	108
IX.	Kurz Theaterunternehmer in Prag 1760/64. „Bernardon der Schatzgräber". Am Reichstag in Pressburg 1764. „Die Guvernante". „Das europäische Wäschermädel". „Die Weiber und Bubenbataille".	124
X.	Kurz in München 1765 und in Nürnberg 1766. Repertoire der „Impresa Kurz" in Nürnberg.	134
XI.	Kurz in Frankfurt a. M., in Mainz, in Mannheim, in Köln 1766/68. Ein „Wiener Faustspiel" in Frankfurt a. M.	165
XII.	Bernardons letztes Auftreten und Misserfolg in Wien 1769/71. „Die Herrschaftskuchel." Abgang nach Danzig 1771. „Insul der gesunden Vernunft". Theaterdirector in Warschau 1771/81. Letzte Jahre und Tod in Wien 1781/83.	175

I.

Abstammung. Geburt. Jugendjahre.

Die von Kurz stammten aus Kempten im Allgäu. Sie zählten einst zu jenen Patrizierfamilien, aus welchen der grosse und der kleine Rath dieser reichsfreien Stadt hervorgingen. Ein adliges Geschlecht, führten sie einen getheilten, roth und silbern gepfahlten Schild im Wappen, oben aber im rothen Felde drei silberne Ringeln. Auf dem Helme einen langrunden liegenden ebenfalls roth und silbern gepfahlten Schild, auf jeder Seite und oben mit einem Pfauenschweife besteckt. Auch die Helmdecken waren roth und silbern.[1]

Ein Anton von Kurz stand als Fahnenjunker in dem „löblichen kayserlich Max Starhemberg'schen Regimente." Er fiel vor Mesmay „mit einem Stein aus dem Stuckh an die Brust geschossen."

Dessen älterer Bruder Joseph Felix von Kurz im Jahre 1690 zu Landshut geboren, verliess sein Vaterland schon im dreiundzwanzigsten Jahre und wurde Schauspieler. Er ging vorerst nach Oesterreich, wo er bei

---

[1] Paul Fürst nennt sie in „Desz Neüen (Hans Siebmacher'schen) Wappenbuch fünffter und letzter Theil." Nürnberg (1668) pag. 283 unter Kemptische Adeliche Geschlechter: „Die Kurtzen."

Stranitzky¹), dem vielgenannten Hanswurst und Direktor der ersten stehenden Wiener Bühne, freundliche Aufnahme fand.

Nach den Kirchenbüchern von St. Stephan wurden ihm, einem „Comicus", der aus leicht zu errathenden Gründen seinen Adel zurückgelegt hatte, und seiner Frau Edmunda hier am 22. Februar 1717 ein Knabe geboren. Zu „Gevatter" standen bei diesem: Joseph Anton Stranitzky „Comicus" und seine Frau Maria Monika, sowie Johann Baptist Geferding „Comicus" und seine Frau Maria Margaretha. Der Knabe erhielt in der Taufe die Namen: Johann Joseph Felix und wurde Joseph gerufen.

Joseph Felix Kurz, der Vater, blieb noch einige Zeit in Wien. Er gab auch der Frau Maria Monika Stranitzky Gelegenheit in seiner Familie auf eigene Rechnung als Pathin zu fungiren. Nach ihr führte eine jüngere Schwester von Joseph Kurz die Namen Maria Monika. Ja noch im April 1719 wurde eben dieser hier noch ein jüngerer Bruder, Anton Georg Ignaz geboren.

Im folgenden Jahre wendete sich Joseph Felix Kurz, der Vater, zugleich mit Scolary, Rademin, Hilverding und Stängel, aus dem Süden nach dem Norden, wo er in Berlin bei Eckenberg, dem „starken Manne", ein unter dem Namen „Felix" sehr beliebtes Mitglied wurde. Seine Frau nannte man natürlich „die Felixin".

Bald jedoch schwang sich der alte Kurz vom einfachen „Comicus" zum Führer einer eigenen „Bande" auf, die „sich mit Producirung deutscher Comoedien ernährte". Als solcher traf er im Jahre 1725 zum erstenmale mit seinen „Leuten" in Brünn ein und gab hier anfangs im Graf Salm'schen Hause auf dem Dominikaner-Platze und in der ständischen Reitschule beim Brünner Thore, dann vom Jahre 1732 an, im neuerbauten Theater „meystens in winter" Vorstellungen. Seitdem schlug er durch beinahe

---

¹) Joseph Anton Stranitzky geb. 10. Sept. 1676 zu Schweidnitz in Schlesien, gest. 19. Mai 1727 in Wien. Schlager, Wiener Skizzen. Wien 1839.

zwei Decennien seine leichten Zelte abwechselnd in der Hauptstadt Mährens und in Olmütz auf, wo er nach seiner eigenen Aussage: „von denen dasigen löblichen Ständen einen monatlichen Auswurf hatte", was allerdings aktenmässig nicht erwiesen ist. Vom Jahre 1734 an erschien er nebenbei zeitweilig in Prag.

So primitiver Natur aber auch die Truppe des Joseph Felix Kurz damals noch war, so hatte sie doch bereits eine für jene Tage keineswegs zu unterschätzende Anzahl „gutt geistlicher und moralisch ausgearbeiteter Comoedien" in ihrem Repertoire, wol eine Frucht des „monatlichen Auswurfes." Sie spielte: „Die selige Genoveva", „Das leben und todt S. Sebastians", „Das Leben und Martirium S. Joannis von Nepomuckh", „Die Verfolgung des Absolons gegen seinen Vater David", „Daniels Erhaltung in der Löwengrube", „Die Bekehrung S. Egydi", „Der wegen der Ehescheidung (König Heinrich VIII.) enthaubte Thomas Marcus (More)", „Der israelitische Richter Samson", „Die Opferung Abrahams mit seinem Sohne Isaac". Den Rest bildeten allerdings Bourlesquen und extemporirte Comoedien, deren so manche wohl, „mit scandalosen liebensintriguen angefüllt auch sonsten mit ander zur ärgernus gereichenden Zotten untermischet" gewesen sein mochten, wie die *in politicis* verordneten Commissionen von Brünn und Prag zeitweilig behaupteten.

Nicht minder zahlreich fast als die „gutt geistlichen und moralischen Comoedien" in dem Repertoire des Joseph Felix Kurz scheinen aber auch die leiblichen Kinder in dessen Familie gewesen zu sein. Noch bei seiner ersten Anwesenheit in Prag im Jahre 1735, wo er im Manhardt'schen Hause spielte, zwingt ihn die Sorge „um die Leibesnahrung für seine Frau, seine sieben kleinen Kinder und die gesammte Bande" sich an das Consistorium und die Statthalterei um die Erlaubniss zu wenden: am Faschingsamstage, einem Normatage, eine „gute und moralische Action" vorstellen zu dürfen. Bei seinem zweiten Aufenthalte daselbst im Jahre 1743, wo er im „Goldenen Stern" Vorstellungen gab, waren seine Leute: seine Frau, seine drei Mädchen und sein Sohn „Antony" so genannt in Erinnerung an den Onkel, den Fahnenjunker. „Ausserdem sei da Einer Namens Noth (wohl Franz Anton Nuth), ein Anderer Johann (Zuname unbekannt), ein Dritter sei nur ein gewöhnlicher Theaterkerl mit Namen Andreas, ein Vierter stamme aus Pressburg und nenne sich Karl Nachtigall, endlich sei Einer aus Brünn, der nenne sich Anton Pabel, war vordem ein Kammer-Lakai gewesen beim mährischen Herrn Commissario von Burin. Er selber wohne am Christen-Tandelmarkte im Findlerischen Hause; wo sich die Uebrigen aufhalten, das wisse er nicht, denn diese Leute nehmeten das Quartier, wo sie es am leichtesten bekommen. Der Platz im „Stern" koste ihm sicher 300 fl."

Unter den zuerst aufgeführten „sieben kleinen Kindern" befand sich sicher auch der damals bereits achtzehnjährige Joseph, dessen Wanderjahre jedoch kurz nachher ihren Anfang genommen haben dürften. Vater Kurz scheint es eben mit dem Alter und der Grösse seiner Kinder nicht allzu genau genommen zu haben, wenn er auf dieselben als auf eine Beilage zu einem beweglichen Gesuche reflektirte. Mehr der Mann realer Nützlichkeit als idealen Strebens „immer den Mund voller Worte und gerne die Hand auf der Tasche" wusste er von seinen Feinden, das will sagen: seinen Concurrenten zu lernen. Und wie einem derselben, dem Joseph Moser, die Kriegsdienste seiner Vorfahren, so musste ihm, dem alten Kurz, der „Tod seines Bruders Anthony vor Mesmay" allenthalben die Wege ebnen.

II.

Erstes Auftreten in Wien 1737. „Bernardon."

Die ersten Anfänge des Joseph Kurz — er selber schrieb sich gewöhnlich Kurtz — sind wohl in undurchdringliches Dunkel gehüllt. Doch waren die hier nur leicht skizzirten sozialen und künstlerischen Verhältnisse, in denen er seine Kindheit und seine früheste Jugend verlebte, nicht darnach angethan sein Andenken auf die Nachwelt zu bringen. Natürliche Anlage und ausdauernde Pflege derselben mussten auch hier, wie in so manches Künstlers Erdenwallen, das Meiste dazuthun.

Zu den natürlichen Anlagen des Joseph Kurz zählte vor Allem eine sehr glückliche äussere Erscheinung. Er erfreute sich einer ungewöhnlich vortheilhaften Bildung des Körpers, dieses für den Schauspieler so bedeutungsvollen Instrumentes. Bei einem vielleicht ein wenig zu hohen und zu schlanken Wuchse war er von einer seltenen Geschmeidigkeit der Glieder und von einer bewundernswerthen Kraft und Ausdauer in seinen „Fatiguen". Sein geistvoller, scharf geschnittener Kopf mit hoher Stirn und gerader Nase verrieth selbst nach einem langen und wechselvollen Leben noch den Adel seiner Herkunft. Er liess im hohen Alter noch die feinen und fast frauenhaften Züge erkennen, die Joseph Kurz, besonders am Beginne seiner Laufbahn, so oft verführten sich in Verkleidungsrollen dem Publikum als Dame vorzustellen. Und in der That muss diese himmelhohe Gestalt in dem „acht Ellen weiten Strickrock" und mit den coquetten Alluren der „Prinzessin Pumphia" nicht weniger von drastischer Wirkung gewesen sein, wie als „galante Witwe" in „Le Mercure galant" von Edmé Boursault. Das sprechende Auge leuchtete in dem Greise noch mit dem ganzen Feuer der Jugend. Das sonore Organ hatte einen allgemein sympathischen Charakter, der durch den ausgesprochenen Wiener Dialekt, vor Allem den Fremden gegenüber, nur noch unwiderstehlicher wurde. Die Stimme war stark und umfangreich genug, um jene einfachen Arien und Couplets, die damals, nicht selten ohne musikalische Begleitung vorgetragen, die Würze des Lustspieles bildeten, zu voller Geltung zu bringen, ja stark und umfangreich genug, um in parodirenden Operetten wie „Ormechus, oder: Der Vater ein Tyrannischer Nebenbuhler seines Sohnes Cosron" den Ormechus „Pass", den Cosron „Tenor" und den Pharnacus „Discant" in seiner Person darstellen zu können. So begabt, erschien Joseph Kurz wie geschaffen zum Schauspieler.

Seine Kindheit und seine erste Jugend mögen mit der von Ludwig Schröder[1]) viel Verwandtes gehabt haben. Hier wie dort: das nicht einmal glänzende Elend des fahrenden Comoediantenthums. Hier wie dort: der stete Kampf um ein ärmliches Dasein. Hier wie dort das allzufrühe Aufgebot aller Kräfte, diesen Kampf an der Seite der Seinigen mitzukämpfen. Auch dem Joseph Kurz mag es nicht erspart geblieben sein, selbst noch hilflos, schon Anderen helfen zu sollen, und das erste noch kaum verständliche Lallen auf dem Kunstmarkte im eigenen und im fremden Interesse verwerthen zu müssen. Auch ihm mag es nicht erspart geblieben sein, selbst noch ein Kind, bereits männliche und weibliche Rollen spielen zu sollen, für die ihm noch jedes Verständniss mangelte, denen sein Alter noch nicht gewachsen war, und mit denen er doch Beifall finden und die Massen anziehen musste. Auch für ihn wird das Ballet und die Pantomime den Uebergang zum gesprochenen Worte gebildet haben, auch er wird an Sonn- und Feiertagen „zum Bratenwenden angesetzt" worden sein — vorausgesetzt, dass es welchen gab. Eines hatte der junge Kurz

---

[1]) Friedrich Ludwig Schröder geb. 3. Nov. 1744 in Schwerin, gest. 3. Sept. 1816 in Rellingen. F. L. W. Meyer, F. L. Schröder Hamburg 1819; B. Litzmann, F. L. Schröder, Hamburg 1890.

allerdings vor dem jungen Schröder voraus. Er war nicht
der Stiefsohn eines Mannes, dessen masslose Strenge, ja
Härte zu mildern oder abzuwenden die eigene Mutter
nicht genug Kraft und Energie besass. Dass Joseph
Kurz erst im fünfzehnten Jahre zu Brünn das erste Mal
die Bühne betreten habe, ist eine unverbürgte Nachricht.

Wie es bei solch bewegtem, solch zerstreuendem
äusserem Leben mit der Bildung des inneren Menschen
und mit dem Unterrichte ausgesehen haben mag, lässt
sich leichter ahnen als schildern, besonders da hierzu alle
positiven Anhaltspunkte fehlen. Nur so viel scheint fest
zu stehen, dass Joseph Kurz bis zu seinem achtzehnten
Jahre in seiner Familie lebte und deren Kreuz- und
Querzüge im Norden und dann durch Mähren und Böhmen,
durch Schlesien und Sachsen, sowie durch Baiern getreu-
lich mitmachte. Bei dem Protektorate der „löblichen
Stände" Mährens über das Haupt der Familie Kurz,
welches sich im Laufe der Zeit herausgebildet hatte,
und das seinen angenehmen Ausdruck in dem „monatlichen Auswurfe" fand, ist es nicht unwahrscheinlich,
dass die einflussreicheren Elemente dieser Stände, die
Geistlichen, ihren Protegé anhielten, seine Kinder wenigstens
„in winter" eine jener Elementarschulen, vielleicht sogar eines jener Gymnasien besuchen zu lassen, an denen
gerade diese Provinz Oesterreichs damals schon reicher
war als manche andere.

Joseph Kurz wird in der „Banda" seines Vaters
so gut einen Christian Ast gefunden haben, der als
„wanderndes Wörterbuch" dessen polyglotte Bildung
vollendete, wie Ludwig Schröder in der Gesellschaft
Ackermanns. So mögen ihm neben dem fragwürdigen
Latein irgend einer Klosterschule dessen verwandte
Idiome, das durch vielfachen Verkehr mit den stehenden
Masken des Südens in Schauspielerkreisen weit verbreitete Italienische und das allerdings etwas seltenere
Französische schon in früher Jugend geläufig geworden
sein. Hatte doch in dem neu eröffneten Brünner Theater

neben Joseph Felix Kurz, dem Vater, der Impresario Filippo Nero del Fantasia das italienische Singspiel in nicht unrühmlicher Weise vertreten, und liess sich doch dieser Impresario in den Sommermonaten, in denen die Impresa ruhte, gar nicht ungern „Linguae Italicae Magister" nennen.

Für das ernste regelrechte Drama war die Begabung des Joseph Kurz wohl von Haus aus gleich Null. Doch war diese Gattung im Repertoire jener Tage ohnedies nur der Rahmen innerhalb dessen die komischen Intermezzi sich abspielten, nur die den untergeordneten Kräften überlassene Folie, von der die extemporirten Zwischenspiele um so wirksamer sich abheben sollten. Und gerade für diese theatralischen Hors d'oeuvre stand dem Joseph Kurz eine ungemein glückliche Auffassung und eine wenn auch chargirte, so doch treffende Wiedergabe der im Scenarium meist nur angedeuteten „Characteurs" zu Gebote, war ihm eine nie versagende Gegenwart des Geistes, eine ihr Ziel nie verfehlende Schlagfertigkeit des Witzes eigen, wobei ihm ein lebhaftes Mienenspiel und ein ungewöhnlich beweglicher Körper vorzüglich zu statten kam.

Eine bestimmtere Form, eine fassbarere Gestalt gewann das Leben des Joseph Kurz mit seiner Rückkehr nach Wien, mit seinem ersten Auftreten in dem Stadttheater daselbst. Vermittelt wurde dieses Auftreten durch Herrn Franz Riedl, „Bierleuthgeb im Comoedien-Bierhause beim Kärntnerthor", den ersten Theater-Agenten Österreichs, den langjährigen Geschäftsfreund des alten Felix Kurz, einem „Ehrenmanne." Es erfolgte im Jahre 1737, ein Decennium nach dem Tode Stranitzky's, des Pathen von Joseph Kurz, und fast ein Jahrzehnt nachdem die beiden ehemaligen Pensionäre des kaiserlichen Hofstaates Franz Borosini und Franz Selliers, ersterer früheres Mitglied der Kapelle, letzterer früher Tanzmeister, auf Wunsch der Kaiserin Maria Theresia, das Theater-Privilegium von den Erben Stranitzky's für zwanzig Jahre an sich gebracht hatten.

Die neuen Unternehmer fanden die deutsche Bühne auf einer, im Vergleiche zum französischen und selbst zum italienischen Theater von damals, für Wien wahrhaft beschämend niederen Stufe. „Man kannte" um mit den Worten Lessings zu reden „keine Regel, man kümmerte sich um keine Muster. Die Staats- und Heldenactionen waren voller Unsinn, Bombast, Schmutz und Pöbelwitz. Die Lustspiele bestanden in Verkleidungen und Zaubereien und Prügel waren die witzigsten Einfälle derselben." Die Wiener Bühne war noch fast ausschliesslich von der Stegreifkomödie beherrscht und selbst die spärlichen Übersetzungen fremder ernster regelmässiger Dramen mussten sich „per licentiam comicam", wie man es nannte, das Extempore läppischer Intermezzi und die nicht selten sehr geschmacklose Verbrämung mit Gesang und Tanz gefallen lassen.

Die neuen Unternehmer, die sich als Italiener „Impresarii" nannten, thaten so manches für die Renovirung des Hauses und die Ausstattung der Stücke. Den Touristen jener Tage erschien das „Theatrum bei dem Kärntner Thor" als das grösste und schönste im ganzen Reich, was allerdings nicht allzu viel sagen wollte. Die Bühne ward mit Dekorationen von bisher nie gesehener Pracht geziert, die Garderoben der Schauspieler mit solideren Kostümen bereichert, Chor und Orchester besser besetzt und besser geschult und ein vollständiges Ballet in's Leben gerufen. Die Herren Borosini und Selliers waren nicht vergebliche Augenzeugen der blendenden Schauspiele in der „Favorita" und in dem „grossen kaiserlichen Theater bey der Burg" gewesen. Noch unmittelbar vor dem ersten Auftreten des Joseph Kurz, am 17. April 1737, brachte das Wienerische Diarium folgende Anzeige:

„In dem alerh. kaiserl. privilegirten Theatro bey dem Kärntner-Thor werden die gehörigen Zubereitungen zu den künftigen anderten Oster-Feiertagen anwiederum neu angehenden Comödien gemacht und werden sonderlich kostbare Kleidungen und Veränderungen der hiesigen Schaubühne dazu verfertiget."

Dagegen thaten die neuen Unternehmer für die geistige Hebung und Leitung des Ganzen so gut wie nichts. Was die Wahl der Stücke anbelangt, so liessen sie vorerst Alles beim Alten und das Repertoire athmete nach wie vor den blühenden Unsinn der Haupt- und Staatsaktionen und die bodenlose Gemeinheit der bürgerlichen Posse der Stranitzky'schen Aera. Nur für die Heranziehung neuer darstellender Kräfte thaten die Impresarii von Zeit zu Zeit etwas. Und hierin bewiesen sie auch in der That zumeist einen richtigen Blick, was um so schwieriger war, als der treffliche Darsteller der Stegreifkomödie nicht nur Schauspieler sondern auch Dichter, nicht nur Meister des Wortes sondern auch Sänger und Tänzer sein musste.

Die Hauptakteure in dieser bedenklichen Welt des Scheines, die der nun zwanzigjährige Joseph Kurz hier betrat, waren: Gottfried Prehauser[1]), als Hanswurst der glückliche Erbe und Nachfolger Stranitzky's, Franz Anton Nuth als Harlekin ein beliebter Komiker, vor Allem aber „Compositeur" zahlreicher allenthalben mit Beifall gegebener Zauberpossen, in denen seine Frau Maria Anna, geborne Viertel, die erste Rolle spielte, Johann Leinhaas[2]), ein trefflicher Pantalon und Andreas Schröter[3]), ein tüchtiger Bramarbas. Neben diesen

---

[1]) Gottfried Prehauser geb. in Wien, bei einer italienischen Truppe ausgebildet, trat in Salzburg 1720 zuerst als „Hanswurst" auf. Stranitzky berief ihn nach Wien, wo er bis zu seinem Tode 1769 eine rege Thätigkeit als Dichter und Schauspieler entfaltete. Wurzbach, Biograf. Lex.; von Görner, Der Hans Wurst-Streit, Wien 1884

[2]) Johann Leinhaas geb. in Venedig, in Wien als Pantalon beliebt 1716, Impresario in Böhmen und Sachsen, wieder in Wien 1744 und 1748. Gest. in Wien am 22. Mai 1767.

[3]) Andreas Schröter geb. in Berlin als Sohn eines Holzhändlers 1696, zuerst in dänischen Kriegsdiensten später öst. Offizier, endlich Schauspieler 1720, gab Liebhaber, Tyrannen, Bramarbas. Gest. in Wien 1761. Wienerisches Diarium 1761.

verdient noch Friedrich Wilhelm Weiskern genannt zu werden, der vorerst kleine Rollen, dann die „Leander", die Liebhaber der „Bourlesque" spielte und wie Nuth als glücklicher Bearbeiter vieler besonders italienischer Lust- und Singspiele debütirte.

Das erste Auftreten des Joseph Kurz auf dem Stadttheater nächst dem Kärntner Thor fiel noch in die prähistorische, fast urkundenlose Zeit des Wiener deutschen Theaters. Von den Stücken des damaligen Repertoires haben sich nur wenige in Abschriften und im Drucke, die meisten nur dem Titel, den ihnen beigegebenen Avertissements und den in selbe eingestreuten Arien nach erhalten, ja von den meisten hat überhaupt nie etwas anderes bestanden als dieses und ausserdem ein sehr mageres Scenarium.

Dem ernsten Drama brachten die weiteren Kreise, wie bereits angedeutet, nur ein geringes Interesse entgegen. Beweis dessen, die den Titelangaben derselben meist, wie zur Beruhigung, beigefügten Bemerkungen: „in der ganzen Comödie seynd nur 6 serieuse Scenen" oder „diese ganze serieuse Action spielet nicht länger als eine Stunde." Da fanden es denn die Theaterzettel auch ganz überflüssig, Dichter und Schauspieler erst noch namentlich aufzuführen. Die in den Intermezzi's oder in den lustigen Nach-Komödien und Operetten auftretenden Charaktere aber waren zumeist stehende Masken, deren Repräsentanten ohnedies aller Welt bekannt waren. Da hiess es denn auch nur einfach: „Hannswurst, Finette und Scapin werden mit modester Lustbarkeit eine angenehme Veränderung machen" und Jedermann wusste: Hanswurst sei kein anderer als Prehauser, Finette keine andere als Frau und Scapin kein anderer als Herr Nuth. Verlautete jedoch einmal rechtzeitig, dass an einem Abende Frau Nuth als Finette durch eine Collegin ersetzt werden solle, so forderten die Einen kurzweg an der Kasse ihr „Legegeld" zurück, während die Anderen sich durch eine eben nicht allzu massvolle Kritik an der armen Stellvertreterin schadlos hielten.

Je karger aber die in grossem Folio gehaltenen Affichen in Betonung von Dichtern und Schauspielern waren, um so verschwenderischer waren sie in reklamenhaften Ankündigungen von Avertissements, Verkleidungen, Arien, Kinderpantomimen, Dekorationen, Maschinen und Feuerwerken. Ja, es fehlte auf denselben selbst an zahlreichen Abbildungen phantastischer, vor allen zwischen Teufeln und Teufelinnen spielender Scenen nicht. Eine Wiener Dramaturgie oder auch nur eine Wiener Tageskritik von damals hat wohl nie bestanden oder hat sich zum wenigsten nicht erhalten.

Doch ist gewiss, dass Joseph Kurz gleich bei seinem ersten Auftreten auf der Wiener Bühne schon die ganze Vielseitigkeit seiner reichen Begabung zu entfalten im Stande war. Ob dies mehr für die Schule spricht, die er bisher unter seinem Vater durchgemacht oder gegen die „Wiener deutsche Comödie" mag dahin gestellt bleiben. Er spielte vorerst in den Scenarien von Nuth und Weiskern neben Prehauser zweite komische Partien aus dem Stegreife und errang in einer derselben, in der Rolle eines jungen, ungezogenen, lüderlichen, dummpfiffigen Buben, Bernardon genannt, einen solchen Erfolg, dass dieser Bernardon nun seine stehende Maske wurde. Er debütirte in heiteren Soloscenen mit von ihm selbst gedichteten und in Musik gesetzten Couplets, die allerdings mit dem denkbar geringsten Aufwande von Stimme, Kunst und Begleitung zu bestreiten waren. Er trat als Solotänzer in Balleten seiner eigenen Erfindung auf, die freilich nicht viel mehr waren, als kleine Divertissements aus National- und Charaktertänzen. Er wirkte in den damals so beliebten Pantomimen mit, die entweder Intermezzi der Haupt- und Staatsaktionen waren oder auch selbständig gegeben wurden. Endlich versuchte er sich als Theaterdichter.

Auch ist gewiss, dass Joseph Kurz nur zu kommen und gesehen zu werden brauchte, um zu gefallen. Aus einem gelehrigen Schüler Prehausers, der ihn mit seltener

Kollegialität in die neuen Kreise eingeführt hatte, ward er wie über Nacht dessen gefährlicher Nebenbuhler. Während seinerzeit der bereits ältere Hanswurst auf dem Wege einfacher und treuherziger Bornirtheit die Gunst des Publikums nur langsam errang, eroberte sie der um zehn Jahre jüngere Bernardon auf dem Wege einer mehr bewussten und nur scheinbar naiven Dummheit wie im Sturme. In ihm nahm der etwas antiquirte Hanswurst eine modernere, fast möchte man sagen, geistvollere Gestalt an. Beide wirkten in erster Linie durch eine unerschütterliche Objectivität und eine gesunde Naturwahrheit. Niemand im ganzen Hause wurde durch das laute Gelächter, das eine vorgebrachte Frechheit oder eine arge Zote im Publikum hervorrief, mehr überrascht als Bernardon selber. Es schien, als wäre er durch solch ein schallendes Echo erst über den Sinn und die Tragweite der eigenen Worte aufgeklärt worden. Von seiner Erscheinung auf der Bühne, von seiner Spiel- und Redeweise gibt einer seiner Zeitgenossen, allerdings ein Gegner der Bernardoniade, ein sehr anschauliches und sicher sehr treffendes Bild:

„Nun stelle man sich ein hochansehnliches, hochgeneigtes Auditorium vor. Vierzig vollgepfropfte Logen, ein Parterre zum erdrücken und die Gallerien zum einbrechen. Die Gardinen aufgezogen, Bernardon kommt aus den Coulissen mit ein paar Seitensprüngen und einer lächerlichen Reverenz hervor."

„Ich habe Appetit, denn der Tambour meines Magens schlägt schon Rebell und Vergatterung, aber meine Occasions-Laterne Colombine wird wohl wieder im Finstern auf der Treppe an einen Heyducken angestossen seyn, dass sie einen Geschwulst bekommt, der erst in dreyviertel Jahren aufgeht."

»Bravo, Bravo, schreit das hochansehnliche, hochgeneigte Auditorium und klatscht 3 Minuten 45 Secunden, die Gallerie eine Minute weniger, ein paar Logen aber zwei Secunden länger. St. — St. und eine allgemeine Stille zeigt die Begierde den Verfolg zu hören."

„Was ist zu machen"", fährt Bernardon in seinem Monologe fort, „ich werde zu Mamsel Isabellen gehen und sehen den Tambour meines Magens sowie meine äusserste Liebe zu befriedigen und zu krönen. Aber da kommt sie eben. Jetzt Bernardon nimm deine ganze Beredsamkeit zusammen, erwünschtere Gelegenheit einen Liebes-Antrag zu formiren, kann unmöglich erdacht werden. Wir sind hier überdies neben meinem Schlafzimmer und hier steht ein bequemer Sopha."«

„„Schönste Gebieterin! nachdem sintemalen, alldieweilen und demnach die Sterblichkeit aus dem Firmament der Sterne, gleichwie die hellglänzende Sonne in der Morgenröthe und Julius Caesar, der berühmte Philosoph, nicht minder der Alexander, der stoische Lehrer von der Liebe, also sag ich Ihnen, dass meine Gedanken durch die Wolken, wie die Sonnenstrahlen von der sterblichen Sterblichkeit, Glückseligkeit, Freude, Entzücken, Wollust und Vergnügen das Innerste meines verliebten Herzens durch die Liebe und Zärtlichkeit auf der Reitbahn des Cupido allezeit und jederzeit auf dem Mistbeete meines Herzens liebe und verehre, habe gesagt, sage und wollte sagen und verstummte und sprach."«

„Bravo, bravo, abermal ein Donner von 3 Minuten."

Ein alter Holzschnitt, Kurz als „Kölnischen Stadtsoldaten darstellend, fand in diesen Tagen durch Nestroy's „Sansquartier" und die eben geschilderte Spielweise Bernardons durch Karls „Staberl" eine treffende Illustration.

Durch ein von Prehauser klug angebahntes Kompromiss war nun das Quartett: Hanswurst-Prehauser, Harlekin-Nuth, Bernardon-Kurz und Pantalon-Leinhaas complet und beherrschte unangefochten Repertoire und Bühne. Unter ihm erreichte die Stegreifkomödie eine Vollendung, die selbst deren Gegner entwaffnete und denselben eine Art von Bewunderung abzwang. Vor allem füllten die Bernardoniaden, deren ewiger Inhalt Bernardons Geburt, Leben, Glücks- und Unglücksfälle sowie dessen Tod und Wiedererstehung waren, allabendlich die weiten Räume des Stadttheaters am Kärntnerthore bis an die Decke. Doch waren diese Bernardoniaden weder ein von Joseph Kurz erfundenes Genre, noch rührten sie alle von ihm her. Während aber selbst in der Blüthezeit Stranitzky's und Prehausers der Adel sich ausschliesslich der kaiserlichen Oper oder den „italienischen musikalischen Zwischen-Spielen" zugewendet hatte, strömte er nun nicht minder als der

Bernardon.

gemeine Mann nach dem bisher so arg vernachlässigten deutschen Theater. Und er folgte hierin nur dem Beispiele, das der Hof ihm gab. Will doch die Chronik des Wiener Theaters von damals sogar wissen, dass die Mitglieder des „Kaiserl. privilegirten Theatri beym Kärntner-Thor" in diesen Tagen zuerst verschiedene Male nicht nur nach dem kaiserlichen Lustschlosse Mannersdorf, sondern auch in die kaiserliche Hofburg in Wien zu Vorstellungen befohlen wurden. Doch abgesehen davon, dass in den Jahren 1701 bis 1754 Mannersdorf sich gar nicht in kaiserlichem Besitz befand, führt der einzige klassische Zeuge in diesem Falle, das Wienerische Diarium nur im Carneval des Jahres 1737 eine Vorstellung von „Der Vormünder", einer Bearbeitung von Carlo Goldoni's „Il Tutore" in dem Spanischen Saale und im Carneval des Jahres 1739 eine Reihe von „bey Hof in Gegenwart Allerhöchster Herrschaften Nachmittag gehaltener Comödie-Burlesca" an, von denen aber nicht gesagt ist, ob sie, wie dies wohl sonst gemeldet wurde, von „einigen Cavalieren", von den „Kaiserlichen Edelknaben" oder von Berufsschauspielern aufgeführt wurden.

Da, in der Nacht vom 20. auf den 21. October 1740, starb nach kurzem Krankenlager Kaiser Karl VI. Schon am Tage darauf aber erschien ein „Königliches Patent" des Inhalts:

„Als befehlen Wir euch allen, und jeden, keinen ausgenommen, hiemit Gnädigst, und wollen, dass ihr alle, und jede Frölichkeiten, Musiken, Trompeten, Jäger-Horn, Fecht-Schulen, Täntz, Comödien und alle andern dergleichen Freuden-Spiel, und äusserliche Erzeigungen bey denen Hoch- und Mahlzeiten, auch anderer Zusammenkunften, sowohl bey Tag als Nacht, heimlich und offentlich ernstlich, und bei Straf ab- und einstellen, und hierwieder zu handeln niemanden verstatten, wie auch dergleichen euch selbsten enthalten sollet: An denen beschiehet Unser Gnädigster Will und Meinung."

Hiermit war die Landestrauer angeordnet, die Theater waren für die Dauer von acht Monaten gesperrt und die ersteren Mitglieder derselben hatten die Wahl: entweder im Lande zu bleiben und sich mit einer bescheidenen Sustentation zu begnügen oder ihre Kontrakte als gelöst anzusehen, und in die Ferne zu ziehen. Unter denen, die das Letztere wählten, waren: Franz Anton Nuth und seine Frau sowie auch Joseph Kurz. Sie folgten einer Einladung in die freie Reichsstadt Frankfurt am Main, wo bald nach dem Tode des deutschen Kaisers Karl VI. die ersten Vorbereitungen zur Wahl seines Nachfolgers getroffen wurden.

III.

Gastspiel in Frankfurt a. M. 1741|42. „Judenhochzeit." Heirath in Dresden 1743.

Bei seiner Ankunft in Frankfurt am Main, im Frühling des Jahres 1741, fand Joseph Kurz die ersten Schritte zu den glänzenden Wahl- und Krönungsfeierlichkeiten bereits gethan. Die bei solchen Gelegenheiten unvermeidliche Vertretung des Schauspieles war längst zweien in der Theaterwelt viel genannten Männern anvertraut: dem deutschen Prinzipal Francesco Gervaldi Wallerotty — auch Bellrotty, Pellerotti und Wallerodi geheissen — und dem französischen Directeur Jean Baptiste Gherardi.

Wallerotty hatte sich schon zwei Jahre vorher durch die Darstellung einer Reihe mit Gesang und Tanz reich ausgestatteter Haupt- und Staatsaktionen sowie toller Burlesken und Nachspiele einen allerdings mehr als zweifelhaften Namen gemacht, und sich so die Fürsprache des theaterliebenden Grafen Colloredo, des churböhmischen Gesandten in Regensburg erworben. Gherardi

dagegen hatte sich während seiner letzten Tournée durch
die Schweiz, Elsass und Lothringen mit der Vorführung
des klassischen Repertoires der Franzosen nicht nur den
Beifall der grossen Menge, sondern auch die Anerkennung
des kunstsinnigen Marschalls von Broglio in Strassburg
und des einflussreichen königlichen Rathes Hanus in
Nancy zu erringen gewusst. Er hatte in Monsieur
Seriny einen trefflichen Compagnon.

Wallerotty, ein Mann von jener literarischen Halbbildung, wie sie damals, eine Frucht des verfehlten Berufes, unter den Wanderprinzipalen gar nicht selten war, bestritt sein Repertoire zum grössten Theil aus Eigenem. Von nicht gewöhnlicher Belesenheit in mehr als einer Literatur nahm er nicht nur seine Stoffe, sondern auch seine ganzen Stücke, wo er sie fand, und passte sie durch allerlei theatralische Zuthaten von Zwischenspielen, Maschinerien, Gesang, Tanz und Feuerwerk dem Geschmacke seines Publikums an. Natürlich erlaubte ihm die „niederreissende Thätigkeit eines Theaterprinzipales" nicht, diese Stücke im Detail auszuarbeiten, sondern er musste sich begnügen, nur die Scenarien derselben zu entwerfen, in diesen den komischen Personen so viel als möglich Anregung und Raum zu ihren extemporirten Lazzis zu bieten und das Verständniss derselben dem Zuschauer durch kurze Avertissements und Inhaltsanzeigen soviel als möglich zu erleichtern. Neben den so von ihm selber „zusammengestellten Actionen" brachte Wallerotty noch einige von seinen „Haupt-Compositoren" Nuth und Schuch, ganz in demselben Geiste concipirte Machwerke. „Nach den wahren Regeln verfasste Stücke" wie „Jean de France, oder: Der teutsche Franzose", „Das Gespenst mit der Trummel", „Der sterbende Cato", „Der poetische Dorf-Junker" zeigten sich in seinem Repertoire nur selten. Auch wurden diese phänomenalen Erscheinungen stets durch den Beisatz signalisirt, dieses Werk wird von Wort zu Wort, wie es uns vorgeschrieben, produciret werden!

Anders Gherardi. Nach Johann Michael von Loën, dem Grossonkel Goethes, der die Schauspiele des Wallerotty geradezu „abgeschmackt und elend" nennt, „erwarb sich Gherardi bei Kennern vielen Beifall, verstand die Regeln der Schauspielkunst und wusste alles wol anzugeben." Sein Repertoire bot gewissermassen den Mikrokosmus der französischen regelrechten Bühne jener Tage. Doch war es hin und wieder auch mit einer Haupt- und Staatsaktion mit eingelegten improvisirten Intermezzis versetzt, wie mit dem „Simson" oder führte vollständige Stegreifcomödien vor, wie „Die Liebe des Arlequin und seiner Cloé" in welchen die Beschäftigten nicht minder durch die Schlagfertigkeit ihres Witzes als durch die Präcision ihres Zusammenspieles glänzten, und mit denen sie bei ihrem Publikum nicht weniger Beifall fanden, als mit dem regelrechten Trauerspiele und mit der regelrechten Comödie.

Die Gesellschaft des Wallerotty stand so ziemlich auf einer Höhe mit der des alten Felix Kurz. Den Kern derselben bildete hier wie dort die Familie des Prinzipals. Wallerotty selber, eine wahre Proteus-Natur, erwies sich vor Allem wirksam als leitender Regisseur und als drastischer Hanswurst, versuchte sich aber auch als ernster Held. Um ihn gruppirten sich seine Frau und seine beiden Töchter sowie seine Schwägerin und eine Mademoiselle Laura, deren Fächer jedoch nicht strenge abgegrenzt waren, und denen noch einige namenlose Individuen secundirten. Aus Anlass der festlichen Gelegenheit des Wahl- und Krönungsaktes waren überdies Franz Anton Nuth und dessen Frau mit dem schweren Opfer eines Honorares von wöchentlich zwölf Thalern als „Premier Agent und Première Agentin" aus Wien verschrieben worden. Mit ihnen und wohl auf ihre Empfehlung erschien auch Joseph Kurz. Monsieur Lebrun und Monsieur Mecour, als Balletmeister, ein Signor Tanini Panini und eine Mademoiselle Amely als „Premier Agent und Première Agentin im Tanze" sowie sechs Tänzer und Tänzerinnen besorgten speciell die chorographischen Leistungen der Wallerotty'schen Truppe. Natürlich verwandelte sich im gegebenen Momente auch jedes Mitglied des recitirenden Schauspieles in einen Tänzer oder in eine Tänzerin.

Weit zahlreicher und viel besser organisirt war die Gesellschaft Gherardi's. Sie zählte gegen fünfzig Mitglieder und die meisten derselben hatten bereits an grösseren französischen Bühnen hervorragendere Partien gespielt. Bezeichnend genug war es bei Gherardi nicht wie bei Wallerotty der Hanswurst, der die erste Rolle spielte sondern der tragische Held, Monsieur le Cocq, nach Loën ein Künstler „mit sehr guten Ansehen und zum Trauerspiele wie geboren." Gherardi, der Ältere, wirkte als Heldenvater und Regisseur. Im Lustspiele war Monsieur Gherardi, der Jüngere als Arlequin das belebende Prinzip, während ein Monsieur Bevurement als Vertreter der eigentlichen Stegreifkomödie glänzte und ein Monsieur Nevard als polternder Alter vortrefflich war. Von den Damen wurde vor allen Demoiselle Baudain gelobt, welche die Alziren und Zairen gab. Als Colombina zeichnete sich eine Demoiselle de l'Isle und als Soubrette eine Demoiselle Lyonais durch Geist und allerliebste Erscheinung aus. Alle Mitglieder der Gherardi-Seriny'schen Gesellschaft waren gleich denen der Wallerottyschen „ebenso wol im Agiren als im Tanzen und Singen geübt."

Die Deutschen eröffneten ihren Schauplatz „in der grossen neu erbauten Hütte auf der Bockenheimer-Gass", die Franzosen „*à la Rue de Tous les saints dite Aller-Heiligen-Gasse dans (la) maison nommée le Lange-Gang.*" Die Preise der Deutschen waren: „Parterre nur 6 Batzen, auf dem anderen Platz 4 Batzen und auf dem letzten Platz 2 Batzen." Es waren auch Logen monatlich, wöchentlich oder täglich zu „verlehnen." Ein Logenplatz kostete 1 fl., eine ganze Loge 4 und 8 fl., je mit 5 und 9 Plätzen, und „ist allerzeit bey jeder Loge ein Bedienter frey." Die Preise der Franzosen waren auf dem „Theatro in der ersten Loge und Orchester zwey Gulden, auf dem Amphi-Theatro vier Kopfstück, in der zweyten Loge einen Gulden auf dem Parterre und Paradiess 30 Kr." Der Anfang war von Deutschen und Franzosen im Sommer auf 5 Uhr, das Ende auf 8 Uhr angesetzt. Im Herbste und im Winter begann man um 6 Uhr. An diese Vorstellungen schlossen sich dann um 11 Uhr „die lustigten Zusammenkunften" in den Theaterräumen. Im Carneval wurden sowohl von den Deutschen wie von den Franzosen „Maskenvorstellungen" gegeben, zu denen das Publikum auf den ersten Plätzen nur in Verkleidungen zugelassen wurde. Auch gab es, wie in Wien und Paris, förmliche Theater-Redouten.

Nach dieser flüchtigen Skizze der Frankfurter Bühnenverhältnisse zur Zeit der Wahl- und Krönungsfeierlichkeiten Carl VII. ging die deutsche Komödie unter Wallerotty ganz dieselben Wege wie die Wiener unter Borosini und Selliers. Auch war ihr Verhältniss zu dem französischen Schauspiel ein ganz und gar analoges.

Da mit dem Beginne des Jahres 1741 bereits viele Fremde und hohe Herrschaften in Frankfurt eingetroffen waren, sah der Magistrat von seinem früher gefassten Beschlusse: die Komödie erst mit der eigentlichen Wahlzeit beginnen zu lassen wieder ab und Wallerotty konnte schon am 4. April, als am Osterdienstage, zum ersten Male seinen Schauplatz eröffnen. Es hat sich eine fast vollständige Reihe von Theaterzetteln dieser Impresa erhalten. Doch macht es der Mangel an einer namentlichen Aufführung der Darsteller auch hier unmöglich, die Laufbahn der Mitglieder Schritt für Schritt zu verfolgen.

Aus angeborner Galanterie scheint das Wiener Trifolium seiner Colombine, Frau Nuth, den Vortritt gelassen zu haben. Jeden Abend wurde dem Publikum von ihr mit einer oder einigen „guten italienischen Arien aufgewartet." Auch „agirte in „Il Traditore di se stesso" unsere Sängerin die Haupt-Person", ja sogar in der

„aus dem Frantzösischen in das Teutsche übersetzten Capital-Tragödie, betitult: Le Cit, oder: Der Streit zwischen Ehre und Liebe, dargestellt zwischen Roderich und Chimenen" heisst es: „N. B. Die Chimene agiret unsere Sängerin und wird sich in einigen Arien besonders signalisiren." Natürlich erschien „unsere Sängerin" jedoch zumeist in den Haupt-Aktionen ihres Mannes und führte ihn so als den „Haupt-Compositeur" des Wallerotty'schen Repertoires ein. In den ersten sechzehn Vorstellungen wurden nicht weniger als sechs Maschinen-Komödien von der Faktur des Franz Anton Nuth gegeben.

Am 25. April brachte Wallerotty „eine allhier erst componirte mit neuen Arien sowohl als verschiedenen Auszierungen des Theatri decorirte auserlesene intrigante und extra ordinair lustige Pièce Comique, betitult: Die verliebte Zauberin, oder: Das Collegium verliebter Studenten", deren Ankündigung er mit folgendem Avertissement begleitete:

„Heute werden zwey Hanss-Würste das Theatrum betretten und beyde mit Lustbarkeiten also aufwarten, dass ein jeder sich bemühen wird, wie er dem andern den Rang könne streitig machen. Ein zahlreiches Auditorium richte sich heute nur zum Lachen, dann dazu wird es gewiss Gelegenheit haben, dieses versichert der Compositeur der heutigen Action Franz Anton Nuth."

Sehr wahrscheinlich, dass dieser Abend dazu bestimmt war, Joseph Kurz dem Frankfurter Publikum zum ersten Male vorzuführen, und dass er einer von den „zwey Hanss-Würsten" gewesen „von denen ein jeder sich selbst bemühte wie er den andern — wohl den den Prinzipal Wallerotty selber — den Rang streitig machen könne." Diese Wahrscheinlichkeit wird dadurch noch vergrössert, dass die angeblich „allhier erst componirte extra ordinair lustige Pièce Comique bereits einige Jahre früher in Wien vor dem kaiserlichen Hofe, während der Fastnachtszeit, zum Oblecamentum von denen höchsten und allerhöchsten Herrschaften aufgeführt worden" war, also zum Repertoire des Wiener Bernardon gehörte.

Nachweisbar betrat Joseph Kurz die Frankfurter Bühne am folgenden Tage in „Hans-Wurst, der dumme Knecht, oder: Bernardon, der einfältige Schlosser-Jung und Pantalon, der betrogene Schwieger-Vater." Es war dies eine der vielen Varianten des damals so beliebten Thema's: Pantalon, ein störriger alter Herr, wird durch seine listige Tochter und deren treue Verbündete ein energisches Kammermädchen, oder durch einen von ihm zurückgewiesenen Liebhaber seiner Tochter und dessen verschmitzten Diener hinter das Licht geführt und zur Einwilligung in die von ihnen ersehnte Heirath gezwungen. Der Ruf des Wiener Bernardon scheint seinem ersten Auftreten in Frankfurt kaum vorangeeilt gewesen zu sein, sonst würde die Ankündigung der „Verliebten Zauberin" den „zweyten Hanss-Wurst" gewiss nicht anonym gelassen haben. Joseph Kurz brauchte aber auch hier, wie seinerzeit in Wien nur zu kommen und sich zu zeigen, um zu gefallen. Die Rolle des „Dummen Schlosser-Jung" war wohl nur eine episodische, doch war der Erfolg, den Kurz damit errang, ein so grosser, dass er Wallerotty zwang schon in den nächsten Tagen der Ankündigung des „L'oggetto odiato, oder die verhasste Braut" die Anmerkung beizufügen: „N. B. Auf gnädiges, hohes und vielfältiges Begehren wird sich heute der dumme Schlosser-Jung wiederum präsentiren." Es folgten im Laufe der Impresa noch „Bernardon, ein Tischler" und „Bernardon, der verrückte Kapellmeister", wohl sämmtlich von Joseph Kurz herrührend, und alle diese Soloscenen wurden vielfach zur Wiederholung begehrt und populär.

„Hans-Wurst, der dumme Knecht" war der Vorläufer von „Die verkehrte Welt", deren Inhalt nach dem „Avertissement" folgender gewesen:

„Diese Regiersucht ist eine Störherin des Friedens, eine Feindin der Ruhe, ein Gifft der Monarchen, eine Pest der Unterthanen und eine Schwester der Vaerrätherei, welche schon viel und grosses Unheil in der Welt verursachet hat, ihre Wirkung hat auch unter andern Castilien schon vor vielen Jahren mit Schaden erfahren müssen. Es führte nemlich ein gewisser Hertzog, welchen wir Alvaro nennen, mit einem seiner benachbarten Fürsten einen blutigen Krieg, seine Gemahlin aber fande sich zu selbigen Zeiten gesegneten Leibes. Und also Alvaro in eigener Person wieder die Feinde zoge, seine Gemahlin aber in der Residentz nicht allzu sicher glaubte, vertraute er selbige einem seiner getreuesten Bedienten, welcher sich auf einem Land-Guth aufhielte und eilte also vergnügt dem Feinde entgegen. Die Hertzogin lebte in Gesellschaft der Antonia (also nennte sich die Ehefrau dieses Vertrauten) ganz vergnügt, sie wurden auch beide fast zu gleicher Zeit mit einem jungen Erben erfreuet. Allein die Hertzogin musste das Leben ihres kaum zur Welt gebohrenen Printzen mit dem ihrigen bezahlen. Alle zwey Knaben wurden nun von Antonia getränket, aus Regiersucht aber angetrieben, gabe sie ihren Sohn für den rechtmässigen Printzen aus, welchen Per licentiam comicam Bernardon vorstellet. Zu was für Gelächter, Intriguen und Narrheiten dieses den Anlass gibt, wird man in der Aktion mit mehrerem Gusto sehen."

Mit diesem in jenen Tagen nicht minder oft variirten dramatischen Motive war eine der „Haupt-Fatiquen" des Bernardon in Scene gegangen. Er zeigte sich in derselben in folgenden „Charakteuren": als „ein einfältiger Bauernsohn, als ein durch Missverstand erklärter Prinz, endlich als ein von einem Philosopho gequälter, von einem Sprachmeister exercirter, von einem Fechtmeister strapizirter, und von einem Danzmeister und Bereither fast zum Narren gemachter Scholar." Auch erschien Bernardon hier nicht mehr nur als eine episodische von dem eigentlichen Stücke ganz losgelöste Figur, sondern vielmehr als ein mit demselben verschmolzener dramatischer Charakter, wie dies wohl auch sonst noch der Fall war, ohne dass es aber aus dem vorliegenden Repertoire Wallerotty's weiter nachgewiesen werden kann.

Am 15. August wurde statt einer Nach-Comödie „eine neue Operette-Comique aufgeführet unter dem Titul: Die lustige Juden-Hochzeit, wobey alle gewöhnliche Copulations-Ceremonien zum Vorschein kommen. Diese Operette wird mit einem neuen Juden-Ballet geendiget." Verfasser dieser anonymen Operette-Comique war der Wiener Bernardon und deren sehr einfacher Inhalt nach einem späteren Drucke folgender:

Rachel liebt den Daniel. Ihr Vater Koschmagimpert jagt ihn aber aus dem Hause, und führt ihr den Raby-Bernardon als künftigen Gatten zu, der sie singend mit der holden Frage begrüsst:

> Rachel, Rachel, sag was ist es,
> Dass ich so betartelt bin?

Rachel stellt sich zuerst auf einen Wink ihres Vaters schamhaft, wirft aber schliesslich dem unerwünschten Anbeter verschiedene wenig schmeichelhafte Thiernamen an den Kopf, so dass der arme „Raby" folgende Lamentation im Tone damaliger Kinderlieder anstimmt:

> O weh' ich armer Narr
> Krieg aus Verzweiflung
> Die Kolica a a a a
> Das Blut erstarrt wie Eis und Schnee
>   e e e e e,
> Das Fieber steigt bis in die Knie
>   i i i i i,
> Der Hals wird sperr wie Haberstroh
>   o o o o o,
> Du bringst mich um, du Hexe Du
>   a e i o u.

Vater Koschmagimpert tröstet ihn indess und verspricht ihm nochmals die Rachel zur Frau.

Das Gegenspiel führt den Zuschauer auf die Strasse, wo nach einer Verzweiflungsarie Rachels, der schlaue Vater Daniels, Jakob, alsbald seinen Plan enthüllt:

> Jakob hat schon ausgedacht,
> Wie er eure Hochzeit macht.
> Ein fremder Jud will seinen Schatz
> Heut zu der Hochzeit führen
> Ihr beide nehmet seinen Platz
> Und lasst euch kopuliren.

Der Rabbi kommt. Sie höhnen ihn und gehen in's Haus. Der „Raby schreit ihnen zornig nach:"

> Verblinden, verstummen,
> Verlahmen, verkrummen,

> Gebora, verderben,
> Verkränken und sterben,
> Hals brechen, Gnick ab
> Die Stiegen hinab
> Ersticken, Blut speyen,
> Die Därme brecht aus
> Die Lunge, die Leber
> Das Peischel heraus.

Dies Fluchen ruft Koschmagimpert herbei, der den Richter zu holen verspricht, während der Rabbi das Haus bewachen soll. Nun wird der verliebte „Raby" ganz im Stile der unverfälschten Bernardoniade von dem Liebespaare, das in verschiedenen Verkleidungen auftritt, mehrfach recht handgreiflich gehänselt.

Rachel erscheint zuerst als Bänkelsängerin, dann als Tyrolerin. In dieser Rolle singt sie:

> Bin i nit a g'steiftes Madel
> Kurze Füss und dicke Wadel,
> So schön, so rund als wie a Radel
> Fett als wie a Schweine Pradel!
> . . . .

Darauf kommt sie als Kastanienbraterin. Schliesslich aber gipfelt ihre Kunst in einem französischen Lied, in dem sie, als „*Petit maitre*" höchstselbst sich als schöne Rachel verherrlicht. „Rachel macht dem Raby affectirte Complimente, welcher sie aber nicht verstehen will. Rachel winkt einem Bedienten, der ein Frauenzimmerkleid bringt. Sie will es dem Raby anziehen und zeigt ihm, dass er tanzen soll. Da aber Raby nicht will, zieht Rachel den Degen, worauf sich dieser aus Furcht vor ihr und dem Bedienten ankleiden lässt. Rachel tanzt mit dem Raby einen Menuet; hernach deutsch. Raby fällt auf die Erde. Rachel geht ab. Raby lamentirt. David, der ihn beständig ausgelacht, hilft ihm auf und zieht ihm die Frauenzimmerkleider aus."

Der Rabbi wird von Jakob in die Synagoge gerufen, wo es ein Brautpaar zu trauen gibt. Dem Koschmagimpert, der mit Wache kommt, um Jakobs schönen Sohn zu arretiren, versichert Jakob, dass er selbst ihn

schon eingesperrt und ihm alle Liebe verwehrt habe.
Der „Raby" freut sich auf die „Schicksel und Schnicksel",
die er mit Rachel bekommen wird, und Koschmagimpert
singt zur Erholung eine Variation über das Thema:

>Arme Väter! eure Kinder
>Machen euch sehr viel Verdruss.

Die folgende Scene „stellet die Judenschule vor, worinnen das Laubhüttenfest gehalten wird. Alles ist mit grünen Bogen geziert, in welchen goldne Leuchter hangen. Im Prospect sieht man einen grossen Marmortisch, hinter welchem eine grosse Kanzel, worauf der Raby steht. Unter diesen Bogen sind viele Juden, welche die Judenschule machen; Raby schreit dabei öfters allein: Schoulem!" Endlich ruft er die Brautleute:

>Höret zu!
>Brautleut kommet nur herein,
>Ihr sollet kopuliret seyn.

„Zwey alte Juden, zwey Jüdinnen und zehen Kinder gehen unter Gesang eines Chores ab. Sie kommen gleich wieder zurück. Die zehen Kinder tragen weise Fackeln voraus: hierauf kömmt die Rachel mit einem weisen Tuche verdeckt, Daniel mit einem andern Kleide und Barte unter einem Himmel, welcher von Juden getragen wird." Der Chor singt abwechselnd mit dem Rabbi, der zuerst vor dem Ehestande warnt:

>Höret zu!
>Ehestand ist Wehestand,
>Das ist der Welt bekannt.
>Salomon, der Weise, spricht:
>Viele Weiber taugen nicht,
>Denn sie sind von Flandern
>Von dem ein zum andern.

dann zum Bräutigam:

>Höre zu!
>Das grösste Uebel auf der Erden,
>Das ist ein Weib, bedenke dich!
>Hör' mein Wort, verstehst du mich?
>Sag'! willst du doch ihr Mann noch werden
>Sag ja!

dann zur Braut:

> Höre zu!
> Der grösste Limmel auf der Erden
> Ist mancher Mann, verstehst du mich?
> Hör' mein Wort, bedenke dich!
> Sag! willst du seine Frau noch werden?
> Sag ja!

Nachdem der Chor für Beide mit: Ja, geantwortet, singt der Rabbi:

> Ihr macht euch die Sach' nicht schwer,
> Nun so geh es drüber her!
> Feuer und Stroh, das macht viel Flammen,
> Wasch mir den Pelz und mach mich nicht nass
> Mändel und Weibel gehöret zusammen
> Merk meine Worte! verstehst du auch das?

Nach diesem wahren Triumph des Widerspruches in jeder Beziehung, dessen Logik nur von dem Reime diktirt scheint, „folgt ein Tanz von allen Juden, während dem vollzieht der Raby die Kopulation:"

> So stark wie die Löwen, so stark wie der Stein,
> Sollt ihr zwey verbandelt, verknüpfet itzt seyn.
> Je grösser der Schelm, je grösser das Glück:
> Schreit Juden! und wünschet dem Brautpaar viel Glück!

„Eine Jüdin bringt einen neuen Topf, stellt ihn vor den Bräutigam, welcher mit beyden Füssen darauf springt. Drey andere Jüdinnen nehmen die Stücke in ihre Vortücher und gehen wieder auf ihre Stelle." Der Rabbi singt:

> Höret zu!
> So viel Stückel, so viel Grimmel,
> So viel Scherbel, so viel Trümmel,
> So viel Kinder, wie die Wanzen
> Sollen baldigst um euch tanzen.

„Ein Jude kömmt mit einer Flasche Wein und einem Glass zum Daniel, schenkt ihm ein; und nachdem Daniel ausgetrunken, wirft er das Glass nach dem Stern." Der Rabbi singt:

> Höret zu!
> Er hat den Stern getroffen,
> Das Beste kann er hoffen.

„Alle springen herum. Die Kinder tanzen und Rachel allein."

Nun erst stürzt Vater Koschmagimpert herein und schreit:

> Juden! seyd ihr alle blind?
> Seht ihr nicht? das ist mein Kind.

Das Brautpaar retirirt hinter den Tisch vor der Kanzel, der Rabbi hinter ihnen her. Was nun? Der Dichter ist um eine überraschende Lösung nach bewährten Mustern nicht verlegen. Jakob, der Schlaue, erscheint mit einem Zauberstabe, verwandelt den Tisch in eine „Hühnersteige, in welcher Koschmagimpert und der Raby eingesperrt sind". Sie müssen schliesslich die Heirath zugeben, und „Alle sind vergnügt ausser Raby", und das Ganze „wird mit einem neuen Judenballet geendet".

Die Operette-Comique, in welcher der junge Bernardon den alten „Raby" und wohl Frau Nuth die „Rachel" gaben, fand eine freundliche Aufnahme; sie konnte bereits wenige Tage darauf wiederholt werden. Dieser Erfolg ist jedoch um so bemerkenswerther, als die Frankfurter Juden jener Tage zwar auf das Schicksal der Bühnen dieser Stadt nicht ohne Einfluss, aber keineswegs deren Protektoren waren. Die Erinnerung an den grossen Brand im Jahre 1721 nährte in ihnen noch immer eine gewisse Scheu vor der Errichtung dieser so feuergefährlichen Schaubuden, in denen sie noch überdies mehr als ein Mal zum Stichblatte der nicht allzufeinen lustigen Person geworden waren.

Noch brachte diese Impresa Wallerotty's am 30. Dezember 1741 „Arlequin, der lustige Baron Zwickel und Hanss-Wurst, der interessirte Richter, mit Bernardon, dem verliebten Schneider unter dem Nahmen Fingerhut", und am 27. April 1742 „Der Schau-Platz der jetzig verkehrten und affectirten Welt, oder: Der neue Baron Zwickel", zwei „intrigante, durchaus lustige und satyrische Pièces-Comiques", in denen der Baron Zwickel seine Rolle spielte, und in denen Bernardon unter dem Namen Fingerhut besonders betont wurde. Da die Figur des Wiener Bernardon für Frankfurt erst wieder neu creirt werden musste, so erklärt sich dadurch auch, wieso Joseph Kurz in den Frankfurter Theaterzetteln so verhältnissmässig selten als Wiener Bernardon und zumeist als Hanswurst erscheint.

Ob aber Bernardon oder ob Hanswurst, ob Wien oder ob Frankfurt, das Glück blieb dem Joseph Kurz unter allen Umständen treu. Die Ansicht seines jetzigen Prinzipal's: „durch Tollheit und kecklichem Witz gouvernirt man das Publikum" war bei ihm, längst vorgeahnt, vollständig in Fleisch und Blut übergegangen. Dabei wusste aber Bernardon, nach Aussage seiner Zeitgenossen, die „oft greulichten Witze so feinlich und galant herfürzubringen, dass selbsten ein empfindsames Frauenzimmer ihm darob nicht gram sein konnte". Und dies galt nicht nur von dem gemeinen Haufen, da „in Sunderlichkeit die hohen und allerhöchsten Herrschaften, die nach denen vielen seriösen Feierlichkeiten sich in Wallerotty's Theater erholeten, mit einem ganz charmantem Gusto Monsieur Bernardons Leistungen bewunderten".

Trotzdem die Gesellschaft des Wallerotty in Monsieur Lebrun und Monsieur Mecour, dem späteren Gatten der berühmten Soubrette, zwei sehr tüchtige „Tanzmeister" hatte, so debutirte doch auch „Monsieur" Kurz mit von ihm „neucomponirten Balletten", die stets wiederholt werden mussten.

Mit dem Mai des Jahres 1742 endete vorläufig auch die Wirksamkeit Wallerotty's in Frankfurt. Seine wiederholten Bitten die „Hütte" vorerst noch stehen lassen zu dürfen, blieben von dem Rath der Stadt stets unberücksichtigt; ja endlich wurde er geradezu gezwungen, den luftigen Bau abzubrechen. Da verlor er alles Vertrauen in seine fernere Frankfurter Zukunft, blieb nicht, wie er anfangs beabsichtigt hatte, den Sommer über in der Stadt und kehrte selbst zur Herbstmesse nicht in dieselbe zurück.

Mit dem Wallerotty zugleich dürfte 1742 wohl auch Joseph Kurz den Staub von den Füssen geschüttelt haben; doch verdunkeln sich seine Lebenswege von diesem Momente an wieder für einige Zeit. Die „lustigten Zusammenkünfte" in der grossen neuerbauten Hütte auf der Bockenheimer Gasse und die durch den Kurfürsten von Köln, Clemens August, „einen prachtliebenden Herrn und überaus grossen Liebhaber von Bauen, Jagen und Frauen" sowie durch den Fürsten Thurn und Taxis nach dem Muster der Franzosen auch in dem deutschen Theater angeregten „Maskenvorstellungen" und „Maskenbälle" hatten zu einer früher ganz ungewöhnlichen Intimität zwischen der „Noblesse" und den Schauspielern geführt, die hierbei die Honneurs des Hauses machten. So manche über die Coulissen, so manche über die Dauer der Saison hinausreichende Episode aus der Chronique scandaleuse von Frankfurt verdankte diesen Abenden ihren Ursprung.

Joseph Kurz mag bei dieser Gelegenheit in der Gesellschaft keine geringere Rolle gespielt haben, als bei andern auf der Bühne. Er, der den „Petit-Maitre" stets unter seine Lieblingspartien zählte, wird von dieser Neigung gewiss auch etwas auf das Leben übertragen haben. Von einnehmendem und elegantem Wesen, als anmuthiger Tänzer und gewandter Fechter in jeder Art des Sports zu Hause, dabei mehrerer Sprachen mächtig, spielte er den Stutzer im Salon gewiss nicht weniger glücklich, als er ihn auf dem Theater parodirte. Was Wunder, dass sich auch in dieser Richtung eine Wolke von Gerüchten und Anekdoten auf ihn niederliess, die es eben nicht leicht macht, seinen Lebensweg allenthalben zu verfolgen. Schreibt doch August Gottlieb Meissner[1]), der bekannte Aesthetiker und Novellist, noch im Beginn der neunziger Jahre im Tone des gewissenhaften Biographen:

---

[1]) A. G. Meissner geb. 1753, gest. 1807. M. sämmtliche Werke, Wien 1813—1814. Fürst, A. G. Meissner, Stuttgart 1894.

„In seiner Jugend war Kurz einigemale eine geraume Frist hindurch vom Theater entfernt; unter andern bekleidete er einst am Hofe des Marggrafen von Bayreuth die Stelle eines sogenannten Maitre des Plaisirs und stand beym Fürsten gar sehr in Gnaden. Es fiel gerade damals die Kaiserwahl Karl VII. zu Frankfurt ein. Kurz hielt sich während derselben, ich weiss nicht ob mit oder ohne seinen Marggrafen, allda auf, kam in die Bekanntschaft von mehreren fürstlichen Personen und ward unter andern auch dem Fürsten D-n vorgestellt. Dieser Herr liebte alles, was zu den Vergnügungen des Lebens gehörte; einige muntere Einfälle von Kurzen gefielen ihm; er liess ihn nun fast täglich zu seiner Tafel laden und an allen den kleinen Lustparthien, die man in diesem Hause häufiger, als irgendwo feyerte, muste Kurz Antheil nehmen".

An dieses Stück Dichtung und Wahrheit reiht nun der meist so viel gelesene Meissner ein paar sogenannte Anekdoten aus dem Leben des Joseph Kurz, in welchen er seiner blühenden Einbildungskraft vollauf die Zügel schiessen liess und die jenes erotischen Hintergrundes nicht entbehren, den die Schüler Wielands liebten, der aber nie von irgend jemandem ernst genommen wurde.

Viel wahrscheinlicher als die Version über die Stellung des Kurz als „Maitre des Plaisirs" am Bayreuthischen Hofe, für welche die zahlreichen Memoiren jener Tage auch nicht die mindeste Bürgschaft leisten, klingt die Annahme, dass Kurz nach Ablauf der Impresa Wallerotty's sich von Frankfurt nach Dresden begeben habe, um seinem daselbst mit sehr reduzirten Mitteln wirkenden Vater zu Hülfe zu eilen. Dass Papa Felix, wenn die eigenen Kräfte nicht ausreichen wollten, sich gerne seines vielgenannten Sohnes erinnerte, um denselben als Succurs für die eigene Truppe heranzuziehen oder wenigstens als Reklame für eine Impresa in Aussicht zu stellen, ist bekannt und selbst später noch oft versucht worden. Auch ist es gewiss, dass Joseph Kurz, der Sohn, der noch ein Jahr vorher als „Raby" vor dem Ehestand warnte:

> Ehestand ist Wehestand,
> Das ist der Welt bekannt!

nichtsdestoweniger im Sommer 1743 zu Dresden Franziska Toskani „eine arme ganz mittellose Kammermagd in Sachsen geeheliget" hat, deren Mittellosigkeit sogar die damals so allgemein üblichen Ehepakten überflüssig machte.

Da nun einmal die einzige Mitgift von Franziska Toskani in einem reizenden Gesichtchen, einer nicht allzugrossen aber desto lieblicheren Stimme und einem ziemlich gewecktem Geiste bestand, so musste alles dieses zum wenigsten, so gut es ging, verwerthet werden. Die gemeinsamen Flitterwochen wurden der jungen Frau unmerklich zu einer fröhlichen Lehrzeit und von ihrem erfahrenen Gatten liebevoll geführt, betrat sie schon im Sommer 1744, ein Jahr nach ihrer Trauung, an seiner Seite im Wiener Stadt-Theater die heissen Bretter, welche die Welt — damals allerdings eine recht närrische Welt bedeuteten.

IV.

Kurz' zweiter Aufenthalt in Wien 1744. Bernardon der 30jährige ABC-Schütz.

Als Joseph Kurz im Sommer 1744 mit seiner jungen Frau an dem Wiener Stadt-Theater eintraf, fand er hier alles noch so ziemlich in derselben Verfassung, in der er es vor nun drei Jahren verlassen hatte.

Einer der beiden „Impressarii", Franz Borosini, war zurückgetreten, und das Privilegium befand sich jetzt ausschliesslich in den Händen Joseph Karl Selliers. Dieser war ausserdem „Entrepreneur der k. Oper" und hatte, bald nach der Abreise des Kurz nach Frankfurt die Erlaubniss erhalten, das der Burg zunächst gelegene Ballhaus in ein Theater für Oper sowie für französische und italienische Komödie einzurichten.

Die Physiognomie des Wiener Stadt-Theaters wurde dadurch nicht im mindesten verändert. Hier herrschte, nach wie vor die Stegreifkomödie unter der Leitung von F. W. Weiskern und unter der Mitwirkung des Prehauser sowie des Franz Nuth und seiner Frau. Noch hatte dieses treffliche Ensemble eben vor dem neuerlichen Eintreffen des Joseph Kurz in Johann Wilhelm Mayberg aus Sachsen und dessen Frau Rosine, einer gewandten Colombine, eine nicht zu unterschätzende Verstärkung erhalten, während die extemporirte Posse in Mayberg, dem bühnenkundigen Uebersetzer und Bearbeiter zahlreicher französischer und italienischer Originalien, eine neue Stütze bekam.

Tag und Stück, an und in dem Joseph Kurz jetzt zum erstenmal das Wiener Stadt-Theater wieder betrat und Frau Franziska Kurz hier zum ersten Male als Angiola oder Rosalba erschien, sind nicht mehr bekannt. Bald jedoch, nachdem Frau Franziska auf der Wiener Bühne den ersten Versuch gemacht hatte, debütirte sie im Leben als Mutter. Sie beschenkte ihren Gatten in der ersten Hälfte des Februar 1745 mit einer Tochter, die am 14. d. Mts. bei St. Stephan in der Taufe die Namen: Anna Eleonora Theresia Franziska erhielt. Und es ist bezeichnend für den Charakter des Kurz, dass er bei dieser Taufe keine Geringere zur Zeugin bat, als die „Titl. Frau Eleonora Herzogin von Quastalla gebohrne Herzogin von Hollenstein", die denn auch die Pathenschaft annahm, und sich als Pathin durch Jungfrau Anna Maria Jairillin, wohl ihre Kammerjungfer, vertreten liess. Auch bei dem Sohne, den ihm Frau Franziska gegen Ende Mai 1746 geboren, und der am 31. d. Mts. ebenfalls bei St. Stephan getauft, die Namen: Bartholomäus Chrystophorus Josephus erhielt, hatte Kurz einen „Titl. Freyherrn Bartholomäus von Tinti, Nieder-Oesterreichischen Regierungsrath" als Taufpathen gebeten. Dieser liess sich durch „Crystophorus Hager, Virtuosen von der Oper", vertreten[1]).

Das Repertoire des Wiener Stadt-Theaters aus diesen Tagen ist so gut wie verschollen. Die Haupt- und Staatsaktionen von Stranitzky und Elensohn, die Compositionen des alten Schuch und Nuth, sowie die Produktionen und Übersetzungen eines Weiskern, Kurz und Mayberg dürften, wie bei Wallerotty und Consorten, so auch hier den Stamm gebildet haben. Das Majestitium, die Landestrauer um Kaiser Karl VI., hatte die deutsche Komödie aus der Gunst des Hofes und des Publikums keineswegs verdrängt — im Gegentheile.

Maria Theresia, zwar in den idealeren Traditionen der Italiener und der Franzosen aufgewachsen, neigte zu allen Zeiten mehr deren Schöpfungen zu, und wenn auch ihr die Bernardoniaden sich zum Gattungsbegriffe gestalteten, wie aller Welt, so wurden sie ihr zum Gattungsbegriffe nicht des Lustigen, sondern des Trivialen und Rüden. *„Moi, je la trouve un peu à la Bernardon"* pflegte sie noch nach Jahren von einer allzu derben Komödie zu sagen. Sie besuchte das deutsche Theater einzig und allein ihrem Gatten zu Liebe.

Dieser jedoch, obwohl ein halber Franzose und des Deutschen nie ganz mächtig, war ein so grosser Freund der deutschen Posse, dass der preussische Gesandte Graf Podewils von ihm sagen konnte: „Er liebt alle Lustbarkeiten ohne für irgend eine Passion an den Tag zu legen; am meisten scheint ihn die Jagd und das Theater zu amüsiren. In letzterem fehlt er nie, obgleich es abscheulich ist; er hat aber die Geduld in einer deutschen Komödie vom Anfange bis zu Ende auszuharren, welche Leute beleidiget, die gar nicht delicat sind". Ja selbst an jenen Abenden, an welchen Maria Theresia die Oper oder die Vorstellungen der Italiener und der Franzosen besuchte, wobei sie stets an der Seite ihres Gemahles die

---

[1]) Kirchenbuch von St Stefan. Siehe Anhang.

Loge betrat, suchte dieser sich im ersten geeigneten Momente frei zu machen und in das Theater an dem Kärntnerthor zu flüchten, wo er sicher sein konnte, seinen Bruder Karl und seine Schwester Charlotte bereits zu treffen. Auch konnte Maria Theresia dem von der Jagd Heimkehrenden keine freundlichere Überraschung bereiten, als wenn sie ihm das Stadt-Theater zum Rendezvous für das Wiedersehen bestimmte. Es war als schiene ihm jeder Abend ein verlorener, an dem er diese Räume nicht betreten hatte.

Ein anderer von dem Grafen Podewils betonter Zug in dem Charakter des Kaisers hat diesen in einer viel colportirten Anekdote mit Joseph Kurz in Beziehung gebracht. „Familiär", so sagt Podewils, „ist der Kaiser, selbst öffentlich, mit denen, die er kennt, so weit, dass man es missbraucht, und es an dem schuldigen Respekt fehlen lässt". Eines Abends wurde in der deutschen Komödie die beliebte Posse: „Arlequin, der lustige Baron Zwickel und Hans-Wurst, der interessirte Richter mit Bernardon, dem verliebten Schneider unter dem Nahmen Fingerhut, von Franz Schuch" gegeben. Joseph Kurz hatte diesmal den „verliebten Fingerhut", der sich für den lustigen Baron Zwickel ausgiebt, mit einem selbst für ihn ungewöhnlichen Erfolg gegeben. Am folgenden Mittage begegnete der Kaiser auf seiner gewöhnten Promenade den Joseph Kurz und sagte, für dessen ehrfurchtsvollen Gruss, wie immer leutselig dankend, zu seinem Gesellschafts-Kavaliere: „Ah! siehe da, unser Baron Zwickel!" „Danke, Majestät, für die gnädige Standeserhöhung" erwiderte mit nie versagender Schlagfertigkeit der keineswegs schüchterne Komiker und nannte sich von diesem Augenblicke an — Baron. So die Anekdote.

Dieselbe würde glaubwürdiger erscheinen, wenn von dem Kaiser Joseph und seinem Kammerdiener nicht eine ganz ähnliche Version circulirte. Im Augenblicke, wo mit dem Tode Kaiser Karl VI. an dem österreichischen Hofe die ehemalige strenge spanische Etiquette immer mehr und mehr schwand, und cordialere Umgangsformen an deren Stelle traten, lagen derartige Traditionen eben in der Luft. Dass Joseph Kurz von Haus aus berechtigt war, sich Joseph von Kurz zu nennen, ist gewiss. Er hat dies, wenn auch nicht zu allen Zeiten, so doch später selbst vor den Gerichten gethan, ohne deshalb von denselben angefochten zu werden. Baron Kurz nannte er sich aber erst, und dann ebenfalls unangefochten von den Gerichten, am Ende seiner Laufbahn, nachdem ihm das polnische Baronat verliehen worden war.

Es ist eine Eigenthümlichkeit im guten oder im schlimmen Sinne populär gewordener Charaktere, dass sich um sie alsbald ein Nimbus des Legendenhaften verbreitet. So auch bei Joseph Kurz. Kaum dürfte man darüber erstaunen, wenn in ihm, dem durch so ungewöhnliche Erfolge Berauschten, der Jugendmuth in Übermuth umgeschlagen wäre. Auch hätte es kaum Wunder nehmen dürfen, wenn er, der unter der Maske des Bernardon in der Stegreifkomödie Jedermann bittere Wahrheiten sagen durfte, auch einmal die selbst ihm gezogene Grenze überschritten, und gegen die Person der Kaiserin ein so verwegenes Extempore gewagt hätte. Maria Theresia, wie die diesbezügliche Tradition emphatisch lautet, that darauf den Schwur, das Theater, in dem Bernardon sein Unwesen trieb, nie wieder zu betreten. Selbst die Intervention des Kaisers blieb in dieser Hinsicht erfolglos. Doch findet sich dieses Extempore nirgends wiedergegeben, auch meldet das „Wienerische Diarium" den Besuch der „Teutschen Comödie" durch die Kaiserin zu allen Zeiten, so wenig sie auch, wie bereits gesagt, an der Bernardoniade Geschmack fand. Und so erscheint denn auch diese Anekdote von Joseph Kurz eben so unverbürgt, wie die von dem arrogirten Baronate.

In diese Zeit fiel auch die Entstehung der Posse: „Bernardon, der 30jährige Abc-Schütz, oder: Hannswurst, der reiche Bauer und Pantalon, der arme Edelmann". Das Stück ist nicht aus der ersten Periode des

Joseph Kurz (1737—1741), obwohl der „Pantalon" zu
dieser Annahme verleiten könnte, da es sonst gewiss
gleich der „Judenhochzeit" in das Repertoire Wallerottys
aufgenommen worden wäre. Die Entstehung des Stückes
fällt vielmehr in die Zeit zwischen 1745 und 1752, also nicht
vor 1745, da dem Leopold-Huber, der doch erst in diesem
Jahre engagirt wurde, eine Rolle zugetheilt ist. Nach 1752
kann das Stück nicht geschrieben worden sein, weil seine
erste Aufführung sonst sicher in dem „Repertoire des
Théâtres de la ville de Vienne" erwähnt wäre. Die
k. k. Hofbibliothek zu Wien besitzt zwar, unter 13193, 3,
ein mit der Jahreszahl 1754 bezeichnetes Manuscript dieser
Posse, doch ist dies ohne Zweifel nur eine jüngere
Abschrift. Diese Handschrift liegt auch der folgenden
Inhaltsangabe zu Grunde.

Der Salzburger Bauer Hanswurst ist durch einen
Fund sehr reich geworden und hat sich alsbald mit seinem
Sohne Bernardon und mit seiner Tochter Angela nach
Wien davongemacht, wo sie sich für adelig ausgeben.
Bernardon soll nun nachträglich eine standesgemässe Erziehung erhalten, er soll — obgleich schon dreissig Jahre
alt — lesen und schreiben lernen. So tritt denn zu Beginne des Stückes der alte Knabe unter der Fuchtel
seines Lehrers Odoardo auf:

Od.: Fang der junge Herr an; wie heisst der erste Buchstabe?
Bern.: (Geschehen viel Lazy, stellet sich sehr ungeschickt bis auf die lezt):
Od.: Weil doch der junge Herr sein lection ziemlich hat können, so
 ist hier sein Frühstückskipfel. (So lang der Bua sein Kipfel isst):
 Ich hab in meinem Leben keinen ungeschickteren Buben gesehen.
 Weilen aber morgen der Geburtstag vom gnädigen Herrn Papa
 ist, so wollen wir unsern Spruch aufsagen, an welchen wir schon
 ein halbes Jahr lernen.
Bern.: Mit dem ewigen Lernen! Hat einer nicht einmahl Zeit zum
 essen. (Wan nur ä mahl mein Hoffmeister crepiret!)
Od.: Nun, was ist das für ein Stehen! Wo seyn d'Händ, wo seyn
 d'Füss? Kipfel weg! (Lazy) Sag der junge Herr auf.
Bern.: Was? Hab ich schon aufgesagt.
Od.: Den Spruch aber nicht.
Bern.: Ich weiss ja nicht, wie er anfangt!

Od.: Ungeschickter E—delmann mit langen Ohren! Kann dann was tölpelhafteres gefunden werden?

Bern.: Er ist selbst ein Tölpel! Was brauch ich da dies Schmeis lernen! Mit einem Wort, ich will nichts mehr lernen, noch schreiben, noch lesen. Mein Papa ist ohnedem reich genug.

Od.: Es ist aber der Wille und Befehl von dem gnädigen Papa, dass der junge Herr lerne schreiben und lesen.

Bern.: Es ist erlogen; mein Papa kann selbst nichts, also brauch ich auch nichts zu können.

Od.: Da hat der junge Herr Unrecht. Vielleicht haben ihro Gnaden Papa niemahls Gelegenheit darzu gehabt. Es gibt auch öfters arme Eltern, welche aus Mangel der Einkünfte nicht vermögend seyn, denen Kindern etwas lernen zu lassen. Also brauchts nicht viel spreizen und nur fort gelernt.

Bern.: Lerne er mein Vattern ehender schreiben und lesen; er ist ja älter als ich; ich hab auch kein Glück zum lernen; es gehet mir nichts von statten.

Od.: O, es wird sich schon geben, man muss nicht gleich verzweiflen. Spatte Früchte seynd von besten und dauerhaftesten. Es ist ja nicht viel, wir seynd gleich fertig. Allons, mir nachgesagt (list) Freude, Freude, ohne Zahl — Freude, Freude, überall — Heil und Glück in stätter Ruhe — Langes Leben auch dazu.

Bern.: Feuer, Feuer überall.

Od.: Narrn, Narrn ohne Zahl.

Bern.: Narn, Narn überall.

Od.: Der Bub wird mich noch Gift und Gall speyen machen. (Zu Bernardon:) Heit ist er g'schickt genug. (list:) Heil und Glück in stätter Ruhe.

Bern.: Heu und Strick und stehl in Ruhe.

Od.: Auf Sankt Marx gehört der Bua.

Bern.: Der Narr gehört auch dazua.

Od.: Ey, du Rozlöffel, du Bürschl; ich will dich kriegen; wart nur. (läuft ums Bazenferl.) Halt aus, nu, nur geschwind.

Bern.: (Ich glaub, mein Hofmeister wird ein Narr.) Allerliebster, gestrenger Herr Hofmeister, ich wills mein Lebtag nicht mehr thun. Ich bitt sie gar schön, ich will gut thun.

Od.: Da hilfts nicht, nur ausgehalten, ich will ihm schon lernen.

Bern.: Au wehe, meine Hand ist hin! Wart du Schinder. (Wirft ihm die Bücher an Kopf, verjagt ihn.) Schlagt er doch zu, als wie auf ein Ochsen! Wer plunder möcht was lernen ä so.

In der folgenden Scene gibt der reiche Papa Hans-Wurst dem Herrn von Pantalon, einem armen Edelmann aus Venedig, vor der „pantalonischen Familie", die „eine der grössten und ältesten in Venedig" ist, seine gnädige

Geneigtheit zu erkennen, seinen Sohn Bernardon mit dessen Tochter Rosaura zu verheirathen. Rosaura zeigt sich gehorsam und ertheilt mit vielen Thränen ihrem bisherigen Liebhaber Flavio den Abschied, worauf Flavio seine Schmerzen seinem Diener Leopoldl klagt. Als Leopoldl hört, dass das Fräulein dem Flavio „ihr schönes Herz gegeben" meint er:

„Ich bitt' sie gar schön, thun sie's aus dem Sack heraus, ich hätte schon längst gern ein verliebtes Frauenzimmerherz gesehen . . ." „Das wird eine schöne Heurath seyn (mit dem Bernardon). Der Kerl wird glauben, er kriegt ein ganzes Weibsbild. Der wird schauen, wann er kein Herz bey ihr findt."

Es kommt der Herr von Hans-Wurst mit einem Notarius und bestellt ihn zu 6 Uhr in sein Haus, um dort den Heirathscontrakt zu machen. Flavio, der ihr Gespräch belauscht hat, schickt Leopoldl hinter dem Notarius her, um diesen in Hans-Wursts Namen wieder abzubestellen. Flavio selbst will als „Sollicitator" des Notars sich einführen; da Hans-Wurst nicht lesen kann, Pantalon aber „Alters halber blöde Augen hat", so hofft er im Heirathscontrakt seinen Namen an die Stelle dessen von Bernardon einschmuggeln zu können.

Inzwischen spinnt der Abc-Schütz Bernardon seinerseits eine Liebschaft mit der pfiffigen „Haubenhefterin" Colombine an.

Bern.: Der verteuxlete Hofmeister! Hat er zu schlagen, als wenn ich ein Stockfisch wäre. Hol der Plunder das verdambte Lernen. Ich weiss als ein anderes Abc-Täferl, in diesem will ich gern buchstabieren lehrne. Dort in demselben Haus wohnet sie; ich habe schon ausgekundschaftet, dass sie Colombina heisst und eine Haubenhefterin ist. Ich weiss aber jetzt nicht recht, mit was für einer Gelegenheit ich zu ihr in's Haus kommen kann. Ich war schon willens bey ihr eine Haube heften zu lassen, allein ich habe gehört, dass hier die Mannsbilder keine Hauben tragen. Kein Rocklor oder Hosen wird sie nicht heften können, so weiss ich mir keine Ausrede mit ihr zu sprechen. Sie kennt mich zwar schon, denn ä mahl hab ich mit anderen Buben auf der Gassen g'rauft, da hab ich g'sehen, dass sie auf mich schmunzt hat; ich hab mir gleich einbildt, dass es aus lauter Lieb gegen mich g'schicht. Ä anders mahl bin ich vor ihrer Hütten g'sessen, so hat sie mich hineing'ruft und hat mir ein Zuckerl geben. Doch poz fickerment, dort sihe ich, dass sie just aus ihrem Haus gehet, vielleicht hat sie g'schmeckt, dass ich da bin. Das ist braf, jetzt hab ich die schönste Gelegenheit mit ihr zu reden. Doch will ich ehender (a) bissel auf d'Seiten gehen. Ich will zuhören, was sie thut, saget, oder wo sie hingehet.

Colombine kommt und klagt über die schwere Profession einer Haubenhefterin, da die Damen so verschiedene Anforderungen an ihre Hauben stellen. Bernardon macht zweimal einen Ansatz, sie anzureden, doch „laufft er gleich wieder davon". Endlich sagt er:

    Ich hab schon lang mit der Jungfer wollen bekannt werden.

Colomb.: Mich wird's freuen, dass ich etwas von ihm werd zu sehen bekommen.

Bern.: Ich weiss nicht, wie ich anfangen soll! „Freuden, Freuden überall. Narrn Narrn überall.

Colomb.: Ich kann nicht begreifen, was er haben will. Der Arme hat halt einen Spruch auswendig gelernt, den er mir jetzt aufsagen will.

Bern.: Es gehet doch nicht recht. — Hat d'Jungfer viel Arbeit? (lacht)

Colomb.: So, so; wie's halt gehet bey einem schweren Handwerk. Jetzt merke ich erst, dass er Bekanntschaft mit mir suchet.

Bern.: Wann d'Jungfer ä mahl ausfahren will, ich fahre schon mit ihr, mein Papa hat zwey Pferdt zu Haus.

Colomb.: Ich bedankh mich vor den guten Willen.

Bern.: Ja, es geschicht nicht ohne Ursach, denn ich hab d'Jungfer recht gern.

Colomb.: Ich bin erfreit, dass ich mit einem solchen reichen Einfalt bekannt werde, vielleicht kann ich ihn über den Tölpel werfen.

Bern.: Mir wärs lieb, wenn ich öfters zu der Jungfer gehen durft, ich würd mich schon dann und wann aus dem Hause stehlen und heimlich ohne wissen meines flegelhaften Hoffmeisters zu ihnen hinschleichen.

Zu dieser verschämten Liebeserklärung kommt der Hofmeister Odoardo.

Od.: So so feines junges Herrl, so, statt des Studirens will er sich auf's caressiren verlegen.

Bern.: (stosst ihn fort.) Auf der Gassen hab ich nichts zu lernen. Du Schinder du! He Jungfer Haubenhefterin.

Colomb.: (wieder heraus, lauft aber wieder fort, wenn der Odoardo kommt.)

Od.: Wart Bürschl, ich will dich curanzen.

Bern.: Was will curanzen? Do hab ich nichts zu lernen. Marschier (stosst wieder) Jungfer Haubenhefterin. Der hofmeisterische Hofmeister . . .

Colomb.: Ist denn dieser Alte der gnädige Herr Papa?
Bern.: Ey kein Gedanken. Er ist nur so mein Praeceptor, bey dem ich lernen soll.
Colomb.: In welcher Schul seynd sie dann schon bey ihm? Und was lehren sie Alles bey ihm?
Bern.: Jetzt bin ich schon im a b c-Täferl. In zwey Jahren komm ich ins Namenbüchl, aber bey diesem lern ich nichts mehr, denn er ist mir zu grob, er schlagt erschröcklich zu, ich hab erst vorgestern ein Batzenferl (?) bekommen (wie er den Odoardo mit dem Batzenferl sieht, lauft er).
Od.: D'Jungfer soll sich schämen, einen jungen Buben zu verführen suchen, du lebendiger Spennadelbrief halt aus, gleich, ich will dir ein Batzen geben, du hast es verdient.
Colomb.: Du Strähbizenverwahrer, du Dintenschmirer, was unterstehest dich! Die Kinderschuh hab ich schon lang abgetreten, wenn ich hätt wollen, hätte ich schon lang können Mama seyn.
Od.: Was will sich dann d'Jungfer lang mit diesen jungen Rozlöffel aufhalten, der ihnen alles Geld anbringen würde und der recht ein dummes Vieh ist. Wenn sie so viel Vernunft als Schönheit besitzen, mein Engerl, werden sie allzeit einen vernünftigen Gelehrten und betagten Mann vorziehen. Schmuz a bisserl mein Schaz.
Bern.: (Mit einem grossen Pozenferl) Wart Pürschl, ich will dich lehren (prügelt ihn fort).
Colomb.: (lacht). Jetzt weiss ich nicht, wer unter diesen Zweyen der Preceptor ist. Einer hat den Andern weggeprügelt, doch ich weiss und glaub, dass Einer so ein grosser Narr als der Andere ist.

Nun erscheint auch Papa Hans-Wurst auf dem Schauplatze.

H. W.: Ich weiss nicht, wo der Teixelsbub hinlauft. Ich hab noch ihn noch seinen Hofmeister antreffen können. He Bernardon! Bernardon!
Bern.: Was schaffen ihr Gnaden Papa?
H. W.: Ich hab dir eine gute Zeitung zu sagen.
Bern.: Darf ich vielleicht ausreiten, Hoto Rössl machen?
H. W.: Du kindischer Bienk. Der Bua soll schon heurathen und ist noch so kindisch. Weisst was, weilen du schon so hoch aufgeschossen bist und auch schon verliebt bist, will ich dich verheurathen.
Bern.: (macht einen Sprung). O ja Papa! Au wehe! Das freuet mich!
H. W.: Weisst du, wer deine Braut ist?
Bern.: Freylich, ich hab sie erst gesehen. Ach du lieber, ach du guter Papa! ich bin sterblich in sie verliebt.
H. W.: Warumb hast dann nicht schon längst dein Maul aufgemacht?
Bern.: Ich hab mi nit traut, ich hab glaubt, der Papa möcht bös werden.

H. W.: Ich hätt dir gern dazu geholfen.

Bern.: (tanzt, küsst die Händ.) Ich wird mich schon befleissen, mein adelichen Stammbaum mit vielen Zweigen zu vermehren. Doch ich bitt den Papa bald zu machen mit der Heurath.

H. W.: Sorge dich nicht. Ich hab schon alle Anstalten dazu gemacht, heut Abends wird das Versprechen, und in etlichen Tagen d'Hochzeit.

Bern.: Wärs denn nicht besser heut d'Hochzeit, hernach in etlichen Tägen das Versprechen halten? Sonst versäumt man gar viel Zeit.

Endlich tritt Odoardo zu den Beiden.

Od.: Gnädiger Herr, nehmen sie mir nicht übel, ich kann mit dem jungen Herrn nicht mehr auskommen. Er will nichts lernen, sondern verlegt sich schon auf das caressiren.

Bern.: Rede er nur jetzt, sag er Alles, was er weiss. Der Papa will mir selbsten mein Schatzerl zur Frau geben.

Od.: Was so ein gemeines Mensch wollen ihr Gnaden ihnen anhenken?

H. W.: Was, was? Gemeines Mensch? Die Frl. Rosaura ist ein feines und vornehmes venetianisches Stinglglas.

Od.: Ja freylich ein Stinglglas! Sie ist ja eine ordinari wienerische Haarscheiben und heisst Colombina.

H. W.: Wie? Colombina? Die kenn ich nicht. Die Fl. Rosaura muss er heurathen.

Bern: Ich hab glaubt die Colombina. Und ich soll die ganze Rossau heurathen? Die mag ich nicht, die Colombina ist mir lieber.

H. W.: Was redest Bua von der Colombina? (Zu Odoardo.) Wer ist sie dann?

Od.: O das ist eine Haubenhefterin, ein gar schlechtes Mensch.

H. W.: Was? Du Knopf willst eine Haubenhefterin heurathen (nimmbt ihn beym Kopf).

Es beginnt der zweite Aufzug. Hans-Wurst erklärt: Bernardon müsse unbedingt noch heut den Heirathscontrakt unterschreiben. Odoardo versichert, das gehe nicht, er habe nicht einmal buchstabiren gelernt. „Was ist denn das Buchstabiren?" fragt Hanswurst, und als Odoardo beginnt, „b—a, ba, b—e, be" meint Hanswurst, „der Bub hat recht, das ist nicht möglich, dass man dieses lernt: Was braucht er sich den Kopf brechen? Der Geld hat, braucht nichts zu können. Der Knab soll mir auch nicht lesen lernen, ich will haben, dass er nur schreiben kann, nicht nach dem lesen".

Bern.: Papa, der Präceptor ist auch in Colombina verliebt.

Od.: Was? Was plauderst Spitzbub?

H. W.: Denk er, mit wem er re!et! Setze er auf's wenigste Adelicher Spitzbub! Js zwey Canaillen seydts alle Beyde in die Colombinam verliebt? Jetzt weiss ich nicht soll ich den Hofmeister oder den Discipl hauen?

Die Scene endet damit, dass der Hofmeister unter vielen Schimpfen aus dem Haus gejagt wird, während Bernardon die Erlaubniss erhält, spazieren zu gehen, seinen „gelehrten Kopf auslüftern". Dieser sucht natürlich die Colombine auf, und Beide führen folgenden Dialog:

Colomb.: Ich hab mich bey der Nachbarschaft erkundiget wer dieser dalkete junge Mensch seyn, so habe ich vernommen, es seyn des reichen Hannswurst sein Sohn. Ich will suchen dieses Brätl zu erwischen.

Bern.: (Sobald er sich's, will sie umbarmen.) Ach! Meine Jungfer Haubenhefterin! Triff ich sie an? Mein Papa hat mir erlaubt auszugehen, jetzt können wir mit einander reden.

Colomb.: Aber der Herr Hofmeister möcht dazu kommen.

Bern.: Nichts da, er ist weggepeitscht worden, aber ich crepire, wenn sie mich nicht heurathen.

Colomb.: (Schamhaft.) Ich wäre schon damit zufrieden, allein ich glaube, dass es der gnädige Herr Papa niemahls werde zulassen, dass der junge Herr ein armes gemeines Mädel heurathe, weilen sie reich und von Adel seyn.

Bern.: Sie schicken sich accurat und auf ein Haar in unsern Adel.

Colomb.: Was, seyn sie nicht von Adel?

Bern.: Kein Gedanken! Wie wir in diesen Adelstand gekommen seyn, will ich gleich erzählen. Mein Enel war ein Bauer, mein Grossvatter war ein Bauer und mein Vatter war auch ein Bauer, nicht weit von Salzburg, zu Knittelfeld hats Ort g'heissen, da haben wir so ein kleines Häusel g'habt, da hat mein Vatter ein Geis gehabt, 3 Säu und auch zwey Ochsen. Jetzt von diesen Ochsen hat einer Fälbel, der andere Blä el g'heissen. Mit diesen zwey Ochsen bin ich gleichsam auferzogen worden. Derentwegen haben wir einander so lieb g'habt, als ob wir Brüder gewesen wären. Wir haben einander auch allzeit schön gethan. Einmal sagt mir mein Vatter: „Bub morgen spann ein, wir wollen morgen ackern". So, sag ich „Meinethalben, ich will schon fruh genug aufstehen."

Colomb.: Das ist ä lange Histori.

Bern.: Hörens nur, 's ist ä curiose Histori! Wie ich in der Frühe in Stall gehe und sag Bläsel, Fälbel, stehens auf, wir müssen heut arbeiten, entsetzliches Spectakel, ich darf nicht dran denken, gehn mir die Augen noch über, der Fälbel wollt nicht aufstehen. Ich sag ihm: „Mein lieber Ochs, stehe auf." Er wollt nicht, denn er war krank. Ich hab ihm gleich zugesprochen. Mein Gott, man muss leben und leben lassen. Lauf gleich zu meinem Vatter. Er sagt mir gleich: „Ja, was ist zu thun?" So sag ich darauf: „Vatter, ich will mich einspannen lassen." Der Vatter sagt: „Meinethalben, ich bin wohl zufrieden." Wie mir zwey Ochsen mit einander hinausgefahren und schon ein paarmahl auf und abspaziert seyn mit dem Pflug, der Ochs und ich, so hab ich nicht mehr können. So sagt mein Vater, ich soll nur noch ä paar mahl auf und ab gehen. Ich hab gezogen, wie ä Ochs, damit dem Bläsel nicht zu hart geschehe, denn man muss doch auch ein mitleidentliches Herz haben und man weiss nicht, was einem noch geschehen kann. Endlich die zwey Ochsen kunnten nicht mehr weiter, den wir seynd an ein Stein angefahren, da haben wir d'Stein wegwelzt: jetzt kommts Beste, da hat mir g'sehen eine grosse eisernen Truhen.

Colomb.: Voll Geld vielleicht?

Bern.: Es waren über 600,000 Millionen Thaler drin. Ich hab gleich gemerket, dass diese Truhen schwer seyn wurde, denn ich bin allzeit, ohne mich viel zu rühmen ein kirniger Bua gewesen. So hat mein Vatter gesagt, wir sollens nur nach und nach nach Haus tragen. Das haben wir auch gethan, aus Furcht aber der Richter möcht uns den Schatz wegnehmen; so hat sich mein Vatter hieher geflüchtet, Hat sich hier vor einen Edelmann ausgeben, wovor ihn auch die ganze Welt haltet. Allein ich bitt sie, nur niemand von diesem Geheimbnus was zu sagen.

Colomb.: Ey, bewahre der Himmel, ich bin ganz verschwiegen.

Bern.: Jetzt sag mir d'Jungfer aufrichtig, mag sie mich?

Colomb.: Ich wäre gar nicht zuwider, doch der Papa.

Bern.: Nichts Papa! Ich will schon machen, dass er nichts davon wird wissen. Da ist meine Hand darauf! Sobald als sie meine Frau seyn wird, alsdann lasse ich sie in der Stadt in einem 14gläsigen Wagen herumschleppen. Das Kleid muss hinten einen langen Schweiff haben, den soll ihr ein Zwergl nachtragen, vor ihnen müssen Heiducken auf der Seiten laufen und hinten Laqueyen gehen, also wird's hinten und vorn eine gnädige Frau seyn.

Colomb.: Sie seynd gar zu gnädig vor mich. Ist (das) aber ihr Ernst?

Bern.: Das will ich wohl hoffen, denn ich hab mein Lebtag nicht g'logen.

Colomb.: So reich ich ihnen meine Hand ganz willig.

Bern.: Und ich küsse sie.

Da fährt unvermuthet Papa Hans-Wurst zwischen sie:

H. W.: Und ich schlag dich, du Spaziersteckerl, du Porcellan-Männel! Bist da zu Haus! (laufen Beyde davon.) O is Lumpeng'sindl, hab ich euch erwischt! Wart's is Canaillen, ich will euch schon kriegen!

Während Bernardon derart um Colombine wirbt, klagt seine Schwester Angola in affektirten Redewendungen, dass sie in ihrem jetzigen adeligen Stande sehr eingeengt sei und nicht mehr ihren Liebhaber Horatio zu sehen bekomme. Bernardon, der sehr verstimmt und betrübt daherkommt, soll jenem einen Brief bringen, sie verspricht dafür dem „lieben Brüderl" beizustehen zur Erlangung seiner Haubenhefterin. Bernardon übernimmt die Liebesbotschaft: „das Mensch erbarmt mir recht, denn ich weiss, was ich bey der Liebe leiden muss. Und ich bin noch obendrauf ein Mannsbild: die Weibsbilder werden ärger von Cupido carwatscht."

Er bringt dem Horatio den Brief unter obligatem „Lazy" — so will er durchaus die Antwort, ehe er noch das Schreiben abgegeben hat. Schliesslich bittet er den „Herrn Schwager" ihm selber zu helfen, damit aus seiner Verlobung mit Rosaura nichts werde, was dieser auch zusagt.

Papa Hans-Wurst hat sich inzwischen entschlossen, seine „hohe Person so weit zu erniedrigen", dass er einmal selbst mit der Haubenhefterin, in die sein Sohn vernarrt ist, redet. Er fährt sie zuerst sehr grob an, aber die schlaue Katze weiss ihn mit Schmeicheleien und Thränen so zu fassen, dass er sich selbst schleunigst in sie verliebt:

H. W.: Nu, nu, mein Herz, ich bitte sie um Verzeihung, dass ich ihre Haubenhefterische Ehre so stark angegriffen habe (küsst d' Hand) ... Ich hab's gut gemeint, dann mein Sohn muss die Rosaura heurathen, der Vatter wird ihnen hoffentlich besser gefallen (als der Sohn), der ein verschwenderischer Bursch ist und ein Esel in Folio. Geh' mein Schazerl, b'sinne dich nicht so lang, lass den Buben fahren.

Aber schon steht Bernardon im Hintergrunde.

Bern.: Bravo Papa, der Vatter und der Hofmeister sind ä rechtes Paar Pürschel zusammen. Die Schelmen verbietens und caressiren doch dabey das Mensch vors Vatterland.

H. W.: Bua scherr dich fort! Du musst die Rosaura heurathen.

Bern.: Ich thus expresse nicht: Da wollens mir d'Rossau anhenken, damit er die Colombina heurathen kann.

H. W.: Die Rosaura muss deine Braut seyn, sonst tritt ich dich mit 4 Füssen.

(Beyde zanken. Colombina schreyt und lauft davon.)

Bern.: Was brauchts Vill, ich thus nicht, ich mags nicht, ich will kein Sau heurathen.

Der Lärm lockt den Pantalon herbei, der sich in's Mittel legen will.

Pant.: Was ist das vor ein Geschrey! Fried! Still! Warum zankens dann miteinander?

Bern: Da mein Papa ist verliebt in —

H. W.: (Halt ihm's Maul) Willst's Maul halten, Bua (Stosst ihn in's Haus) der verdambte Kerl!

Bern.: (wieder heraus) Er will haben, ich soll eine Sau —

H. W.: (jagt ihn wieder hinein.) Wart du Fickerments-Bursch, er macht mir mehrers Verdruss.

Bern.: Ja, es ist nicht anderst, ich thu's nicht.

H. W.: Du Galgenschlenkl. (Tragt ihn in's Haus.)

Pant.: Was Teuxel, was muss das seyn? Ich will nachlauffen, ich muss sie auseinander bringen, sie möchten sich verbeissen.

Bern.: (verfolgt, lauft.) Expresse sag ich's.

H. W.: (schreit.) Hund, ich bring dich um.

Pant.: (Halt den Hannswurst zurück.) So möchte ich doch wissen, warumb wollen sie ihren Sohn umbringen?

H. W.: Ich, ich, — ich schäme mich es zu sagen, und wenn es die Canaille nicht lassen wird, so brügle ich ihn zu todt. Dann es ist ein Sach, wo die Ehre einer ganzen Familie daran liegt.

Pant.: Ich bitt ihr' Gnaden, als ein zukünftiger Blutsfreund, verschmerzen sie diese grosse Sach. Sagens dann, was ist die Ursach?

H. W.: Ich will's ihnen wohl sagen, doch das muss bey ihnen ewiglich verborgen bleiben! O Schimpf! O Schand!

Pant.: Ich bitt, ihr Gnaden, halten sie sich nicht lang auf.

H. W.: (schaut sich um und um.) Bernardon hat heut Nacht ins Bett gemacht!

Pant.: Das ist zwar ein grosser Familienfehler, es ist aber dennoch kein solches Verbrecher, welches mit dem Tod sollt bestraft werden. Er ist ja auch noch jung Er kann sichs abgewöhnen Er soll sich nur zufrieden geben, es wird schon eine Person zu finden seyn, die ihn bey der Nacht fleissig aufwecken wird, aufs Scherbl zu gehen.

H. W.: Ich wär recht froh, wann ich den Buben einmahl aus 'm Haus hätt. Doch es ist schon über 6 Uhr, wo bleibt dann der Notary wegen den Kontract?

Anstatt des „Notary" kommt als dessen angeblicher Sollicitator Fabio mit Leopoldl als einem Schreiber, der immer nur die Worte „Ita domine" von sich hören lässt. Die Unterschreibung eines Heirathscontractes der Rosaura mit Fabio statt Bernardon gelingt bestens. Jedoch unvermuthet erscheint Horatio, der seinerseits im Interesse Bernardons die Verlobung durch den kecken Einspruch stört, Pantalon habe ihm schon seine Tochter gerichtlich versprochen. Pantalons Betheuerung, dass er den Horatio gar nicht kenne, nützt ihm nichts. Hanswurst ist über dessen „Betrügerei" empört, und damit endet der zweite Akt.

Im dritten Aufzuge verständigen sich Horatio und Flavio über die beiderseitig von ihnen in der Verlobungsscene gespielten Rollen, worauf Bernardon seine Schwester Angola dem Horatio zuführt: „Vermög meiner brüderlichen Authorität gibe ich euch zusammen und nur der Todt soll dieses Band auseinander reissen können." Wieder kommt Papa Hanswurst dazu und gibt ihm eine Ohrfeige.

Bern.: Was ist das vor ein Flegl? (sieht sich um, lauft davon, und alle Andern mit stummen Complimenten gehen ab.)

Aus Horatios Verlöbniss mit Angola und aus den Versicherungen des wirklichen Notars merkten Hanswurst und Pantalon, dass sie zuvor von Horatio und einem falschen Notar gefoppt wurden und beschliessen sogleich mit Bernardon und Rosaura auf's Land zu fahren und im nächsten Orte beider Hochzeit meuchlings zu vollziehen. Aber Bernardon hat wieder gehorcht und trifft Gegenanstalten.

Bern.: Die zwey Alten will ich vor betrügen. Herentwegen will ich mich und die Andern glücklich machen. Zum ersten muss ich auf mich gedenken. Ha Jungfer Haubenhefterin . . . Ich bin nur kommen zu fragen, ob sie mich oder den Vattern zu heurathen gesinnt seyn?

Colomb: Mit ihnen will ich leben und sterben.

Bern.: Wohl! So bleiben sie halt mein Schaz, mein Herzl! Jetzt gehen sie wieder nach Haus, ich hab nur wollen schauen, wie sie es mit mir meinen. Heut sollen sie noch mein Hauskreuz seyn. Warten sie nur bey der Thür, dass, wenn ich ruf, sie gleich da seyn.

Nach dieser Instruktion in eigener Liebesangelegenheit unterrichtet Bernardon den Horatio von dem Plane der beiden Alten.

Bern.: Wie mir die Bataille mit den zwey Alten g'habt haben, habe ich gleich denkt: Hola! die werden auf eine Schelmerey denken, dann ich bin allezeit ein gewixtes Bürschel gewesen. Bin ich hinaus g'schlichen. Ich hab g'hört, dass sie jetzt gleich die Lehnwägen b'stellen wollen. Hernach sollen wir aufs Land fahren, da soll ich die Rosaura heurathen. Haben d'Hausthüren fest verriglt, es hat aber nichts zu bedeuten, wir sollen alle glücklich werden. Zu unserer Hausthür hab ich auch den Schlüssel. (Sperrt auf, ruft:) Angola, Angola! Gehe herunter!
Ang.: (macht allerseits Complimente, sonderbahr ihren Horatio).
Bern.: Seynd sie noch Willens meine Schwester zu heurathen?
Hor.: Ja, ich kann es ihnen mit einem Eidschwur versichern.
Bern.: So geben sie einander die Händ. Versprechen sie einander die ewige Treu?
Hor. und Ang.: Ja! Wir wollen beysammen bleiben.
Bern.: Sie zwey (nämlich Flavio und Leopoldl) müssen Zeugen abgeben. Ist die Sache nun richtig?
Hor.: Nun fehlt nichts Mehreres zu meiner Glückseligkeit.
Bern.: So gehe der Herr Schwager zu der Braut.
Hor.: Mit tausend Freuden vollziehe ich diesen angenehmen Befehl.
Bern.: So betretten der Herr Schwager die Thürschwelle der Glückseligkeit und marschier er ins Haus hinein mit ihr. Ich will die Thür verrigln, damit Niemand hinein komme. (Sperrt zu.) Jetzt ist das Lumpeng'sindl beysammen; jetzt ist Zeit an den andern Galgen der Liebe zu denken! Fräulein Rosaura!

In ähnlicher Weise wie Angola mit Horatio verbindet Bernardon nun Rosaura mit Flavio und sperrt wie Jene im Hause des Hanswurst so Diese im Hause des Pantalon zusammen. Schliesslich denkt er an sich selbst und fordert den übrig gebliebenen Leopoldl auf, ihm nun ebenfalls einen Zeugen abzugeben. Dabei stellt sich heraus, dass die Colombine auch Leopoldl's Schatz ist. Darauf macht Bernardon einen Vorschlag zur Güte: „Weisst du was, Leopoldl, erst geh ich als gnädiger Herr vor. Mein Versprechen muss ehnder geschehen. Hernach will ich bey dir Zeuge seyn". Leopoldl ist's zuerst zufrieden, doch als Colombine ihn als Zeugen sieht, erschrickt sie, und Leopoldl sagt: „das ist meine Amantin, mit der ich schon zwey Jahr lang versprochen bin".

Bern.: Geh, mache mir keinen Verdruss! Ich habe deinem Herrn meine Liebste, die Rosaura, abgetreten, also hoffe ich auch du wirst so raisonnabel seyn.

Leop.: Wo denken ihr Gnaden hin! Sie ist ja nur eine Haubenhefterin!

Bern.: Wir Cavalier seyn nicht so heiklich, wir nehmen mit was Schlecht auch verlieb.

Colomb.: Mein lieber Leopoldl, der Ducaten gilt mehr als ein Kreuzer. Er hat mich so lang aufgezogen, bis mir dieses Glück vorgefallen, also sage ich ihm aufrichtig, dass ich seiner nicht mehr verlange. Er wird bald anderstwo was finden, was vor ein Laqueyen gut genug seyn wird.

Bern.: Sterblicher Mensch, stehe ab von ihr sonst wird meine adeliche Hand auf deinem gemeinen G'friss einen blauen Fleck schreiben.

Leop.: Erlauben sie mir auf's wenigste, dass ich auch mitheurathen darf, oder mich einen Schwagern nennen zu dörfen.

Bern.: Nein, nein, keine Schwagerschaft, ich kanns nit leiden!

Leop.: Oder nur auf's wenigste ein Kostgeher bey ihm zu seyn.

Bern.: Nu, nu, wanns nur nicht zu oft geschicht. Gehen wir lieber in's Haus, es möcht mein Vater kommen.

Hanswurst kommt denn auch mit Pantalon vergnügt daher spaziert und ruft den Bernardon. An dessen Stelle treten Angola mit Horatio aus dem Hause, und bekennen, dass sie, Dank dem Bernardon „so gut als Eheleut seynd." Hanswurst will den Horatio schlagen, wird aber von Pantalon besänftigt:

Pant.: Ihr Gnaden haben ohne dies die Fräulein Tochter Angola verheurathen wollen. Ich weiss, dass der Horatio eines braven Kaufmanns Sohn ist. Geben ihr Gnaden den Willen drein. Es ist genug, wan der junge Herr meine Tochter bekommt.

H. W.: Meinethalben, behalt's einander is Lumpeng'sindl.

Pant.: Jetzt will ich meine Tochter rufen. Rosaura, Rosaura!

Rosaura kommt nun ebenfalls mit ihrem Schatz Flavio aus dem andern Hause und Hanswurst sagt infolge dessen höhnisch zu Pantalon: „Sie haben ohne diesem die Fräulein Tochter Rosaura verheurathen wollen; der Herr Flavio ist eines brafen Kaufmanns Sohn". Aber Pantalon will von Flavio nichts hören, bis ihm dieser seinen von Pantalon selbst unterschriebenen Heiraths-

contract mit Rosaura vorweist. Worauf Hanswurst:
„Das hat mein dämischer Bub wieder angestellet, aber
sobald als er mir wird unters g'sicht kommen, so will
ich ihn so zerprügln, dass er ein halbes Jahr nit soll
sitzen können."

Vorsichtiger Weise kommt aus dem dritten Hause
zuerst die Colombine allein hervor, um dem Papa Hanswurst schüchtern zu bekennen: „Ich bin mit dem Bernardon, ihrem jungen Herrn, schon so viel wie verheu-
rathet". Auf sein Schimpfen aber schlägt sie sofort einen
andern Ton an.

Colomb.: Du p'fürneister Bauernschroll, du salzburgischer Heinz!
H. W.: Was, das Mensch unterstehet sich meine Noblesse zu touchiren?
Colomb.: Was, was, Noblesse? Ich weiss schon, dass du von hoher
  Geburt ein Bauer....

Da Hanswurst hört, dass sie die Geschichte seines
Adels kennt, giebt er klein bei und Colombine ruft den
Bernardon heraus.

Bern.: (ganz forchtsamb wegen seinem Vatter.)
Colomb.: Förchten sie sich nicht, der gnädige Herr Papa hat schon
  Alles verziehen.
Bern.: (ganz forchtsamb gehet zu seinem Vatter, will d'Händ küssen.)
H. W.: Gehe zurück! Wart nur, du sauberer Bursch, ich wird dich
  heut noch so streichen, dass du an deine Heurath gedenken sollst.
  (Fragt den Leopoldl.) Und wer ist er?
Leop.: Ä mahl war ich der Ita domine, jetzt bin ich ein Zeug der
  Bernardonischen Heurath und sein angeheuratheter Schwager.
Bern.: Papa, das letzte ist nicht wahr! Gelt Colombinerl, du magst
  kein Schwager haben.
Colomb.: Wann mein Schatz ein Schwagerschaft leidt, so ist mir auch
  recht.
Pant.: Ihr Gnaden wollen den Herrn Sohn einem so schlechten Mädl
  geben?
H. W.: Sie ist eine verwunschene Prinzessin und mithin ein Prinzessin
  schickt sich am besten vor den Adel des Bernardons.
Bern.: Das sieht man, dass auch die Schönheit unter denen gemeinen
  Leuthen zu finden und dieselbe auch adeliche Gemüther bezwingen
  kann.
H. W.: Der Bub hat es so weit gebracht, dass ich es ohnmöglich
  mehr ändern kann. Wünsche demnach allerseits Glücke. Ich allein,
  als ein reicher Mann, will Allen die Hochzeit aushalten.

Hiemit endet die Posse zu allgemeiner Zufriedenheit.

In einer andern Handschrift derselben Bibliothek unter 12706—12709 „Teutsche Arien, welche auf dem kayserlich-Privilegirt-Wienerischen Theater in unterschiedlich producirten Comödien, deren Titel hier jedesmahl beygerücket gesungen worden", finden sich auch jene Arien, die bei den verschiedenen Darstellungen der „Comödie, genannt: Colombina, die glücklich gewordene Hauben-Hefterin, oder Bernardon, der dreyssigjährige ABC-Schütz" eingelegt wurden, die aber in dem erst angezogenen Manuscripte fehlen.

Von den fünf „Nummern" ist die erste wohl direkt für die Posse componirt. Bernardon singt nämlich:

>   Ich will mich nimmer schern
>   Mit dem Teufels Lern,
>   Du verdammter Kerl
>   Mit dein Patzen-Ferl
>   Schau jetzt lerne du
>   Und lass mich mit Ruh
>   Mit dem einmahl eins, mit dem zweymahl zwey
>   Mit dem dreymahl drey, Kerl lass mich frey.
>   Schau das lerne du
>   Und lass mich mit Ruh.

Die zweite, ein Lebewohl Rosauras an ihren Horatio, mag wohl auch in anderen Lustspielen unter verwandten Umständen ihre Dienste geleistet haben. Sie lautet:

>   Ach nun bin ich gantz verlassen
>   Weil ich dich verlassen soll;
>   Wer kann meinen Schmertzen fassen?
>   Liebster Schatz, ach lebe wohl!
>   Angst und ungemeines Leyden
>   Halten meine Seel bestrickt
>   Weil ich das seh von mir scheiden
>   Das mir Geist und Seel erquickt;
>   Doch nimm von mir o mein Leben
>   Weil ich sonst nichts geben kann
>   Dieses Herz sey dir gegeben
>   Nimms zum letzten Abschied an.

Folgt ein „Duetto" zwischen Colombinen und Bernardon und ein „Terzetto" zwischen Bernardon,

Hans-Wurst und Colombinen, deren Inhalt aus den soeben skizzirten Conturen der Posse leicht zu errathen ist.

Die Besetzung des Stückes in den ersten Aufführungen dürfte in den hervorragenden Rollen folgende gewesen sein: Hanswurst-Prehauser, Bernardon-Kurz, Rosaura-Madame Kurz, Odoardo-Weiskern, Leopoldl-Huber, Colombina-Madame Mayberg.

Nach einem Theaterzettel vom 30. Juni 1766 gab die Kurzische Truppe an diesem Tage in Nürnberg, „ein Lustspiel in drey Aufzügen, genannt: Bernardon, der dreysigjährige A. B. C.-Schüler. Oder: Der reiche Bauer und der arme Edelmann. Mit Fiametta einer arglistigen und zuletzt glücklich gewordenen Haubenhefterin". In einem: „An die Leser" heisst es daselbst:

„Dieses Lustspiel ist von unserem Impresario auf seinen eigenen Charakter verfertigt, es ist ebenso voll der lustigsten Auftritte des reinesten Schertzes als der besten Lehrsätze; es zeiget wie viel an einer guten Erziehung gelegen, es stellet den verwerflichen Stolz eines unvermuthet reich gewordenen Bauern abgeschmackt und lächerlich vor. Es bildet die Tugend in der Armuth nachahmlich und ist durchaus ergötzlich.

Ob der Verfasser dieses Avertissements, der Stegreifkomödiant J. B. Grünberg, bereits bewusst jenen Unterschied zwischen Posse und Lustspiel macht, nach dem die Posse nur das einfach Lächerliche, das Lustspiel aber das Lächerliche in Verbindung mit dem Lehrhaften und mit dem Bessernden zur Anschauung bringen will, mag dahin gestellt bleiben. Gewiss ist, dass die Signatur der Bernardoniade stets war: „auf den Charakter ihres Helden verfertiget" zu sein, und dass der Charakter des Bernardon, den Gervinus[1]) als „ein Mittelding zwischen Schelmerei und Tölpelei" definirt, in keinem Stücke von Joseph Kurz so voll zum Ausdrucke kam, wie in „der 30jährige A. B. C.-Schütz". Was die „reinesten Schertze" anbelangt, so mag die alte Posse in den zwei Decennien ihrer Laufbahn sich allerdings einer verfeinerten Ge-

---

[1]) G. G Gervinus, Geschichte der deutschen Dichtung. Leipzig 1853.

schmacksrichtung accomodirt haben. Sie wird aber gewiss auch dann noch ebenso massgebend für den Charakter des damaligen „Lustspieles" gewesen sein, wie sie es bei ihrem ersten Erscheinen für ihre Zeit war.

Der Schauspieler und Regisseur F. A. Witz erinnerte sich, den „30jährigen A. B. C.-Schütz" noch während seines Engagements für Kinderrollen, im Jahre 1811, auf der Augsburger Bühne gesehen zu haben.

Während der nächsten Jahre beherrschte nun Bernardon fast ausschliesslich die deutsche Bühne in Wien und Sonnenfels[1]) beklagt bitter diesen Unfug: „Eine ganze sehr geraume Zeit war nun nichts auf der Bühne als Bernardons Unglücksfälle, Bernardon der 30jährige ABC-Schütz, Bernardons Versprechen, Heirath, mit einem Worte Bernardons Leben und Tod, wo manchmal sich die besten Dichter in den erbärmlichsten Parodien mussten verhunzen lassen, war der ewige Inhalt der Theatervorstellungen — und die Schaubühne war immer zum Erdrücken voll. — Den Vortheil der Schauspieler in Erwägung gezogen, waren die Bernardonischen Komödien nach den Grundsätzen übermachtester Oekonomie verfertigt. Denn Fliegen, die Arien, eine Maulschelle wurden dem Schauspieler unter dem Namen: „Nebengefälle" besonders bezahlt. Es war also natürlich, dass ein Schauspieler sich und den Seinigen viel zu singen, viel zu fliegen gab und seine Stücke auf Maulschellen arbeitete, wovon er sich gewiss die meisten zuschrieb".

Die Vorliebe der Schauspieler für die Bernardoniaden hatte also einen sehr triftigen Grund. Sie brauchten sich nicht mit dem Lernen der Rollen zu plagen und liessen sich ihre „Fatiguen" in klingender Münze bezahlen.

---

[1]) J. v. Sonnenfels, Briefe über die deutsche Schaubühne. Wien 1768.

V.

Bernardon's Kampf gegen das regelmässige Schauspiel 1747. „Der neue krumme Teufel". Censur 1751.

Die Geschichte der Wiener Bühne nimmt an, dass bis zum Jahre 1747 auf derselben ein regelmässiges Stück nicht gegeben worden sei. Doch schon nach den Osterferien dieses Jahres verfiel Andreas Weidner, ehemals Mitglied der Truppe von Eckenberg, dem „starken Manne" und als solcher „Compositor" so manchen Scenariums, vielleicht eben deshalb, weil ihm das Genre der Stegreifkomödie keine Lorbeeren brachte auf die Idee, das regelmässige Drama zu cultiviren. Er schlug zu einem ersten Versuche „Vitichal und Dankwart, die Allemanischen Brüder" vor, ein Trauerspiel von Benjamin Ephraim Krüger aus Danzig, einem Schüler des Johann Christoph Gottsched und einem Günstling von dessen Frau Luise Adelgunde Victoria. Natürlich legten die Protectoren der Stegreifkomödie dem Unternehmen alle möglichen Hindernisse in den Weg. Und von da an datirte eigentlich jener Kampf zwischen der improvisirten Komödie und dem regelmässigen Drama, der durch Jahre mit wechselndem Erfolge dauerte, endlich aber mit dem vollständigen Siege des letzteren endete.

Vorläufig jedoch hatten wieder einmal kleine Ursachen grosse Wirkungen. Dem Weiskern erkrankte und starb ein Kind; dem Kurz hingegen eröffnete sich die Aussicht auf einen baldigen neuen Familiensegen. So ward die stärkste Opposition gegen das regelmässige Schauspiel momentan durch häusliche Angelegenheiten lahm gelegt und „die Allemanischen Brüder" konnten, allerdings in der ungünstigsten Jahreszeit, im Sommer, in Scene gehen. Das Stück, welches Kästner und Milius nicht ganz mit

Unrecht als eine Anempfindung von Corneille's „Cid",
Voltaire's „Alzire", Bärmann's „Timoleon" und Weise's
Komödien charakterisirten, war in gereimten Versen geschrieben und dadurch für die in dieser Gattung ganz
ungeübten Schauspieler um so schwieriger darzustellen.
Nichtsdestoweniger gefiel es „und wurde oft mit gutem
Erfolg der Einnahme gegeben."

Bald nach der Aufführung der „Allemanischen Brüder",
am 29. August 1747, ward dem Joseph Kurz bei St.
Stephan eine zweite Tochter „Susanna Franziska Antonia"
getauft. Deren Pathe war: Eleonora Herzogin von
Quastalla geborene Herzogin von Hollenstein, vertreten
durch Anna Maria Jairillin und Susanna Schenkinger.
Abgesehen davon, dass Kurz bei dieser Gelegenheit das
erste Mal den von seinem Vater abgelegten Adel wieder
aufnahm und sich im Taufbuche als „Joseph von Kurz,
Acteur," einzeichnete, ward durch diese zweite Tochter
jene Trias: Lenorl, Sepperl und Tonerl, voll, für die er
bald nachher seine Kinderpantomimen und Kinderkomödien schrieb. Am 13. October d. J. aber fungirte
Kurz selber als Pathe seines Neffen Joseph, dem Sohne
seines Bruders Anton und dessen Frau, beide „k. k. Hoff-Theater-Actore".

Die gute Aufnahme der „Allemanischen Brüder" ermuthigte die damals allerdings noch nicht sehr zahlreichen Anhänger des regelmässigen Dramas weitere
Schritte in derselben Richtung zu thun. Sie drangen
vor Allem in Selliers, das Personale des Wiener Stadt-Theaters durch neue Mitglieder zu verstärken, welche
für diese Mission geschult werden sollten. Selliers ging
auf das Ansinnen ein. Der gute Ruf, den die Neuber'sche
Gesellschaft sich errungen und die bedrängte finanzielle
Lage, in der sie sich momentan befand, legten ihm den
Gedanken nahe, die ersten Mitglieder derselben: Heinrich
Gottfried Koch und dessen Frau, Carl Gottlob Heydrich
sowie Christiane Friederike Lorenz mit der Contracts-Klausel: „zu studirten Stücken" nach Wien zu berufen.

Als die erste Nachricht hiervon in die Kreise des Wiener Stadt-Theaters drang, entflammte sie auf's neue den ganzen Antagonismus der Stegreifkomödianten gegen das regelmässige Drama, entfesselte sie auf's neue deren lebhaftes Intriguenspiel. Vor Allen stellten sich Weiskern, Prehauser, Kurz, Mayberg und Huber durch diese Berufung in ihrer Künstlerehre gekränkt, als seien sie selbst längst mit jener Mission betraut, die nun den Neuberufenen übertragen wurde. Eine zufällige Sperrung der Bühne, wegen Renovirung, besänftigte keineswegs ihren Unmuth, sondern bot ihnen vielmehr Gelegenheit, diese ihre Behauptung scheinbar durch die That zu beweisen. Sie vertheilten unter sich die Rollen von „Alzire, oder: Die Amerikaner. Ein Trauerspiel in fünf Aufzügen. Aus dem Französischen des Herrn von Voltaire, übersetzt von Luise Adelgunde Victoria Gottsched" und eröffneten damit am 11. Mai 1748 das Theater wieder.

Der Kaiser und sein Bruder, der Herzog Karl von Lothringen, hatten sich, wie das Wienerische Diarium meldet, „im Gefolge einiger Herren Cavaliers in das erneuerte Stadt-Comödie-Haus bey dem Kärntner-Thor verfüget, daselbst einer Teutschen Tragödie in Versen beygewohnet und seynd sodann nacher Schönbrunn zurückgekehret." Am folgenden Tage, einem Sonntage, aber „haben Ihre Majestät die Kaiserin im Gefolge einiger Dames und Cavalieren gleichfalls der obbesagten Teutschen Tragödie beygewohnet." Die Bezeichnung der „Alzire" als einer „Teutschen Tragödie" darf dem Wienerischen Diarium gegenüber nicht wundernehmen, da dieses die nähere Charakterisirung der verschiedenen Gattungen des Dramas nur von der Sprache hernahm, in der sie gesprochen wurden. So meldet es auch: Die Majestäten hätten einer „französischen Comödie beygewohnet", wenn ein Lustspiel Goldonis von den Franzosen aufgeführt wurde.

Dem Kaiser dürfte die Aufführung der „Alzire" genügt haben, sonst wäre die Kaiserin, die sich dem Versuche am ersten Abende vorsichtig fern gehalten hatte, nicht am zweiten mit ihren Damen im Theater erschienen. Ein nahezu gleichzeitiger Bericht meldet allerdings wenig Günstiges über die Darstellung. Er sagt:

> „Die Nuthin, eine Frau von sechsundvierzig Jahren mit einem schwerfälligen Körper, machte die Alzire, ihre beyden Vertrauten, Schröterin und Müllerin, waren ebenfalls jede über vierzig Jahre alt. Huber den Zamor, Schröter den Alvar und Mayberg den Montez. Man liess nach Gefallen aus, das Lernen zu ersparen, mit einem Worte, das Stück wurde mit Willen verpfuscht."

Weiskern, Prehauser und Kurz, sonst gewöhnt, Tag für Tag vor dem Publikum zu erscheinen, hatten ihrer Ueberzeugung diesmal das Opfer gebracht, der Darstellung demonstrativ fern zu bleiben.

Indessen waren die geladenen Gäste aus Leipzig in Wien eingetroffen. H. G. Koch, als Charakterdarsteller, C. G. Heyderich, als Heldenspieler und Ch. F. Lorenz, als Sentimentale, theilten sich in die Rollen des „Graf Essex" von Thomas Corneille, den sie, in der Uebersetzung des Peter Stüven, für ihr erstes Debüt mitgebracht hatten. Koch gab den Essex, Heyderich den Salisbury und die Lorenz die Irton, diese Ahnfrau einer langen Reihe von Lady's Rutland. „Frau Kochin dagegen musste wenigstens Weiskern's Wuth empfinden und in diesem Stücke als eine stumme Person auftreten." „Graf Essex" wurde am 15. Juni 1748 zum erstenmal gegeben. Stück und Darsteller gefielen und der Essex musste im Laufe der Saison noch fünfzehnmal wiederholt werden, — damals ein theatralisches Ereigniss, aber auch zugleich vorläufig wieder Glück und Ende des regelmässigen Drama im Wiener Stadt-Theater.

> „Weisskern wusste ‚nach einer Chronik dieser Bühne' alle von Koch vorgeschlagenen Stücke zu hintertreiben, er verweigerte ihm die Rolle des Geitzigen von Moliere zu spielen, ingleichen Crispins Leichenbegängniss sogar zu extemporiren, es wurde also nur noch Oedip aufgeführt und Zayre, wo Koch im Lusignan einen ausserordentlichen Beyfall fand. Koch dankte nun ab, und ging mit seiner Frau 1749 wieder fort... So nahm das studirte Theater seinen Anfang, welches von Weisskern bis an sein Ende verfolgt wurde. Das Theater wurde nun, wie vorher, mit Burlesken besäet. Mayberg

unterstand sich sogar gleich nach Koch's Abreise die regelmässigen Stücke lächerlich zu machen. Durch seine Vermittlung wurden „Essex" und „der Ruhmredige" extemporisirt und mit Hanswurst's und Bernardon's Lustbarkeiten aufgeführt. Weisskern richtete eine Menge elender Opern zu, und brachte sie unter dem Namen regelmässiger Stücke ebenso elend auf die Bühne. Man sahe also freylich lieber eine Burleske als eine solche regelmässige Missgeburt. Auf diese Art ging der Funken des guten Theaters gleich im Entstehen wieder verlohren. Das einzige gute Stück, so in der Zeit aufgeführt wurde, war Iphigenie."

Schon durch fast vier Decennien erfüllte Le Sage infolge seiner Bearbeitung des Romanes: „*El Diablo cojuelo*" von Don Luiz Velez de Guevara die gebildete Welt mit seinem Rufe. Insbesondere seitdem Dancourt fast zu gleicher Zeit (1707) sein Lustspiel „*Le Diable boiteux, deux Comédies en Prose, la première en un Acte, la seconde en deux, avec des Divertissements, musique de Grandvale, le père*", auf die Bühne gebracht, hallten die Lesezirkel und die Parterre der Theater von dem Namen „Asmodeus" wieder. Gleich seinem französischen Collegen konnte auch Joseph Kurz der Versuchung nicht widerstehen den phantastischen Stoff in seiner Weise dramatisch zu verwerthen. Es entstand „Der krumme Teufel".

C. F. Pohl,[1]) der gewissenhafte Biograph Joseph Haydn's, giebt den vollständigen Titel eines ihm vorgelegenen Textbuches so an:

„Der neue krumme Teufel. Eine Opera comique von zwey Aufzügen; nebst einer Kinder-Pantomime, betitult: Arlequin, der neue Abgott Ram in America ‚Alles componiret von Joseph Kurz'. Die Pantomime folgt nach dem ersten Act. Ausserdem ist noch im zweiten Aufzuge ein Intermezzo eingeschoben. Zum Schlusse heisst es: „N. B. Die Musique sowohl von der Opera comique als auch der Pantomime ist componiret von Herrn Joseph Heyden."

Agirende Personen in der Comedie:
Arnoldus, ein unglückseliger Doctor Medicinæ.
Angiola, dessen Schwester.
Argante, eine Base desselben.
Fiametta, ein angenommenes Zuchtmädel ⎱ des
Catherl, ein Stubenmädel ⎰ Arnoldus.

---

[1]) C. F. Pohl, Joseph Haydn. Leipzig 1875 u. 1882.

> Bernardon ⎱ zwey Bediente
> Leopoldel ⎰ des Arnoldus.
> Casparus, Gemahl der Angiola.
> Gerhard, Gemahl der Argante.
> Asmodeus, der neue krumme Teufel.
> Zwey Notare.

und legt dasselbe folgender Stofferzählung zu Grunde:

Im ersten Aufzuge sitzt der Doctor Arnoldus in seinem Zimmer am Schreibtische und mustert Recepte; dabei klagt er, dass all sein Wissen in der Medizin ihm nichts helfe, da er verliebt sei und sich daher selber als einen armen Patienten betrachten müsse:

> Recipe Helleborum,
> China antimonium,
> Oleum popoleum,
> Raphanum Arsenicum
> Cornu cervi succinatum
> Crocum martis camphoratum
> Album graecum sublimatum
>   Hoc solvetur
>   et addetur
> Cartaplasma Cannulae
> Misce fiant pillulae.
> . . . .
> Hast du denn kein Recipe,
> Armer Doktor, für dein Weh!
> Andre kannst du schon kuriren,
> Aber du musst selbst krepiren.

Dem eintretenden Bernardon befiehlt er, Fiametta, das im Hause auferzogene Mädchen, herbeizuholen. Nach mancherlei Einwendungen, dass sie krank sei, erscheint sie endlich doch:

> Da komm ich armes Kind,
> Zu meiner Folterbank;
> Ist das nicht eine Sünd?
> Ich bin so herzlich krank,
> Und hab doch keine Ruh;
> Ach! komm o Tod!
> In meiner Noth,
> Und schliess die Augen zu.
> Ich sag dir tausend Dank,
> Denn ich bin gar zu krank.

Der Doctor kommt ihr zärtlich entgegen und will ihr den Puls fühlen; sie widersetzt sich und klagt, dass sie unglücklich sei. Von seiner Kur will sie schon gar nichts wissen; er sei „ein Seelenliferant", ein „Mensch durch den nur die Tischlerzunft und der Todtengräber reich würden." Der Doctor sucht sie zu beschwichtigen und meint, sie werde bald von ihm Besseres erfahren.

> Lebe wohl du kleiner Dieb!
> Hab mich nur ein wenig lieb;
> Ist die Lieb gleich itzo klein,
> Bald, bald wird sie grösser seyn.

Er geht ab, und Bernardon eröffnet der arglosen Fiametta, dass ihre Hochzeit mit Arnoldus bevorstehe. Es erfolgt Ohnmacht und Wiedererwachen. Wer wird helfen?! „Das wird der Teufel" ergänzt der im Hintergrunde erschienene Asmodeus.

Die Scene verwandelt sich und stellt einen mit Statuen gezierten Garten vor. Arnoldus, seine Verwandtschaft und zwei Notare erscheinen. Der Doctor zeigt ihnen an, dass er gesonnen sei zu heirathen. Schon fünfzig Jahre lebe er im Junggesellenstande und habe es nun satt; die Liebe sei bei ihm nicht blind, denn Fiametta wäre ein schönes Kind. Die Verwandten rathen ab. Nun kommt Fiametta selbst; der Doctor nennt sie seine Braut und sie ihn dagegen ein altes „Haringsfass" eher will sie sterben als sich mit ihm verehlichen. Sie stellt sich verrückt:

> Mein Verstand ist ausgegangen,
> Ach ich such ihn dort und da!
> Wer denselben hat gefangen,
> Geb ihn mir, ich bitt ihn ja!
> Schaut ihr Herren!
> Dort! dort! den Bären,
> Da, da kömmt er, da, da geht er,
> Ach er ist schon wirklich nah!
> Ach er ist schon wirklich da!
> O ihr Diener Monsieur Bär,
> Vot Serviteur.
> Stille! jetzt ist er mein,
> Stille! ich steck ihn ein.

(Sie macht, als wenn sie den Bären finge und in Sack stecke).

> O! das sind recht schöne Possen;
> Gelt! ihr glaubt ich bin geschossen;
> Und ihr seyd die Narren da,
> Daralla, la, la, daral, la, la.

und verlässt singend und tanzend die Bühne.

Der Doctor glaubt Bernardon in Fiametta verliebt, und klagt ihn an, ihm das Herz derselben „weggeschnappt" zu haben; er soll sich trollen. Bernardon geht schimpfend ab:

> Alter stille deine Wuth
> Du wirst mit Erstaunen sehen,
> Was noch heute wird geschehen
> Hier! hier hast du Fleisch und Blut:
> Spreng die Adern, reiss die Flachsen,
> Quetsch die Beine, brich die Haxen,
> Nichtes nimmt mir meinen Muth.
> Wann du alles Fleisch gefressen,
> Musst du auch nicht das vergessen
> Was dem Maul nicht schmecken thut.
> Hier! hier hast du Fleisch und Blut.

Indem eilt Katherl, das Stubenmädel, herbei, und jammert, dass sich Fiametta erstochen habe und rings um sie allerlei Unthiere hausen. Nun kommt auch Leopoldel mit der Nachricht, dass sich Bernardon erschossen habe und fürchterliche Geister ihn umgeben. Es erfolgt Donner und Blitz. Alle „fahren durcheinander" und singen:

> Ach! wir sind alle hin,
> Der Teufel, der ist los,
> Ich weiss nicht wo ich bin,
> Die Angst ist gar zu gross.

Die Statuen verwandeln sich auf einen Wink des Asmodeus in Pferde und mit ihnen fliegen Fiametta und Bernardon, die eben als Geister auftauchten, im Reiseanzuge in die Luft:

> Adieu! Herr Arnoldus. Nun weichet die Noth
> Wir reisen vergnüget, und sind nicht mehr todt.

Alle Anwesenden sind bestürzt. Asmodeus aber packt den Arnoldus und versinkt mit ihm in die Erde.

In der nun folgenden Pantomime zeigt Asmodeus dem Arnoldus das erste Spiegelbild weiblicher Untreue.

Personen der Pantomime:

Arlequin. Diener des
Celio, ein Schiffscapitain.
Merline, eine Insulanerin.
Ronzi, ein Zauberer.
Alba, ein afrikanischer Prinz.
Mufti, ein Götzenpfaff.
Viele Amerikaner.
Viele holländische Seefahrer.

Die Bühne stellt eine wüste Insel vor. Im Hintergrunde breitet sich das Meer aus, dessen vom Sturme aufgeregte Wellen sich allmählich beruhigen. Arlequin, der mit seinem Herrn Schiffbruch gelitten, kommt von weitem geschwommen, tritt ans Land und trifft hier Merline, die mit ihrer Mutter an diese Insel verschlagen wurde.

Merline: Mein Alter war von wenig Tagen,
Da Wetter, Hagel, Sturm und Wind,
Die Mutter und mich armes Kind
In diese Insul hat verschlagen.
Die Mutter starb vor kurzer Zeit,
Und liesse mich in diesem Leid
Ganz trostlos hier zurücke.
Das Reh, das du allhier gesehen,
Pflegt mir mit Milich beyzustehen,
Das liebe Thier ist noch mein Glücke.
Die Wilden wohnen gar nicht weit:
Allein ich ware so gescheid,
Und hatte nie vergessen,
Mich hinter Busch und Hecken,
Ganz sorgsam zu verstecken
Sonst wär Merline längst gefressen.

Arlequin: Ich heisse Arlequin
Und diente als Lakey
Recht ehrlich und getreu.
Jetzt weisst du, wer ich bin.
Mein Herr war ein Schiffs-Kapitain,
Und dieser ist recht wunderschön
Im Wasser hier ersoffen.
Warum? das Schiff bekam ein Loch,
Ich aber bin recht glücklich noch
Aus der Gefahr entloffen.

Die Annäherung der beiden Gestrandeten folgt rasch, sie schwören einander Treue und geben sich die Hände.

Verwandlung der Scene in einen Tempel, in dem ein Zauberer in Gestalt des neuen Abgottes Ram thront, der dem Arlequin zu seinem Glücke verhelfen will. Er bekleidet ihn mit den Abzeichen des Abgottes. Der Gouverneur und die Wilden kommen unter den Klängen eines kriegerischen Marsches und bringen ihre Opfergaben. Sie gewahren wohl ihren Irrthum, doch weiss ihnen Arlequin zu imponiren und sie tragen ihn als ihren König und Herrn frohlockend davon.

Unterdessen tritt der Schiffscapitain Celio auf, der sich gleichfalls gerettet hat. Merline kommt ganz eilfertig und in der Meinung, es sei Arlequin, umarmt sie den Celio. Merline schämt sich ihres Irrthums. Dem Celio gefällt Merline; sie verlieben sich in einander. Nachdem sie sich die Hände gegeben, singen sie:

Fiametta:	Du hast gefunden
	Geliebter! das Herz zu verwunden.
	Hier ist das treue Leben,
	Das geb ich für dich hin.
Capitain:	Ich fühl o Glücke!
	Götter welch ein Geschicke!
	Nehme die treue Seele
	Da ich dein Eigen bin.
à 2.	Götter wer kann ergründen
	Der Liebe grosse Macht
	Der gleichen schönen Liebe
	Der gleichen süsse Triebe
	Wer hätte das gedacht.

Inmitten dieser Betheuerungen kommen die Wilden, nehmen die Beiden gefangen, und führen sie Arlequin zu, der noch immer als Abgott Ram thront. Der Gouverneur erscheint und giebt Arlequin zu verstehen, dass es bei ihnen Sitte sei, fremde Menschen aufzufressen. Arlequin stimmt ihm zu, gebietet aber den Wilden, ihn vorerst mit den Beiden allein zu lassen. Obwohl durch Merlinens Untreue verletzt, überlässt er sie doch nach schwerem Seelenkampfe seinem Herrn. Doch die Wilden haben den Vorgang belauscht, brechen hervor und führen alle Drei ab.

Die Scene verwandelt sich abermals und stellt den Ort vor, wo die Wilden ihre Opfer zu schlachten pflegen. Alles ist bereit. In ihrer Angst wendet sich Merline flehend an den vornehmsten Wilden, der sie zu retten verspricht:

> Entschliesse dich, willst du mir Herz
> Und Hand itzt geben?
> So sterben die allein
> Du aber bleibst am Leben.

Worauf Merline

> Ich glaub, ich denk das Leben
> Das soll man nicht verderben.
> Und das soll ich hergeben?
> Das geht mir gar nicht ein.
> Ihr beyde könnt schon sterben
> Und dieser ist jetzt mein.

In diesem kritischen Momente vernimmt man Trommelwirbel und Trompetengeschmetter. Die Scene verwandelt sich ein letztes Mal, und man erblickt eine holländische Kriegsflotte. Es kommt zum Kampfe, die Wilden unterliegen und die Opfer sind gerettet. Merline hat als Ungetreue wohl einen schweren Stand, doch wird ihr verziehen. Unter Jubelgeschrei besteigen Alle die Schiffe und der Chor besingt die Freuden nach bösen Stunden.

Der nun beginnende zweite Aufzug des „Asmodeus" spielt in der Stadt. Arnoldus und Asmodeus treten auf. Arnoldus sieht finster drein, er begreift nicht, was Asmodeus mit ihm vorhat. Dieser tröstet ihn; er solle nicht nach altem Brauche glauben, dass der Teufel immer nur des Menschen Feind sei; im Gegentheile, er meine es gut mit ihm und habe dies schon dadurch bewiesen, dass er ihm in der Pantomime ein lehrreiches Beispiel im Bilde vorgehalten habe. Nun solle er noch den armen Bernardon sehen, der schon zwei Jahre im elenden Ehezustande schmachte. Auf des Teufels Wink erscheinen sofort Bernardon und Leopoldel. Ersterer klagt, dass seine Frau verschwunden sei, und Leopoldel zeigt ihm das

Haus, wo er sie finden werde. Sie klopfen an. Fiametta tritt nun auf „indem sie in einer Scene viererley Characteurs das ist: einen bolognesischen Doctor, einen neapolitanischen Policinello, den Pantalon und den Arlequin vorstellet und zu einem jeden Character im Anfang tanzet, und nach einer jeden Masquera ihrer Landesart singet". Erst als Leopoldel ihr die Maske vom Gesichte reisst, erkennt Bernardon seine Frau. Er will sie erstechen, doch sie entflieht.

> Bernardon: Dem Himmel sey's geklagt;
> Das ist ja ein verdammter Streich.
> Ach liebe Männer spiegelt euch!
> Ich hab genug gesagt;
> Bleibt ledig, nehmt doch keine Frau,
> Und hütet euch vor dem Wau, Wau,
> Der euch beständig plagt.
> Vielleicht, dass hier auch mancher lacht,
> Dem seine Frau ein gleiches macht
> Ich hab genug gesagt.

Asmodeus und Arnoldus treten wieder vor, und Letzterer versichert, er sei bereits geheilt.

Um ihm aber die Heirathsgedanken völlig zu benehmen, führen Bernardon, Angiola und Fiametta ein durchaus in italienischer Sprache und gleich dem „Asmodeus" in Versen abgefasstes Intermezzo auf:

„Il Vecchio ingannato — Der betrogene Alte."

Attori. Personen.
Pancrazio, Giuseppe Kurz. Bettina, Thersina Kurz. Pandora, Cattarina Mayerin.

Pandora, die Mutter, eröffnet Bettinen, der Tochter, dass sie für sie einen Bräutigam gefunden habe; er sei zwar alt, doch habe er Geld; sie solle zugreifen, denn die Schönheit verblühe gleich einer Blume. Zudem werde ihr sein Reichthum schon auch junge Liebhaber erwerben. „Dann nehme ich ihn" ruft die Tochter entschlossen und die Mutter freut sich, in ihr diejenigen Eigenschaften wieder zu finden, die sie selbst in ihrer Jugend zierten. Allein gelassen, geht die Tochter mit sich zu Rathe: Erfahrung macht klug; es seien ihr schon viele entschlüpft, dieser endlich solle an der Angel zappeln. Im Gespräche mit der Mutter steigen Pancrazio, dem Alten, denn doch einige Zweifel auf: er fürchtet wirklich, dass er zu alt sei. Doch die Mutter kämpft alle Bedenken nieder, indem sie die Tochter als engelrein hinstellt, die kaum wisse, was Brautschaft und Heirath, ja nicht einmal was Liebe sei. Sie (die Mutter) habe ihr dies erst im Bilde des Cupido erklären müssen, den sie (die Tochter) als mit Bogen und Pfeil bewaffnet, für einen Soldaten hielt. „Welche Unschuld! welche Taube!" ruft der Alte zwischen jeder neuen Eröffnung — glücklich, dass er derjenige sei, der sie zuerst in die Liebe einweihen werde. Die Tochter kommt und findet ihren Zukünftigen „älter als einen Raben". „Der um so eher sterben wird", ergänzt die Mutter tröstend. Den Alten packt das Fieber vor Liebe. Die Tochter zweifelt nicht, ihn zu curiren und ihn je eher je lieber in's Jenseits zu befördern. „Welch schöner Moment, welche beglückte Liebe" ruft verzückt der Alte. „Eine saubere Ehe wird dies werden" denkt halblaut die Mutter. Und Alle: „Genuss und Freude wird jederzeit sich mehren".

Das Intermezzo wirkt so lebhaft auf Arnoldus, dass er fortan von keiner Braut, und sei sie auch die schönste, mehr etwas wissen will. Dem Bernardon aber, der ihn dauert, da er das leiden muss, was ihm bevorstand, will er zwölftausend Gulden vermachen. Nun treten alle Personen, auch die der Pantomime auf. Bernardon dankt dem Doctor für die grosse Summe Geldes, die ihm gestattet, nun glücklich zu leben. Fiametta küsst Arnoldus die Hände; die Verwandtschaft findet seinen Entschluss, ledig zu bleiben, vortrefflich, da sie dadurch mehr Erbschaft zu erwarten hat. Alle aber fragen den Arnoldus: ob sie ihre Rolle gut gespielt haben. Dieser ist mehr und mehr erstaunt und glaubt, dass er am Ende gar gefoppt worden sei, worauf Asmodeus ihm erwidert: „Das Eine ist wahr und das Andere nicht erlogen". Dem Teufel kostet es nur wenig Mühe, um den Arnoldus zu bestimmen, das zu bleiben, was er war und einzugestehen, dass er mit seiner Liebe ein rechter Narr gewesen, worin ihm Alle im Chore beistimmen, denn: Nur „Gleich und gleich gehört zusammen" und

> Wahre Liebe sucht alle Gänge
> Alle Vortheil, alle List,
> Bis der Gegner in die Länge
> Endlich doch betrogen ist.

Wie schon in der Dramatisirung des trefflichen Sittenschilderers Dancourt von dem epochemachenden Romane des Le Sage nur wenig mehr übrig blieb, als der Name des concilianten Asmodeus, so auch in der „Opera Comique" des Joseph Kurz. Hier wie dort blieb nur die Anregung. Typisch für die Bernardoniade ist aber in „Der krumme Teufel" das Spielen mit dem Wahnsinne, mit dem Leben und dem Tode. Die Verfasser dieser wunderlichen dramatischen Abart und ihr Publikum vergessen eben keinen Augenblick, dass die Bühne doch nur eine Welt des Scheines beherberge, eine Welt, an deren Realität im Ernste Niemand glaubt. Und in dieser Beziehung, in dieser schrankenlosen Willkür, in diesem an das Märchenhafte streifenden Losgelöstsein von allen Gesetzen der Wirklichkeit, in dieser Ungebundenheit an Zeit und Raum, an Sein und Nichtsein haben die Bernardoniade und die mit ihr gleichzeitige Maschinenkomödie eine, wenn auch sehr entfernte Verwandtschaft mit so manchen Schöpfungen der späteren Romantiker. Sie gehen denselben voraus, wie dessen Karikatur dem Gedanken. Eine an organische Entwickelung, an einheitliche Stimmung gewöhnte Zeit bringt alledem nur schwer einiges Verständniss entgegen.

In der Geschichte von der Entstehung der Musik des Joseph Haydn zu „Der krumme Teufel" bietet C. F. Pohl ein ansprechendes Genrebild aus dem Leben Alt-Wiens:

> „An einem für Ständchen wettergünstigen Abend (es dürfte im Herbste 1751 gewesen sein)", so erzählt C. F. Pohl, „finden wir Haydn

mit einigen Kameraden vor dem Hause des Gold- und Perlenstickers Anton Türkes ‚Gassatim gehend' wie Haydn jene nächtlichen musikalischen Excursionen nannte, bei denen irgend einer beliebten Persönlichkeit auf Bestellung Anderer oder auch aus eigenem Antriebe gehuldigt wurde. Die Musik, die sie aufführten und die von Haydn componirt war, galt dem in demselben Hause wohnenden, damals sehr beliebten Komiker des Stadttheaters, Joseph Kurz, oder richtiger gesagt, seiner hübschen Frau Franziska. Das Haus stand schräg gegenüber dem alten Stadttheater dicht beim Widmer ‚oder alten Carntner' Thor und war an die ehemalige Stadtmauer angebaut. Haydn's Musik erregte die Aufmerksamkeit des stets aufgeweckten Komikers; er verliess das Haus und erkundigte sich nach dem Componisten der eben aufgeführten Musik. Haydn stellte sich ihm vor und musste sogleich dem etwas überraschten Komiker in dessen Wohnung folgen, wo ihm derselbe das Anerbieten stellte, für sein eben fertig gewordenes Theaterstück die Musik zu schreiben. Kurz suchte auch gleich seinen Mann zu prüfen, er liess ihn sich an's Clavier setzen und einige leicht angedeutete Scenen aus dem Stegreife mit Melodieen begleiten. Namentlich lag ihm die musikalische Schilderung eines Sturmes auf dem Meere (am Beginne der Kinder-Pantomime: Arlequin, der neue Abgott Ram in America) am Herzen. Da er aber die Verzagtheit Haydn's gewahrte, dessen Kenntnisse von Wässern sich bis dahin nur auf die Leitha und das Wienflüsschen erstreckten, die doch unmöglich zur Vorstellung des gewünschten Bildes anregen konnten, so suchte er Haydn's Phantasie nachhelfend, das Ringen eines Ertrinkenden figürlich auszumalen. Unschlüssig, wie er ein Ding ausdrücken solle, das er im Leben nie gesehen, schüttelte Haydn noch immer den Kopf, während Kurz, der ganzen Leibeslänge nach über einige Sessel ausgestreckt, die Bewegungen eines Schwimmenden nachahmte. Er wurde bereits ungeduldig und rief dem jungen Musiker fast ärgerlich zu: ‚Aber sehn's denn nit, wie i schwimm?!' Unwillkürlich geriethen Haydn's Finger endlich in der Angst in die vom Komiker gewünschte Taktbewegung. Kurz sprang auf, umarmte seinen Schützling und übergab ihm das Manuscript seiner neuesten komischen Oper, die den Titel führte: „Der neue krumme Teufel."

Für diese Arbeit erhielt Haydn nach Einigen 25, nach Anderen, was auch wahrscheinlicher klingt 2 Dukaten. Als ein Hauptreiz derselben erscheint auf mehreren Zetteln „eine musique, welche mit einer Mühle accompagniret" besonders erwähnt. Doch scheint die Musik von Haydn leider schon früh verloren gegangen und eine andere an deren Stelle getreten zu sein.

Die Oper dürfte im Fasching des Jahres 1751 zum erstenmal gegeben worden sein. Das „Repertoire des Théatres de la ville de Vienne", das die sämmtlichen von Ostern 1752 bis zum Schlusse des Theaterjahres 1756 am Stadttheater aufgeführten Novitäten enthält, erwähnt des „Neuen krummen Teufel" nicht. Dagegen erscheint er in der „Hauptrechnung über den Theatral-Empfang- und Ausgab vom 10. März 1753 bis 28. Februar 1754" am: 29. Mai 1753 mit einer Tageseinnahme von 243 fl. 43 Xr.

Die „Deutsche Schaubühne" enthält im 25. Band folgendes Libretto:

> „Asmodeus, der krumme Teufel. Eine Opera comique von drey Aufzügen. (Vignette.) Wien gedruckt bey Johann Thomas Edlen von Trattnern, Kaiserl. Königl. Hofbuchdruckern und Buchhändlern 1770". Mit Seite 32 „endigt sich der erste Aufzug" und es folgt mit neuem Titel und neuer Paginirung: „Zweyter Aufzug. Asmodeus zeiget durch Bernardon und Fiametta dem Doctor Arnoldus, um ihm seine heftige Liebe gegen Fiametta zu benehmen, dieses pantomimische Singspiel, genannt: die Insul der Wilden, oder die wankelmüthige Insulanerinn mit Arlequin dem durch einen Zauberer zum Abgott Ram gemachten König von der Insul Tschaleley. (Vignette.) Wien gedruckt bey Johann Thomas Edlen von Trattnern k. k. Hofbuchdruckern und Buchhändlern. 1770". Dieser zweite Aufzug umfasst 18 Seiten. Dann beginnt der „Dritte Aufzug", der mit Seite 33 anfangend, an Seite 32 des Asmodeus sich anschliesst und mit Seite 44 das Ganze endigt.

Wie man sieht, ist in diesem Libretto die Form des damals üblichen theatralischen Intermezzo's auch auf das Buch übertragen. Seltsamerweise wird in den Personen-Verzeichnissen beider Libretti Asmodeus der „neue" krumme Teufel genannt, was zu der irrigen Annahme verleitete von dem Bestehen einer zweiten Opera comique unter dem Titel: „Der neue krumme Teufel". Das von C. F. Pohl citirte Textbuch stammt entschieden aus den Jahren nach 1758. Beweis dessen die Kinder-Pantomime, deren Hauptrollen dem Kurz'schen Kleeblatt: Lenorl, Sepperl, und Tonerl anvertraut waren. Diese Kinder wurden aber erst nach dem Tod ihrer Mutter (1754) durch den Vater zur Pantomime verwandt. Beweis ferner die

Besetzung der Bettina in dem Intermezzo: Il Vecchio ingannato durch Frau Theresina Kurz, die als solche erst im Jahre 1758 die Bühne betrat. Der Abdruck in der „Deutschen Schaubühne" erschien, wie aus dem Druckjahr ersichtlich, erst 20 Jahre nach dem Entstehen des „krummen Teufels" und war einer jener Abdrücke, welche Kurz damals von mehreren seiner Stücke machen liess, um dem Censurgesetze zu genügen. Doch dürfte dieser Abdruck dem Original-Entwurf am nächsten kommen.

Das Singspiel des Joseph Kurz hatte einen glücklicheren Erfolg als seinerzeit „Le Diable boiteux" von Dancourt, dem man vorwarf, dass er die „Veuve à la mode" des Visé einfach abgeschrieben habe. Wenn Dies in seinen „Biographischen Nachrichten" über Joseph Haydn erzählt: „Der neue krumme Teufel" sei schon nach der zweiten Aufführung wegen beleidigender Anzüglichkeiten im Texte verboten worden, so ist dies ebenso unverbürgt, wie wenn Bertuch in seinen „Bemerkungen auf einer Reise aus Thüringen nach Wien" dem hinzufügt, er sei verboten worden, weil der Schauspieler in der Rolle des hinkenden Teufels einen italienischen Grafen copirte, der das Verbot erwirkte. Ganz ungereimt erscheint es aber wenn Andere unter diesem italienischen Grafen „Afflisio" den späteren Impresario verstanden wissen wollen, den Joseph Kurz zu allen Zeiten als seinen Protector anzusehen alle Ursache hatte, und den er vor jeder Beleidigung durch seine Komödie gewiss zu schützen gewusst hätte. Wieder aufgenommen erhielt sich das Stück bis gegen das Ende des Jahrhunderts.[1])

---

[1]) Jedenfalls erfreute sich das Singspiel unter den Titeln, der krumme Teufel, der hinkende Teufel, Asmodeus oder der lahme Teufel noch zahlreicher Aufführungen: in Wien im Theater „Zum Fasan" in der Vorstadt Neustift am 28. Sept. 1753; in Heitersheim im Breisgau im Carneval 1765 als „erste Opera, so Herr Berner vor dem Grafen und Commandeur von Heitersheim aufführte"; in Prag am 17. und am 27. Nov. 1771 und am 11. Okt. 1772 unter der Direktion des J. B. Bergobzomer; in Berlin in den Jahren 1771—1775

Mit dem Beginn des Theaterjahres 1751 erlosch das Privilegium des Joseph Carl Selliers. Eine andauernde Kränklichkeit, die ihn bereits früher gezwungen hatte, sich auf das Stadt-Theater allein zurückzuziehen, und der er auch endlich (am 29. October 1754) erlag, machte es ihm unmöglich sich um die Erneuerung desselben zu bewerben. An seine Stelle trat Rocco Baron de Lopresti, bisher Entrepreneur der k. Hofoper. Er erhielt „das grosse Privilegium für alle Spectakel in Stadt und Vorstadt." Es entstand das *„Théâtre priviligié impérial appartenant à la société des Cavaliers sous la conduite de Monsieur le Baron de Lopresti"* mit einem Kapital von 40,000 Gulden.

Obschon ein Italiener und der deutschen Sprache kaum vollständig mächtig, nahm Lopresti doch regen Antheil an der Veredlung des Nationalschauspieles. Vor allem suchte er den in der „Teutschen Comödie" nur allzusehr überwiegenden Einfluss Weiskerns ein wenig abzuschwächen. Er übertrug dem für „studirte Stücke" berufenen Heydrich die Regie über die Tragödie und das Drama und ermächtigte diesen zu den für beide Gattungen nothwendigen Engagements. Ferner suchte er das Repertoire des regelmässigen Schauspieles, wenn auch nicht durch Originale, so doch durch bessere Uebertragungen zu bereichern. Er nahm „die Horazier" des P. Corneille, übersetzt von Lange, und die „Marianne" des Voltaire, übersetzt von Scharfenstein, zur Aufführung an. Als dies geglückt war, liess er den „Cinna" und den „Polyeuct" des P. Corneille, die „Cornelia" der Madame Barbier, die „Panthea" der Frau von Gottsched und die „Merope" des Scipio Maffei folgen. Er brachte nun zum mindesten jeden Donnerstag ein regelmässiges Drama und zum wenigsten alle drei Wochen eine neue Tragödie. Daneben gab er dem Lustspiele in Anton Joseph de Salazar, einem ehemaligen Beamten in dem spanischen Hofstaate Kaiser

---

von der Koch'schen Gesellschaft; im Obersächsischen in Altenburg, Eisleben, Querfurt, Zeitz, Erfurt in den Jahren 1796—1798 von der Gesellschaft des Franz Huber.

Karl VI., eine Art von Dramaturgen. Dieser, dem die deutsche Sprache, so wenig wie dem Lopresti selber, ganz geläufig war, führte nichts destoweniger das erste regelmässige originale Lustspiel in das Repertoire der „Teutschen Comödie" ein. Es war dies Gellerts „Das Loos in der Lotterie". Bald darauf hielt Goldoni, der typische Repräsentant der Uebergangsperiode von der Commedia dell'arte zum „studirten Stück" seinen Einzug.

Endlich suchte Lopresti, während er so das regelmässige Schauspiel stärkte, die Stegreifkomödie durch eine „Theatral-Censur" unmöglich zu machen. Natürlich musste jedoch den Scenarien gegenüber, in denen die Rede den Schauspielern freigestellt blieb, jede Präventiv-Censur illusorisch erscheinen. Man verfiel demzufolge auf die Einsetzung einer Commission, an deren Spitze der Censor Regierungsrath Baron von Reichmann stand, und deren Aufgabe es war: die Aufführung der Stegreifkomödie zu überwachen und über jene Schauspieler, die das Recht des Extemporirens durch „Unanständigkeit" oder „widersinnige Ausdrücke" missbraucht hatten, im ersten Falle einen „empfindlichen Verweis", im zweiten Falle einen „vierzehntägigen Arrest", im dritten Falle aber — „lebenslängliche Festungshaft" zu verhängen.

Noch drei Jahre später fiel Joseph Kurz dieser Theatral-Fehme zum Opfer. Man gab „Die durch Unglück glückliche Asterie. Tragicomödie in drey Handlungen nach einer Erzählung der Madame Gomez von Johann Georg Heubel". Bernardon, der in dieser seinen Unglücksfällen gewidmeten Posse in die heidnische Prinzessin Asteria zum sterben verliebt ist, wendet sich in seiner Noth an einen der vielen Teufel, mit denen die Bernardoniade stets gesegnet zu sein pflegte und beschwört diesen: „Lieber Teufel, ich bitte dich um Gotteswillen, hilf mir die Prinzessin Asteria zum christlichen Glauben bekehren, damit ich sie heyrathen kann", was ihm unweigerlich einen jener „empfindlichen Verweise" zuzog.

Doch liess der Drakonismus dieser „Theatral-Satzungen" dieselben nur sehr selten activ werden. Und so kam es, dass während Lopresti bei seinem ersten Auftreten ganz der Mann dazu schien, den nun seit einem Lustrum entbrannten Kampf zwischen der Stegreifkomödie und dem regelmässigen Schauspiele zu Gunsten des letzteren zu Ende zu führen, die alte tolle Wirthschaft bald wieder in voller Blüthe stand und Weiskern, Prehauser, Mayberg, Kurz und Huber mit ihren Produkten die „Teutsche Comoedie" wieder vollkommen beherrschten, bis auch die „Unternehmung" Lopresti den Weg aller „Unternehmungen" ging, den Weg des finanziellen Marasmus.

VI.

Verbot der Bernardoniade 1752. „Zamor". „Hochzeit auf dem Scheiterhaufen". „Der verheirathete Teufel". Kurz' Abgang von Wien 1753.

Das Jahr 1752 war für das Wiener Bühnenleben ein sehr bedeutsames. Schon sein Carneval bereitete der Impresa Lopresti das allerdings längst geahnte Ende. Die Kaiserin hob die dermaligen Privilegien auf und entschädigte deren Besitzer reichlich. Ostern, der Beginn der eigentlichen Saison, sah die „Teutsche Comödie" im Stadttheater beim Kärntnerthor der Gemeinde Wien übergeben, das Theater nächst der Burg aber den Franzosen reservirt. Haupt-Director und Ober-Aufseher über alle in Wien aufgeführten „Spektakul" ward Franz Graf Esterhazy und ihm Jakob Graf Durazzo, vordem Genuesischer Gesandter am Wiener Hofe und später bekannt durch seine Correspondenz mit dem Schauspieler und Dichter G. S. Favart, als „Cavaliere pro assistente" beigegeben. Beide führten den Titel „Theatral-Directions-Commisarius". Der Hof bewilligte eine ansehnliche Summe als Subvention der Theater und als Schadloshaltung für deren allfällige Verluste.

Unter den „Theatral - Directions - Commisariis" stand für die „Teutsche Comödie", von der Gemeinde bestellt, als „Theatral-Directions-Substitut" Johann Leopold Edler von Ghelen, Seiner Majestät Stadt- und Landrichter der Haupt- und Residenzstadt Wien, aus der alten angesehenen Patrizierfamilie derer von Ghelen, ein literarisch gebildeter Mann. Neben ihm wirkte als Theatral-Secretair und Censor, Philipp Jakob Lambacher, Präsidial-Secretair und Bibliothekar der Gemeinde, als „gelehrte Feder" bekannt durch seine Geschichte des Interregnum. Endlich war da noch Johann Georg Heubel, ein Kassen-Controlleur oder wie man diese damals nannte „Gegenhändler", nebenbei eine Art von Dramaturg sowie Verfasser und Uebersetzer vieler sehr fragwürdiger Stücke.

Ausser durch diese Neuorganisation des Theatral-Status wurde aber das Jahr 1752 noch durch eine neue Censurvorschrift bemerkenswerth, die streng und consequent durchgeführt, der Wiener Bühne bald einen wesentlich veränderten Charakter geben musste. Sei es, dass das im verflossenen Jahre erlassene Censuredikt und die auf dessen Execution zielende Kommission sich an und für sich unfruchtbar erwiesen, sei es, dass der Gegensatz zwischen dem regelmässigen Drama und der Stegreifkomödie in letzter Zeit sich wieder mehr zugespitzt hatte, genug an dem: die Kaiserin erliess, wohl auf Anregung des bereits genannten Baron von Reichmann, ein neues Mandat, das, weil direkt gegen Joseph Kurz gerichtet, hier seinem Wortlaute nach eine Stelle finden mag. Das Mandat war vom 17. Februar und ging dahin:

„dass keine anderen Vorstellungen, als welche entweder aus dem französischen, wälischen oder spanischen Theatris herflössen, oder in deutscher Sprache wol ausgearbeitet befunden werden, auf dem hiesigen Theater zu produciren gestattet seien, folglich alle Compositionen von dem sogenannten Bernardon, wie alle dergleichen mehr zum Ärgerniss des Publici als zur Einpflanzung einer guten Moral gereichenden albernen Erfindungen durchgehends und für alle Zeiten verboten seien; es wäre denn, dass von dem Komiker Weiskern eine oder die andere wol ausgearbeitete Pièce zum Vorschein käme, welche jedoch eher genau durchgegangen werden soll; überhaupt soll jede equivoque und der Ehrbarkeit zuwiderlaufende, unfläthige Redensart unfehlbar vermieden und den Komödianten sich deren zu gebrauchen, bey schwerster Bestrafung nachdrucksam verbohten werden".

Seltsamerweise werden in diesem Mandate die Bernardoniaden als Originale behandelt, die sie doch zugestandenermassen nur in den allerwenigsten Fällen waren. Noch mehr muss es aber überraschen: in einem Athem hiemit den, nach dem einstimmigen Zeugnisse seiner Zeitgenossen enragirtesten Anhänger der Stegreifkomödie, F. W. Weiskern dem Joseph Kurz als eine Art von Vertrauensmann gegenübergestellt zu sehen. Wie dem aber auch sei, wurde dieses neue Censuredikt streng und consequent durchgeführt; so war, wie gesagt, was vor längerer Zeit bereits gedroht hatte, nun wirklich eingetroffen und das Ende der Bernardoniade gekommen. Eine dunkle Ahnung hiervon überkam sicher auch den Träger derselben. Eine vage Idee, seiner Vaterstadt ein zweites Mal, diesmal aber freiwillig den Rücken zu kehren, und in der Fremde jedoch nicht als einfacher „Comicus" sondern als „Impresario" sein Glück zu versuchen, stieg in Joseph Kurz gewiss schon nach dem Erscheinen jenes Mandates auf. Doch wartete er im Vertrauen auf die höchste Protection, deren er sich sicher wusste, vorläufig noch ab.

Der Status der Wiener „Teutschen Comödie" jener Tage war nach den Kassenbüchern folgender: Friedrich Wilhelm Weiskern als Regisseur und Odoardo; Gottfried Prehauser als Hanswurst; Andreas Schröter als Bramarbas; Joseph Kurz als Bernardon; Friedrich Wilhelm Elenzon, der Schwager des Kurz, und Johann Leinhaas als Pantalone; Johann Wilhelm Mayberg als Unterregisseur und für „gemischte Rollen"; Karl Gottlieb Heydrich als Heldenspieler; Joseph Karl Huber als Leopoldl; Joseph

Müller als Scapin; Franz Albert de Fraine und Zügel für untergeordnete Rollen.

Viel schwächer waren die Frauen. Unter ihnen ragte einzig und allein Christiane Friederike Lorenz, von den Wienern „die schöne Lorenzin" genannt, als Heldin und Sentimentale hervor. Sie war eigentlich „nur für studirte Rollen" engagirt. Seit dem im vergangenen Jahre erfolgten Tode der Nuth wurde jedoch die „Lorenzin" durch Prehauser als Colombine in die Stegreifkomödie eingeführt. Ein echtes und rechtes Theaterkind war sie auch als solche sehr bald sattelfest. Ausserdem waren noch Franziska Kurz, die Frau, und Monika Elenzon, die Schwester des Bernardon, Erstere als sentimentale Liedersängerin, Letztere für komische Rollen engagirt. Neben ihnen spielten Anna Schröter, Katharina Mayer, Josepha de Fraine und Therese Verschelin kleinere Partieen.

Mit dieser in ihren einzelnen Mitgliedern ganz trefflichen, nur so gut wie gar nicht geleiteten Gesellschaft eröffnete die Stadt Wien gleich nach den Ostern, am 5. April, die neue Impresa. Man gab an diesem Abende, wie es scheint zum erstenmale „Der Schmähsüchtige" von Destouches in einer Bearbeitung von F. W. Weiskern. Das Wiener Diarium berichtet über diese Vorstellung nur:

„Abends haben seine Majestät der Kayser im Gefolge einiger Cavaliere sich in das privilegirte Stadt-Theatrum begeben und alda der neu eingerichteten Teutschen Comoedie mit allerhöchsten Beyfall abgewartet."

Dieser solennen Eröffnung folgte trotz Censuredikt, Commission und Mandaten — wahren Wiener Verboten — in Kurzem eine zweite Novität, die das „Repertoire des Théâtres de la ville de Vienne" so bezeichnet: *„L'Epouse haie et aimée en même tems, ambigu Comique du Sr. Kurtz dit Bernardon, orné de Machines et entremelé de Chansons"*. In einem Nürnberger Theaterzettel von 1766 führt das Stück den deutschen Titel: „Die in einer

Person zugleich geliebte und gehaste Braut, oder: Bernardon der rasende Zamor" mit der „Nachricht. In diesem vortreflichen Schauspiele werden von Bernardon und Fiameta unterschiedliche Arien gesungen, besonders werden die rasenden Scenen des Bernardon dieses Stück um so viel angenehmer machen." Die Aufführung dieser Novität dürfte im Wiener Stadttheater zuerst am 9. April stattgefunden haben, an welchem Abende der Kaiser, dieser nachsichtsvolle Protector Bernardons, wie das Wiener Diarium meldet „einer neuen Teutschen Comödie zu zuschauen beliebet."

Ein Buch oder auch nur ein „Avertissement" dieses von der Posse zum Schauspiele avancirten Produktes der Kurz'schen Muse scheint sich nicht erhalten zu haben. Es erübrigen von demselben einzig und allein die von Zamor, Cupido, Morgiana und Perizada gesungenen Arien, von denen später Bernardon die des Zamor und Fiameta die der Perizade übernahmen.

Es singt vor Allen der „rasende" Zamor die charakteristischen Verse:

> Zerfetzet, zerhauet, zertrümmert, zerstucket,
> Vertilget, verheeret, verderbet die Brut,
> Was mich sucht zu drucken, das werde erdrucket,
> Ich werde mich rächen durch Morden und Blut.

Ihm folgt Cupido:

> Ich bin der Steig in Sack
> Beym Sauffen und beym Fressen
> Lass ich mich nicht vergessen,
> Ich schnupfe auch Taback.
> Beym Sauffen und beim Fressen
> Lass ich mich nicht vergessen
> Ich schnupfe auch Taback
> Ich bin der Steig in Sack.
>
> Jetzt steig ich schon hinein
> Da find ich einen Braten
> Gespicket mit Ducaten
> Der wird wol meine seyn.
> Jetzt steig ich schon hinein
> Da find ich einen Braten

> Gespicket mit Ducaten
> > Der wird wol meine seyn.
> > Die Sache ist vollbracht
> Du Narr du bist betrogen
> Und bey der Nas gezogen
> > Adieu zu guter Nacht.
> > Die Sache ist vollbracht
> Du Narr du bist betrogen,
> Und bey der Nas gezogen
> > Adieu zu guter Nacht.

Die steten Anspielungen auf seine Schwäche für gutes Essen und Trinken lassen wohl kaum einen Zweifel übrig, dass dieser Cupido kein anderer war als — Hanswurst, dessen Devise ja bekanntlich lautete:

> Beym Sauffen und beym Fressen
> Lass ich mich nicht vergessen.

Die letzten Strophen seiner Arie machen es jedoch mehr als wahrscheinlich, dass „die in einer Person geliebte und gehaste Braut" zu jenen mythologischen Anempfindungen zählt, deren sich in den dramatischen Produktionen von Joseph Kurz noch mehrere finden werden, und dass Hanswurst-Cupido auch diesmal, wie so oft, durch den unerforschlichen Rathschluss der Götter zum Intriganten in jenem Drama ausersehen worden sei, das sich zwischen Zamor und Morgiana abspielen sollte. Nach den noch folgenden Arien und Terzetten des Zamor, der Morgiana und der Perizade scheint es aber fast als wäre „Die in einer Person zugleich geliebte und gehaste Braut" ein Seitenstück zu „Sakuntala" gewesen, in dem der Zamor-Duschmanta etwas zu spät von dem durch die Götter über ihn verhängten Fluch befreit ward, und in dem Morgiana-Sakuntala sich bereits früher selbst den Tod gegeben hatte. Doch braucht der Schluss des rasenden Zamor deshalb noch immer kein allzu erschütternder gewesen zu sein, da, so naiv sich auch die Bernardoniade in die tiefste Tragik stürzte, sie auch ebenso naiv wieder in das Gegentheil überging.

Am 24. April hatte eine Aufführung der „Banise" von F. M. Grimm die der „Teutschen Comödie" so selten gewordene Ehre, von „Beeden Majestäten abgewartet zu werden".

Eine andere Novität, mit welcher Joseph Kurz, bald nach „Der rasende Zamor" debütirte, führt das „Repertoire des Théâtres de la ville de Vienne" so an: *„Bernardon sur le Bucher, ambigu Comique du Sr. Kurtz, orné de Machines, et entremêlé de Chansons"*. Der deutsche Titel dieser Maschinenkomödie lautete, nach einem Pressburger Theaterzettel vom Jahre 1764 und nach einem Nürnberger Theaterzettel von 1766 „Bernardons Hochzeit auf dem Scheiterhauffen, oder: Ein ehrlicher Mann soll sein Wort halten". Nach einem spätern Druck auch: „Der ohne Holz verbrannte Zauberer Bernardon". (Lustspiel in drey Aufzügen. Wien, Trattner, 1771.) Der Inhalt dieser Maschinenkomödie ist beiläufig folgender:

Rosette von Heidenstern soll statt ihres Geliebten Martenvell den Herrn von Bernardon heirathen, dem ihr Vater ihre Hand versprochen hat.

„Mein Vater fordert blinden Gehorsam; und ich, der diese Tugend tief ins Herz gegraben ist, muss seinen Befehlen endlich nachgeben".

Ihr antwortet Fräulein Therese in ihrer zweifachen Eigenschaft: als Schwester Martenvells und Braut des Bruders der Rosette:

„Die schwesterliche Liebe wird die Verachtung gegen meinen Bruder mit gleicher Verachtung bezahlen. Unter keiner Bedingung werde ich die Hand ihres Bruders annehmen, als wenn sie den meinigen heirathen".

Lisette, die Kammerjungfer stimmt ein: wenn das Fräulein den Bernardon heirathet, müsse sie gewiss auch seinen „Kerl" den Heinrich heirathen, anstatt ihres geliebten Johann.

Grosser Jammer der drei Liebespaare und allgemeiner Fussfall vor Rosette, dann vor deren Vater, welcher hinzukommt und sich richtig erweichen lässt:

„Allein wie werden wir des Bernardon los werden? Zu allem Glücke ist er ein alter dummer affektirter Kerl, man wird ihn also leicht für einen Narren halten können".

Inzwischen kommt Bernardon „als ein Windmacher" mit seinem Kammerdiener Heinrich, der ein Bündel Perücken trägt, auf der Strasse zu Heidensterns Haus getanzt. Er singt:

> O du charmante Stadt!
> Die mein Vergnügen hat,
> Die mir mein geliebtes Leben
> Hat gebohren, hat gegeben
> O du charmante Stadt,
> Die mein Vergnügen hat;
> Diese werd ich mit Entzücken
> Hertzen, schertzen, küssen, trücken
> Weil sie mein Vergnügen hat,
> O du charmante Stadt.

und macht dann öffentlichst Toilette zur Brautschau. Heinrich muss ihm den Spiegel halten:

> „Aber Heinrich, das ist eine Nase! eine majestätische Nase! das nenn ich eine Nase! und ein Maul und eine Taille und ein paar Füsse! meiner Seele! zwey Füsse! Aber zum Henker! die Perücke steht mir nicht recht! eine andere her!
>
> So viel Perocken
> Und keine steht mir zu Gesicht
> Die hat zu grosse Locken".

Während er diese affectirte Perücken-Arie singt, probirt er den ganzen Vorrath durch; schliesslich setzt er eine Schlafhaube auf:

> „Allons, Heinrich, klopfen!"

In der Thür erscheint der Vater des Martenvell, der sonderbarer Weise Dornheim heisst.

> Bernardon: „Das wird wol der alte Heidenstern seyn! (Zum Dornheim mit vielen Verbeugungen) Glückseliger Erzeuger! der du dich rühmen kannst, die schönste Pflanze der Welt hervorgebracht zu haben. Siehe in mir jene wohlriechende Aloë, welche den Augenblick zu blühen anfangen wird, sobald ich als ein beglückter Gärtner dieser schönen Göttinn Flora die Hand als Bräutigam werde reichen dürfen".

Die ganze Gesellschaft erscheint der Reihe nach. Jedem einzelnen macht Bernardon, unter steten Verwechslungen, und jedesmal eine neue Perücke aufsetzend, ähnliche blumenreiche Komplimente. Jeder erwidert dieselben mit dem Ausdrucke des Entzückens, Herrn Bernardon begrüssen zu können, geht aber gleich darauf mit der gleichen Redensart: „Bleiben sie nur da stehen" kühl von dannen. Endlich führt der Brautvater Heidenstern den Bernardon und seinen Sancho Pansa, Heinrich, der sich selbst den „Waffenträger des grossen irrenden Ritters Don Quixotes" nennt, in's Haus und stellt ihnen Martenvell und Johann, in Weiberkleidern und verschleiert, als Rosette und Lisette vor. Die Entschleierung dieser mannhaften Bräute führt zu grosser Enttäuschung und heftigem Protest Bernardons sowie schmerzhafter Abkühlung desselben mittels Prügel:

„Johann (weint) O Affront, o Schimpf! o Schande! welche mir unschuldigen Kinde wiederfährt: aber Fräulein Rosette, wollen sie das so leiden? (beede ziehen Keulen unter den (Weiber) Röcken hervor und prügeln Bernardon und Heinrich herum, endlich hinein: die übrigen gehen unter vielen Gelächter nach.)"

Aber die Rache naht. Ein Herr Seltenheim tritt auf und erzählt dem eben hinausgeprügelten Bernardon folgende Schauergeschichte:

„Meine Frau war Kindsweib bey der Rosette und hat sie erzogen. Eine kurze Zeit nachher bin ich als Instruktor in's Haus gekommen, und da hab ich mich in mein itziges Weib verliebt. Auf das Versprechen des schelmischen Heidensterns von 2000 fl Heirathsgut habe ich sie leider geheirathet, aber der alte Dieb hat mir noch bis diese Stunde keinen Kreuzer gegeben. Itzt kömmt erst das Erschreckliche... Heut Nacht, bedenken sie, wachte ich gegen Mitternacht auf, hörte in der Stille eine Stimme, welche ich sogleich für jene meines Weibes erkannte, stund auf, sah durch das Schlüsselloch in der Küche ein Licht brennen; Bedenken sie, ich, der ich von Jugend auf neugierig war, machte die Thür so sachte als möglich war auf und sah wie meine saubere Frau Gemahlin sich mit dieser Salbe den ganzen Leib beschmierte; bedenken sie, hernach lass sie aus diesem Buch ein Kapitel, versteckte alsdann ihre Sachen in das Ofenloch, murmelte etliche Worte zwischen den Zähnen daher und fuhr wie der Blitz durch den Rauchfang hinaus. Bedenken sie, wie ich erschrocken bin! starr stund ich wie eine Bildsäule! Doch fasste ich gleich wieder Muth, nahm die Salbe und das Buch aus dem Ofenloch hervor, wobey ich auch diese eingewickelten Kräuter fand. Itzt hören sie, was hier geschrieben steht! (er liesst) Wer sich mit dieser Salbe schmiert, kann durch die Luft fahren, Wer diese Kräuter bey sich trägt, kann sich unsichtbar machen. In diesem Buch hab ich Sachen gefunden, die zum erstaunen sind, als zum Beyspiel: wie man Leute kann krumm und lahm, weinen, lachen, tanzen, singen und dergleichen machen, auch wie man den Leuten allerhand Blendwerk vor die Augen machen, und wie man sie in allerhand Gestalten verwandeln kann.

Mit Hülfe des Zauberbuches soll nun Bernardon die Rosette erringen, wozu dieser, nachdem er die wirkliche Rosette gesehen hat, mit etwas gemischten Gefühlen sich bereit erklärt. Als die ganze Familie der Liebesleute friedlich beim Kaffee sitzt und die bevorstehende dreifache Hochzeit bespricht, erscheint plötzlich Bernardon in Gestalt eines Wachtmeisters mit Soldaten und „nimmt auf Befehl des gestrengen Herrn Bernardon" die Rosette in Arrest. Die eigentliche Maschinenkomödie beginnt. Während die verschiedenen Angehörigen des Mädchens nach der ersten Verblüffung zum Richter und zu den Rathsherren laufen, erscheint Rosette vor ihnen in wechselndem Blendwerk, bald in vergittertem Kerker in Ketten und weinend, dann vergnügt mit Bernardon Arm in Arm aus dem Fenster singend. Schliesslich wartet sie gar im Bierhause, etwas angeheitert, mit ein paar Liedern auf.

Bernardon singt als Kellner

Wer a guts Horner Bier
Trinken will, komm zu mir
Leutl kehrt's bey mir ein
Bey mir ist's gut zu seyn.

Dieses löscht euch den Durst
Und ich geb enk a Wurst
Buben geht's tummelts enk
Menscher geht's tantz's a wenk.

Rosette betrunken.

Ihr Diener Herr Vetter seyd's alle schon da?
Das ist a guts Bierl recht köstlich a ja
Drey Määssel seynd drunten so g'schwind wie der Blitz
A Seitel auf einmahl trink schwabs i in Witz.

Gehts Kosts nur, gehts trinkts nur Es schmeckt ja recht gut,
Es stärcket die Glieder und frischt auch das Blut.
Wann Ihr es thut trinken, so hat man kein Ruh,
Es schleicht so geschmiert nunter, man hat nie net gnu

Während der Musik zu dieser echt altwienerischen Verherrlichung des damals so beliebten „Horner Bieres" fängt Bernardon an zu tanzen. „Jeder nimmt sein Frauenzimmer und tanzt durch Zauberey dem Bernardon nach".

Im zweiten Aufzuge befindet sich alle Welt auf einem Landgute Heidensterns. Auch Rosette ist wieder dabei und weiss nicht, wie ihr geschehen. In Heidensterns Gestalt, der eben vorausgegangen, Quartier zu machen, tritt ihnen Bernardon entgegen und erzählt, Heidenstern, sei gar nicht der Vater seiner Kinder, sondern ein verruchter Zauberer, wodurch dann dem wirklichen Heidenstern ein sehr übler Empfang bereitet wird. Dasselbe Spiel wiederholt Bernardon in Gestalt des Johann bei dessen Liebsten, der Lisette:

„Mein Lisettchen, wenn du mich heirathest, so bist du in 2 oder 3 Tägen eine Wittwe. Nun erfahre alles. Vor acht Jahren kam ich aus Ostindien hier an. In China diente ich einem reichen Haarbeutelmacher, diesem ging ich davon, und stahl ihm über 6000 fl. Haarbeutel; mit diesen kam ich hieher nach Europa, und verhandelte sie denen Kaufleuten. Du wirst dich noch zu erinnern wissen, dass man vor Zeiten lauter kleine Haarbeutel getragen, diese waren eben die nämlichen, die ich aus China mitbrachte, denn die Chinesen tragen sie alle sehr klein, und als sie nun aufgehört, siehst du, so trägt man grosse. Ich habe geglaubt hier sicher zu seyn, aber o Unglück! vor drey Tagen liefen von dem chinesischen Haarbeutelmacher Steckbriefe wegen mir ein . . . . das ist noch nicht genug, wissen sie, dass ich in China schon drey Weiber und 48 Kinder gehabt habe?"

Er empfiehlt ihr den Heinrich, Bernardons Diener, der viel braver sei und in ihrem Zorn erklärt Lisette auch wirklich alsbald dem Heinrich, dass sie ihn „aus Desperation" heirathen wolle. Während dieser noch zögert, sich „auf solche Art" heirathen zu lassen, kommt der rechte Johann. Bei Lisettens Vorwürfen wegen der „48 Kinder" macht er allerlei „lächerliche Stellungen" und rennt schliesslich wüthend hinter Lisetten und Heinrich her.

In neuen Verkleidungen treibt Bernardon seinen Spuk in Heidensterns Schlosse selbst. Er legt sich in ein Bett und stöhnt. Den Liebesleuten, die einzeln nachsehen kommen, erscheint er bald rechts als Rosette, bald links als deren Bruder und erzählt jedem, der schlimme Zauberer Heidenstern habe ihn tödtlich verwundet. Da sie von rechts und von links gleichzeitig kommen, springt er als Satyr hervor. Dann spielt er in demselben Zauberbette den sterbenden Heidenstern. Als dieser persönlich erscheint und zugreift, um den bösen Spuk zu entlarven, springt „Bernardon wieder als Satyr verkleidet aus dem Bette, macht einen grossen Lärm und alle laufen unter Schrecken und Schreyen ab".

Im dritten Aufzuge zeigt Heidenstern seine Freude, dass er die Seinigen endlich von den verleumderischen Tücken der Zauberei überzeugt habe, hinter der gewiss der Bernardon stecke, und führt Alle in ein Wirthshaus zu fröhlichem Gelage. In Gestalt des Wirths erscheint wieder Bernardon und jammert, seine Frau, die Anscherl, die bei der Rosette Stubenmädel gewesen, sei ihm gerade gestorben. Er nöthigt Rosette herein, sich die schöne Leiche anzusehen. Inzwischen treibt er mit den Andern Allotria, führt ihnen ein Kinderballet von Kellnern und Kellnerinnen vor, und als diese Possen zu Ende sind, verlangt er von ihnen, dass sie nun weinen sollen. Im Nu verwandelt er eine Weinkanne „in einen grossen Baldachin, Rosette sitzt unter demselben und hat einen Dolch in der Brust", dazu sagt er, plötzlich einen seriösen Ton anschlagend zu Heidenstern:

> „Wisse, dass ich Bernardon bin, dem du deine Tochter versprochen hast, und eben darum, weil du dein Wort nicht erfüllet und mich so betrügerischer Weise hintergangen hast, so habe ich mich mit Vergnügen an dir und an deinem ganzen Hause durch diesen blutigen Ausgang gerochen".

Den blutigen Ausgang braucht man jedoch, wie gesagt, bei der Maschinenkomödie nicht zu befürchten. Herr Seltenheim, durch Heidenstern gerufen, erscheint und entpuppt sich als eine Art Oberzauberer. Er sagt dem Heidenstern: nur weil er sein Wort gebrochen, dem Bernardon, wie einst ihm selber „wegen der bewussten 2000 fl." habe er alle diese Verwirrungen angestiftet. Aber mit der Ermordung der Rosette sei Bernardon doch zu weit gegangen und solle dafür „auf einem Scheiterhaufen lebendig verbrannt werden". So wird denn Bernardon verbrannt — wirklich verbrannt, mit aller Umständlichkeit, wie man arme Sünder justificirt. Auch bekennt er seine Übelthaten. Als er dann kläglichst im Feuer verschwunden ist, sind alle Umstehenden sehr gerührt. Heidenstern beklagt, dass er ihn durch seinen Wortbruch bezüglich der Rosette so weit gebracht habe, und sogar der Liebhaber der Rosette versteigt sich zu dem seltsam stilisirten Wunsche:

„Wie gerne wollte ich die Liebe des Bernardon durch die Hand der Rosette befriedigt sehen, wenn sie mein Wunsch wieder zum Leben zurückhelfen könnte".

Daraufhin klopft Seltenheim „mit dem Stabe auf die Erde, sogleich verwandelt sich der Scheiterhaufen in einen illuminirten Garten, in welchem Bernardon mit Rosette sitzt. Bernardon führt Rosette hervor, küsst Heidenstern die Hand" und überrascht allseitig durch die höflichen Worte:

„Herr von Heidenstern, kein anderes Mittel war für mich übrig, sie zu ihrem Versprechen zu bringen und mir meine geliebte Rosette zu gestatten".

Herr von Heidenstern versichert ihn vergnügt, dass er sie „von nun an, ohne Hinderniss ewig lieben könne" und schliesst das Ganze mit der Moral:

„Wer hätte geglaubt, dass aus einem nicht gehaltenem Versprechen, oder daraus, wenn ein ehrlicher Mann sein Wort nicht hält, solche Unglücksfälle entstehen könnten".

Der Erfolg dieses als Bernardoniade wie als Wiener Localposse gleich typischen Stückes war ein sehr glücklicher. Beweis dessen der wahrheitsgetreue Nürnberger Theaterzettel von 1766 „diese Comödie hatte vor etlichen Jahren in Wien, Pressburg, Prag und München das Glück vielen Beyfall zu erhalten". Beweis dessen aber auch die wenigen meist nur äusserlichen Modificationen,

deren das Lustspiel bedurfte, um den gerade damals so
lebhaften Wandlungen des Geschmacks siegreich zu
widerstehen. So waren an die Stelle der alten, an die
Stegreifkomödie erinnernden Namen Rosalba, Pandolpho
und Celio, die der Rosette, des Heidenstern und Genossen getreten. Ein Zauberer des alten Personen-Re-
gisters hatte sich in den Herrn Seltenheim verwandelt.
Während aber der Nürnberger Theaterzettel durch die
Ankündigung „Madame Theresina von Kurz wird mit
einer neuen italienischen Arie einen Beschluss machen"
dem ganzen ein mehr versöhnendes Ende bereitet, lässt
der spätere Wiener Druck über die Schluss-Empfindung
Rosettens ganz im Dunkeln.

Den 22. Februar 1752 wurde Monsieur S. Hebert,
bisher Theaterdirektor zu Haag in Holland, von dem
Grafen Durazzo aufgefordert, für Wien eine Truppe
französischer Schauspieler zusammen zu stellen. Trotz
der Entfernung ihres momentanen Aufenthaltes waren
die Mitglieder dieser Gesellschaft in kürzester Zeit in
der Residenz versammelt, ein Repertoire entworfen,
die Rollen vertheilt, die Proben gehalten und die Vorstellungen den 14. Mai in dem Theater nächst der Burg
mit „Comte Essex" von Th. Corneille und „L'Oracle"
von Saint Foix eröffnet. Das Repertoire der Truppe
bestand theils aus Tragödien, theils aus Komödien und
endlich aus jenen „Pièces françoises-italiennes", die obwohl in französischer Sprache gegeben, doch zumeist
italienischen Ursprunges waren und mit Gesängen und
Tänzen „gezieret", gewissermassen ein Seitenstück zu
den deutschen „Maschinenkomödien" bildeten. Unter
diesen „Pièces françoises-italiennes" war auch „Belphégor,
Comédie-Ballet par Monsieur Le Grand. En trois actes".
Der Inhalt dieses trefflichen Zeitbildes von M. A.
Legrand, dem bekannten französischen Schauspieler und
Lustspieldichter, wie es in Wien dargestellt und bei
J. P. van Ghelen 1752, als Libretto, gedruckt wurde,
ist dieser:

Der Landmann Trivelin liebt Colette. Diese aber will heute den Jacquet heirathen, während sie den Trivelin damit tröstet:

„Eine Zigeunerin hat mir prophezeit: mein Mann werde sterben, und diesem Unglücke wollte ich dich nicht aussetzen. Dich heirathe ich dann in zweiter Ehe".

Trivelin mit dieser Vorsichtsmassregel jedoch keineswegs einverstanden ruft:

„Ich glaube, ich wollte mich gerne dem Teufel verschreiben, um diese Heirath zu hindern".

Da taucht auch schon der Teufel Belphégor, in der Gestalt des schutzflehenden Rodric, neben ihm auf. Wenn Trivelin ihn vor seinen Verfolgern verberge, wolle er ihm die Colette zur Frau geben.

„Fürchte dich nicht", so sagt er, „ich bin kein bösartiger Dämon; ich heisse Belphégor. Vor zehn Jahren hat mich Pluto aus der Hölle zur Erde geschickt, um durch mich selbst zu erfahren, ob alle Ehemänner, die sich über ihre Frauen beklagen, recht haben".

Unter dem Namen Rodric ist Belphégor mit einer gewissen wegen ihrer Tugenden berühmten Madame Honesta als Gattin so übel gefahren, dass er selbst wegen seiner Leiden als Ehemann berühmt wurde. Sogar zu Trivelin ist dieser jammervolle Ruhm gedrungen. Trivelin rettet den Rodric-Belphégor vor den von einem hartherzigen Gläubiger ausgesandten Verfolgern und zum Dank dafür schickt Belphégor, der zwar seine Schulden nicht zahlen kann, aber über die Elemente gebietet, alsbald ein gewaltiges Unwetter über die Hochzeitsgäste, das so lange dauert, bis Colette unter allerlei pikanten Gesängen den Trivelin anstatt des Jacquet freit. Dies alles infolge jener naiven Logik der Comédie-Ballets, nach welcher die Bewohner des Geisterreiches aller Welt zu helfen vermögen, nur nicht — sich selber.

Der zweite Akt spielt in der Hölle, wo Pluto die Rückkehr Belphégors erwartet, um dann gegen die Frauen, mit welchen ihre Männer unzufrieden sind, ein besonderes Höllendekret zu erlassen. Statt des Belphégor erscheint dessen menschlicher Diener, Arlequin, der durch einen ganz besonderen Witz den Höllenwächter überlistet hat. Da er nämlich von der „verliebten Complexion" des Cerberus gehört, nahm er seine kleine Hündin „verliebt wie eine Katze" mit und schickte sie vor sich her. Während nun Cerberus durch seine Galanterie gegen die Kleine gefesselt ward, schlüpfte er selber rasch in den Orkus, was alles Arlequin, nach Anweisung des Buches, mimisch darzustellen hatte. Stärkeres bot, um gerecht zu sein, wohl auch die Bernardoniade nicht. Arlequin berichtet nun über Belphégors zehnjährige Ehe und erbittet für seinen Herrn die Erlaubniss, am letzten Tage seiner unglücklichen Erdenlaufbahn sich unsichtbar machen zu dürfen. Proserpina intervenirt zu Gunsten der bedrohten Ehefrauen, findet indessen selber Wohlgefallen an Arlequin und unterhält diesen für seine Scherze mit einem grossen satirischen Schattenspiele, einem von verschiedenartigen Schatten der Unterwelt aufgeführten Zwischenspiele, — eine treffende Illustration ihres soeben für die Frauen gehaltenen Plaidoyers.

Der dritte Akt spielt auf einem Ballfeste des reichen Turcaret, der als Gläubiger Belphégors diesen so hartherzig verfolgt hat. Arlequin bringt, auf einem Ungeheuer daherreitend, seinem Herrn den höllischen Permiss zur Unsichtbarkeit, worauf Belphégor in Turcarets Körper fährt und ihn zu fortwährendem Singen nöthigt. In der Art der Bauchredner giebt der höllische Gast durch den Mund des Turcaret kund, dass er diesen Körper nur verlassen werde, wenn Madame Turcaret an Trivelin 100.000 Thaler zahle. Trivelin giebt Proben seiner Wunderkraft, und, nachdem Madame Turcaret sich zur Zahlung bequemt hat, zaubert er den Teufel aus Turcarets Körper in den eines Polizeisergeanten. Da er aber für diese Verletzung der Obrigkeit eingesperrt werden soll, bemüht er sich den Teufel aus dem Sergeanten wieder herauszubringen, jedoch vergeblich. Belphégor glaubt seiner Dankbarkeit gegen Trivelin genug gethan zu haben, und kündigt ihm den Gehorsam, indem er von dem Sergeanten nicht weichen will. Da schreit Trivelin endlich in seiner Todesangst:

„Her Belphégor, Eure Frau kommt Euch zu suchen".

Das wirkt. Erschreckt fährt Belphégor zur Hölle.

Der Beifall, den diese „Pièce françoise-italienne" fand, war es nicht allein, was Kurz bewog, sie in seiner Weise zu bearbeiten. Ein Nürnberger Theaterzettel von 1766 meldet in dieser Beziehung:

„Dieses Lustspiel ist von unserem Bernardon aus der französischen Comödie „Le diable marie"[1]) genannt, auf Anleitung einer gelehrten Feder und nach dem deutschen Geschmack in das Lächerliche eingetheilet worden; weilen nach dem Originale ein und andere Scene im Deutschen nicht gar angenehm ausgefallen, so hat er sich bemühet, diese Stellen zu verdecken und statt derselben das Lächerliche zu erwählen".

Der Titel dieser Bearbeitung, die verloren gegangen zu sein scheint, war nach derselben Quelle: „Le diable marie", oder: Pelphégor, der verheyrathete Teufel mit Bernardon, dem Ambassadeur in das unterirdische Reich". Auch bringt eben jener Nürnberger Theaterzettel folgendes Argument:

„Der französische Autor fingiret, dass Pelphégor als ein unterirdischer Geist, auf Befehl der Göttin Proserpina, auf die Oberwelt hätte kommen müssen, sich allda zu verheyrathen, um zu erfahren, ob das Gerüchte, dass so viele schlimme Frauen in der Welt wären, wahr seye. Dieses ist der Stoff zu diesem Lustspiele, und da der Impresarius sich bemühet, die Rollen nach eines jeden Charakter einzutheilen, so wird Madame Theresina die Personage der Rosalba agiren. Auch werden einige Arien und Veränderungen zum Vorschein kommen; ingleichen nebst andern Verwandlungen eine ganze Hölle sich zeigen".

Demnach dürfte die Bearbeitung des Kurz dem Originale des Le Grand sich so ziemlich anbequemt haben, nur mit Erweiterung der Rolle des Arlequin, den nun Bernardon selbst in seiner „tumpen" Manier spielte, und jener der Colette, welche später (1766) unter dem Namen Rosalba Madame „Theresina Kurz" übernahm.

---

[1]) Im Original steht überall „marie" statt marié.

Das französische Schauspiel drängte die „Teutsche Comödie" alsbald empfindlich in den Hintergrund. F. W. Weiskern entfaltete ihm gegenüber eine wahrhaft aufreibende Thätigkeit. Er brachte in Einem Jahre (1752—1753) nicht weniger als siebenunddreissig Novitäten und unter diesen — sehr gegen seinen Geschmack — eine erfreuliche Menge regelmässiger Stücke; darunter wieder drei deutsche originale Trauerspiele, nämlich neben der bereits erwähnten „Banise" von Grimm, die „Octavia" von Cammerer und die „Araxane" von Baron von Trenck. Ausserdem gab er Übersetzungen von P. Metastasio, A. Zeno, und C. Goldoni, sowie von de Boissy, Bergerac, Destouches, Madame de Graffigny und Marivaux — alles vergebens. Die Besuche des Kaisers und der Kaiserin in dem Stadttheater wurden, dem Wiener Diarium nach, immer seltener und hörten endlich ganz auf. Dem Beispiele des Hofes folgte die ganze Noblesse. Alle Welt strömte in das Theater nächst der Burg, später nach den kaiserlichen Lustschlössern Schönbrunn und Laxenburg, wohin die Franzosen ebenfalls befohlen wurden.

Da wollte die Leitung der „Teutschen Comödie" etwas langsam, aber dennoch zu der Überzeugung gekommen sein, dass die regelmässigen Stücke mehr eintrügen als die Burleske und die Maschinenkomödie. Dies und die bekannte Abneigung der Kaiserin gegen die Bernardoniade legte der Direktion den Gedanken nahe, den bereits einmal von Selliers gemachten Versuch zu wiederholen, dem einheimischen regelmässigen Drama von Aussen neue Kräfte zuzuführen. Hatte sie damals nur die ersten Mitglieder der Neuber'schen Truppe berufen, so verfiel sie diesmal auf die Idee: die berühmte Prinzipalin selber zu einem Gastspiele zu laden, das im nächsten Jahre absolvirt werden sollte.

Als Joseph Kurz von diesem neuen Attentate auf seine Domäne, die Stegreifkomödie, hörte, löste er sein bisheriges Engagement mit dem Ende der Saison 1752—1753 und verliess Wien ein zweites Mal. Mit ihm gingen seine Frau Franziska, sein Schwager Friedrich Wilhelm Elenzon und seine Schwester Monika Elenzon vom Wiener Stadttheater ab.

VII.

Kurz in Prag 1753. Die Neuber in Wien. Kurz wieder in Wien 1754. „Gelsen Insul".

Wohin Joseph Kurz und seine Umgebung am 22. April 1753 von Wien aus unmittelbar sich gewendet, ist schwer zu sagen. Die Version: sie hätten sich vorerst der damals in Dresden agirenden Gesellschaft des Heinrich Gottfried Koch angeschlossen, klingt sehr unwahrscheinlich. Einerseits dürfte der Stegreifkomödiant Kurz auf seiner Flucht vor der Neuber sich kaum dem Apostel des regelmässigen Dramas, Koch, in die Arme geworfen haben. Andererseits aber war die Stellung der beiden Männer, die sie während ihres kurzen Zusammenwirkens am Wiener Stadttheater zu einander eingenommen hatten, keineswegs eine solche, die erwarten liess, Kurz würde von Koch allzufreundlich empfangen werden. Auch trug sich jener bei seinem dermaligen zweiten Abschiede von Wien sicher schon mit dem weitgediehenen Plane zu einer eigenen Impresa. Die Realisirung dieses Planes vorzubereiten, schien jedoch kaum ein Land und ein Ort geeigneter als Böhmen, hauptsächlich aber Prag, das Kurz von seinen Lehrjahren und von seinen Wanderzügen in der Truppe des alten „Felix" her so wohl kannte; dort unterhielt er noch so manche Verbindung die ihm bei seinem gegenwärtigen Vorhaben trefflich zu statten kam. Bezeichnend für diesen seinen Entschluss und die Anbahnung von dessen Ausführung war es, dass Joseph Kurz sich schon bei der Taufe seines letzten Sohnes am 3. Februar 1753, zu dessen

Pathen er den Fürsten Franz Udalricus Kynsky gebeten hatte, und der nach diesem die Namen: Franz Udalrich Heinrich Blasius erhielt, im Taufbuch als „K. K. Acteur und Pragerischer Theater-Impresario" eintragen liess. Dass Kurz sich in diesem Jahre wirklich nach Böhmen gewandt, ist gewiss. Es bleibt nur die Frage offen: ob er es direkt, oder, wie Einige wollen, über Dresden gethan habe, um dort unter den Missvergnügten der Koch'schen Gesellschaft für seine Truppe zu werben.

Das „goldne Prag" erwies sich zu allen Zeiten als eine sehr kunstsinnige Stadt. Vor allen aber liebte es das Theater. Selbst die endlosen Wirren des deutschen Krieges konnten seinen der dramatischen Muse so freundlichen Sinn nicht beirren. Im Gegentheile, es schien als ginge die so friedliche Kunst unter der Bluttaufe dieser wild bewegten Tage für die Metropole Böhmens nur mit erneuerter Anziehungskraft und in reicherer Blüthe hervor. Lange Zeit hatte mehr als eine Gemeinde, mehr als ein Bürgerhaus den wandernden Truppen für ihre etwas bunten Vorstellungen ein, wenn auch bescheidenes, Asyl geboten, während die grossen Festräume auf dem Hradschin und das schöne Theater des Grafen Spork der anspruchsvolleren Oper zum glänzenden Schauplatze dienten.

Das Bedürfniss einer stabilen Bühne machte sich unterdessen immer fühlbarer. Da beschloss endlich im Jahre 1737 — also fast dreissig Jahre nach dem Entstehen des Wiener Stadttheaters beim Kärntnerthor — der Magistrat der Altstadt Prag „auf oftmaliges Insistiren und en faveur der allhiesigen Noblesse und des ganzen publici civitatis" die Sache selbst in die Hand zu nehmen und auf Gemeindekosten ein neues stabiles Theater in den sogenannten „Kotzen" neben dem St. Gallikloster, ehemals einer Art Bazar, zu erbauen. Der Bauaufwand betrug die selbst für jene Tage nicht allzu bedeutende Summe von 15.000 Gulden. Die Bühne war hauptsächlich für Opernaufführungen bestimmt und wurde lange mit Vorliebe „Opera-Haus" genannt; doch erhielten allmälig auch Schauspieler besserer Art die Erlaubniss darin zu spielen. Die im Kotzentheater agirende Truppe galt immer als die Haupt-Truppe von Prag, und die Altstadt machte alle möglichen Anstrengungen diesem ihrem Theater ein ausschliessliches Privilegium zu erwerben. Aber auch ohne dies Privilegium wusste das Kotzentheater den ersten Rang unter den Prager theatralischen Schauplätzen, wie dem „Manhardtschen Haus" und dem „Goldnen Stern" zu bewahren. Da seine Direktion stets im Pachtverhältnisse zu der Altstädter Stadtgemeinde stand, musste die Bühne auch fortgesetzt einen gewissen besseren künstlerischen Charakter zeigen. Sie war der besonderen Rücksicht der Staatsbehörde um so sicherer, als sie thatsächlich lange die einzige stabile Bühne in Prag blieb.

Dieses Theater hatte Giovanni Battista Locatelli, ein welscher Impresario, schon in der Wintersaison von 1748 vorerst für seine „italienischen musikalischen Opern" gemiethet. Doch noch vor Ende der „Stagione" suchte er bei dem „Gubernium" darum an: dass ihm sein Privilegium auch auf die „Teutsche Comödie" ausgedehnt und für Prag zum ausschliesslichen erklärt werden möge. Beides wurde ihm von der Regierung zugestanden. Nun suchte er sich durch ein befriedigendes Einvernehmen mit der Altstädter Stadtgemeinde des Kotzentheaters unter günstigen Bedingungen auch weiterhin zu versichern. Ein hierauf zielender Vertrag enthält unter anderen folgende Bedingungen.

„ . . . Dannenhero Eingang Erwehnt löbl. Würthschafts-Administration elociret Ihme Locatelli sothanes gegen den Alten Gericht Situirte gemeind Operahauss, umb womit derselbe alldorten sein productiones Vorzeigen Könne sambt den darin befindl. logen, Parterren und Caffélaaden, und wird demnach Selbter vom 6. April Künftigen 1750ten Jahrs, Er mag mittelst dieser Ziel Viel oder wenig oder auch gar Keine operen produciren, Sechshundert gulden in viertljähr. ratis, dann wochentl. 30 kr. Pflastergeld beedes immerhin anticipato dem Hr. Jos. Wentzl Kluss, allhiesig Sechsherrn- und

Brücken-Amtmann gegen genugsamber quittung zu zahlen haben; infall aber intermedič einige comedianten nacher Prag Kommeten und in diesem theatro spielen wolten, so solle dieser Comedianten-Principal sich sowohl mit Ihme Locatelli zu verabfinden als auch der löbl. Würthsch. Administration sich hievor anzumelden gehalten seyn".

„2do Verbleibet gleichwie vorhin und anbey allezeit gewöhnl. die Magistratualloge frey, dergestalten, dass Hr. Conducent für jede production so Viel deren gespielt werden, fünf Franco Billieter für die Altstädter Herren Raths Glieder und respective Administratores abzugeben haben und mit denen selben Entweder in sothane Loge oder aber in das orguester ohne Einigen leggeld zu gehen freystehen wirdt, welche franco billieter auch wenn Ein Subelocator sich hervorthuen solte, zu verstehen seyn".

Weder das „Gubernium" noch die Altstädter Gemeinde hatte ihr dem Locatelli gegenüber bewiesenes Entgegenkommen zu bereuen. Locatelli bot der „hohen Noblesse" von Prag Opern und Oratorien, die durch die Berühmtheit ihrer Compositeure, durch die brillanten Leistungen der in ihnen beschäftigten Sänger und Sängerinnen, sowie durch ihre glänzende Ausstattung an die damals so sehr bewunderten Abende des Dresdner Hoftheaters erinnerten. Hin und wieder tauchten an dem finanziellen Horizonte Locatellis allerdings leichte Wolken auf. Doch da dieselben zumeist nur dem Bestreben des Impresario, seinem Publikum das Beste zu bieten, ihr Entstehen verdankten, so zerstreuten sie sich meist rasch wieder. Der Contrakt Locatellis, kaum abgelaufen, wurde wieder erneuert. So auch am 6. April 1753, wo er um 3 Jahre, bis zum 6. April 1756, verlängert wurde.

Auf dieser Contrakts - Verlängerung ruhte eine jener kleinen finanziellen Wolken in Form eines Zinsrückstandes. Die Verflüchtigung derselben durch einen neuen Abzahlungsmodus an eine Art Sequester lässt ganz plötzlich als Subelocator des Locatelli den Prinzipal Joseph Kurz erscheinen, „dem an denen Tagen wo keine opern gespiehlet werden, die teutsche Comedien zu produciren gestattet worden sey". Seit wann ihm dieses gestattet worden sei, ist nirgends klar gesagt. Doch findet sich die zwischen Locatelli und Joseph Kurz getroffene Vereinbarung im Anhange an einen wahrscheinlich in den Tagen der Wiener Censuredikte abgeschlossenen, jedoch verloren gegangenen Haupt-Contrakt durch folgende Urkunde erläutert:

> „Ich Endesunterschriebener urkunde und bekenne hiemit und in Kraft gegenwärthigen obligo allerorthen insonderheit aber da wo Vonnöthen: Demnach innhalt Einer in Hocher Gegenwarth und auf Vermittlung Sr. Exc. des Hoch- und Wohlgeb. Hrn. Hrn. Frantz Joseph Grafen Von Pachta Entzwischen mir Impresario deren Teutschen Comedien Eines und den Hrn. Joh. Baptist Locatelli allhiesigen theatral Impresario und Conductore des Prager Altstädter Kotzen Theatri anderten Theils unterm 7. laufenden Monats und Jahrs getroffenen und zu Papier gebrachten Verabredung und Appunctation et ejus ⸗ 5ti gleichbemelten Hr. Locatelli oder denen Von Ihme Bestellten nach meiner zurückkunft aus dem Koliner Campament für jeden Tag oder abend dass auf sothanen Theatro eine Comedie aufführen werde, zwey Species-Ducaten zu zahlen gehalten bin, und nun Locatelli dieses meiner Seiths für jede Pièce Ihnen zu entrichten habende quantum Einer löbl. Würth-Administration in deconto des de praeterito schuldig Verbliebenen Zinsses assigniret und endiret hat. Dass verobligire und Verpflichte mich Hiemit rementionirte Zwey Species-Ducaten Von jeder producirenden Comedi sogleich gegen hinlängl. Quittung dem Hr. Thomas Matzura als diesfällig zu handen der löbl. Altst. Gemeinde bestelten Eincassirer bahr und richtig ohne einiger Widerrede immerhin punctual abzuführen. Denen zu urkunde ist meine Endesgestelte Fertigung
> So geschehen Prag den 17. July 1753.
> **Joseph Kurtz**
> Impresario von der Teutschen Comoedie."

Franz Joseph Graf von Pachta war Präses der Kais. Königl. Ober-Direktion über sämmtliche Spektakel im Königreiche Böhmen.

Es war am Ende Juli als die in diesem Königreiche einquartirten Regimenter sich in Bewegung setzten um, wie alljährlich, das bei Kolin ausgesteckte Lager zu beziehen. Diese Truppen-Koncentrirungen boten stets ein ausserordentlich farbenreiches Bild militärischen Lebens. Nicht selten vereinigten sie in ihrem Rahmen das Hoflager mit dem Heerlager. Eine erlesene Schaar fremder Gäste bildete ihre Staffage. Das Hauptquartier befand sich auch diesmal, wie so oft, in dem dem Karl Grafen von Battyan gehörigen Schlosse Neuhof. Hier, wo zwei Jahre vorher von der Locatellischen Truppe vor Maria Theresia und Franz I. „Zenobia" gegeben worden war, hatte Joseph Kurz, wohl auf Anregung seines Gönners, des Grafen Pachta, und mit Bewilligung des Feldzeugmeisters und in Böhmen commandirenden Generales Ulisses Maximilian Grafen von Brown eine kleine Bühne für geladene Besucher errichtet und eine für die Dauer der Koncentrirung berechnete „Impresa entrirt". Repertoire und Personale dieser Impresa haben sich nicht erhalten. Mit Ende August verliessen die bei Kolin concentrirt gewesenen Regimenter das Lager und bezogen wieder ihre Standquartiere.

Mit ihnen verliess auch Joseph Kurz Neuhof, um „an denen Tagen, wo keine opern gespiehlet werden, im Kotzen-Theater die teutsche Comedien zu produciren". Als Se. königliche Hoheit der Herzog Karl von Lothringen, der Bruder des Kaisers und General-Gouverneur der österreichischen Niederlande, Prag passirte, „haben sich derselbe am 20. September 1753 in das in der Königl. Altstadt an die sogenannten Kotzen angebaute Comödien-Haus verfüget um alda einer aufgeführten Teutschen Comödie beygewohnt". Eine weitere Nachricht über diese Impresa des Joseph Kurz findet sich nicht.

Indessen war in Wien der Versuch mit der Caroline Neuber gemacht worden und — misslungen. Die in Deutschland so sehr gefeierte Künstlerin war als „Vertreterin der gereinigten Bühne" nur in regelmässigen, ernsten Stücken aufgetreten. Sie debütirte am Samstag den 5. Mai 1753 in „Sancio und Sinilde", einem, nach der bekannten Oper von Ulrich von König, durch H. G. Koch in Verse gebrachten Trauerspiele. Im Gegensatze zu dem übrigen Deutschland, scheinen die Erwartungen, die man in Wiener theatralischen Kreisen an die Erscheinung der Neuber knüpfte, keine allzuhohen gewesen zu sein. Der erste Abend erzielte nur einen Tageskassen-Rapport von 280 Gulden. Aber auch diese so mässigen Erwartungen wurden nicht erfüllt. Die Einnahme sank schon bei dem vierten Debüt, obwohl „Sancio und Sinilde" für Wien eine Novität war, auf 111 Gulden, also weit unter die Durchschnittseinnahmen jener Tage. Es folgten noch Racine's „Iphigenia" in der Übersetzung von Gottsched, Corneille's „Cinna" in der Übersetzung von Führer und andere Stücke, ohne dass sich das Interesse an den Darstellungen der Neuber merklich steigerte. Dies scheint begreiflich, denn die nun sechsundfünfzigjährige Frau spielte Rollen, worin sie vor zwei Dezennien mit Beifall aufgetreten war, die sie aber seitdem in Folge anstrengender Directionsgeschäfte nicht mehr gegeben hatte.

Diesem äusserlichen Misserfolge entspricht auch der Bericht, den Herr von Scheybe, der bekannte Gelehrte und Dichter einer „Theresiade", in einem Briefe an J. Ch. Gottsched, diesem, über das Gastpiel der Neuber erstattete:

„Die Frau Neuberin ist", so schreibt von Scheybe, „von Frankfurt berufen worden[1]) und als sie auftrat, so nahm man zwar eine vernünftige Actrice wahr, allein ihre Stimme war so schwach, dass man sie fast nicht verstund. Ein andermahl schreye sie und polterte über die massen, dass sich die Stimme überschlug. Dann will sie sich im Aufputz nicht nach Wien richten. Sie kam als Königin, nescio qualis, wie eine neapolitanische aufgeputzte Princessin zum Vorschein. Ihr Kopf sah dem Kamme eines Schlittenpferdes gleich".

Einen Lichtblick in dem Gastspiele der Neuber bot der Samstag am 18. Oktober 1753, an dem sie auch als Dichterin vor dem Publikum erschien. Man gab „Das Schäferfest, oder: Die Herbstfreude" ein Lustspiel in fünf Akten und in Versen, eine von sententiöser Moral triefende Idylle. Der Andrang der Zuschauer war ein

---

[1]) Die Neuberin war damals nicht dauernd in Frankfurt thätig, sie gab auf der Durchreise nach Wien nur ein paar Gastrollen bei der Schuchischen Gesellschaft.

sehr lebhafter, der Tageskassen-Rapport wies eine Einnahme von 442 Gulden aus, eine der höchstmöglichen Tageseinnahmen von damals. Allerdings war der 18. October der Theresientag, an dem es zum Kultus des loyalen Alt-Wieners gehörte, das Theater zu besuchen. Dort wurde der Kaiserin meist eine Ovation gebracht, an der alle Welt sich betheiligen wollte, wie denn auch das Schäferspiel in einer huldigenden Allegorie endete. Doch erhielten sich auch bei den Wiederholungen desselben am 19. und 27. Oktober die Tageseinnahmen über dem Niveau des Gewöhnlichen. Noch trat die Künstlerin im November unter peinlicher Theilnahmlosigkeit des Publikums ein letztes Mal als Iphigenia auf und verlangte dann verstimmt ihren Abschied, der ihr auch bewilligt wurde. Sie ging am 15. Februar 1754 von Wien ab.

Das theatralische Intermezzo des Neuber'schen Gastspieles scheint dem Joseph Kurz neues Vertrauen in die Zukunft der Bernardoniade auf der Wiener Bühne eingeflösst zu haben. Er traf schon im Juni 1754 abermals in seiner Vaterstadt ein. Mit ihm finden sich auch seine Frau Franziska, sein Schwager F. W. Elenzon und seine Schwester Monika Elenzon wieder in den Kassenbüchern. Die in denselben begegnende Bemerkung: „Die Elenzon erhielten als Reisegeld von Prag bis Wien 24 fl." regt die Vermuthung an, dass die erste selbständige Impresa für Kurz und Genossen keine allzu glänzenden Resultate gehabt habe.

Noch im Sommer 1754 debütirte Joseph Kurz mit einer neuen Posse, die das Répertoire des Théâtres de la ville de Vienne als *„L'Isle des Moucherons, farce allem. ornée de Machines, entremêlée de Chansons et suivie du Maitre d'Ecole, Pantomime du Sr. Kurtz, représ. par des Enfans"* bezeichnet. Ein Nürnberger Theaterzettel vom Jahre 1766 bringt den deutschen Titel: „Die Gelsen-Insul, oder: die Spazen-Zauberey und Bernardon der verrückte Regens Chori". Es haben sich von dieser „grossen Maschinen Flug und Verwandlungs-Comödie" nur die

„Nachricht" und die Arien erhalten. Die Erstere mag hier ganz, von den Letzteren mögen nur die meist charakteristischen eine Stelle finden:

Nachricht.

Das Theater stellet einen Wald vor, im Prospect siehet man ein fliessendes Wasser, aus welchem ein Felsen hervorraget: Bernardon wird von Odoardo condemniret, auf diesen Felsen gebracht zu werden, um allda wegen vorgehender Kupplerey elendig Hunger und Durst zu sterben. Bernardon so sich von der ganzen Welt verlassen siehet, beklaget in einer Arie seinen bevorstehenden Tod:

Arie:

Die Braut zu vergessen,
Von Fliegen gefressen
So elend verderben
Und Hunger zu sterben
    Das ist ja a Graus.

Ich kann nicht verwehren
Das Stechen (Tscha) und Scheren (Tschi)
Der Wepsen (Tscha) und Mucken (Tschi)
Der Gelsen (Tscha) und Fliegen (Tschi)
Hier hilft auch kein Tucken
Ich kann keine kriegen
    Es ist mit mir aus.

Unter dieser Zeit erhebet sich der Felsen mit dem Bernardon. Es kommt eine Zauberin, welche zu Bernardons Hülfe ihme einen metamorphosirten Spazen giebet, durch welche Kraft er sich nicht allein von dem Felsen befreuen, sondern auch an seinen Feinden sich rächen könne. Bernardon probiret die Kraft des Spazens, der Felsen verschwindet und Bernardon fliehet auf einer Schwanen davon. Fiametta beklaget in einer Arie den Verlust ihres Bernardons:

Arie:

Mich nimmt ein banger Schmertz um's ganze Hertzerl ein,
Wo wird mein lieber Schatz mein Bernardonerl seyn?
Ach soll ich dich mein Kind, mein Leben nicht mehr sehn
So wär es ebenfalls mit mir zugleich geschehn.
    Ja kommst du mir nicht mehr zurück,
    So leb ich keinen Augenblick,
    Ich muss mit dir verderben,
    Ich muss mit dir gleich sterben.

Bernardon erscheint als französischer Petit-Maitre und singet eine französische Arie:

Arie:

Suivons l'amour, c'est Lui qui nous mene,
Il faut sentire, son aimable ardeur,
Un peu d'amour, nous fait moins de peine,
Que l'embaras de garder Notre honeur.

L'autre jour j'entendis Fiamene
Qui disait du profond de son Coeur;
Qu'un peu d'amour, Lui ferait moins de peine
Que l'embaras, de garder Son honeur.

Nach der Zeit erkennt Fiametta ihren todvermeinten Bernardon, dieser entdecket seine Zauberkraft und ermuntert Fiametta zu gleicher Rache.

Odoardo, Pandolpho und Anselmo wollen sich mit einer Jagd erlustigen. Fiametta kommt unter Schreien und verbirgt sich zwischen einen Felsen. Es zeiget sich eine grünbelaubte Jagdhütte, in welcher Bernardon als verstellter Baron von Erdzeisel, mit seinen Forstmeistern und andern Jägern zu sehen ist. Bernardon lobet unter einer Jagd-Arie die Vergnügungen der Jagd.

Nach der Zeit wird Fiametta von den Jägern unter der Gestalt eines Grassermädels, welche Gras gestohlen, unter einer Arie vor Bernardon gebracht.

Arie.

Ach Ihr Gnaden unverholen,
   Excellenzen, schöner Herr!
Hab' a Pinkerl Gras gestohlen,
   Thu's mein Leb-Tag nimmermehr,
Will's ja gerne wiedergeben,
Schenkt mir nur mein junges Leben,
Pfänd's mich nicht und last mich gehn,
Ey ich bitt euch ja recht schön.

Hier folget eine lustige Scene, wo die drey Alten über einen Hirschen das Waidmesser bekommen, und der erste Actus wird auf eine lächerliche Art geschlossen.

Im zweyten Actus singt Bernardon als Nachtwächter eine lustige Arie.

Arie:

Hertzliebes Schatzerl, ich muss dir's halt sagen
Mein Herzerl thut mir entsetzlich rinn schlagen
Kan's nimmer bergen, ich hab ja ka Ruh,
Schatzerl, ich bitt dich, geh' schau a mal zu.
Wann ich bey dir bin, so seynd unser zwey
Wann ich von dir bin, so bleib ich dir treu,
Leg ich mich schlafen, da bin ich allein
Ha, magst dann nicht a mal bey mir a seyn?

Nam dich zur Wachterin mit Freuden gleich an
Du wärst mein Weiberl und ich wär dein Mann,
Schenk dir a Gwandel und schenk dir a Haus,
Geh! sey mein Wachtrin und schrey mit mir aus.
Aus eins ist zwey worn, aus zwey aber drey
In 5. 6. Jährl ist's Tuzend darbey.

Bernardon zeiget sich als Regens-Chori dem Odoardo, welchen er in seine Schule bringet. Hier folgt eine extralustige Pantomime von des Bernardons Schulkindern unter Singen und Tanzen. Fiametta mischet sich gleichfalls als ein Schulkind unter einer Arie in diese Pantomime.

Duo:

Fiam: Hier steh ich arme Katz
Und wart auf meinen Schatz
Sie rufft zu dir.
Ach komme doch zu mir
Mein Schatzerl liebe mich
Dein Kätzlein wart auf dich
Sie schreit Miau
Ach nihm sie doch zur Frau.

Ber: Ich schleiche schon daher
Mein Schatz auf dein Begehr
Du schöner Schatz
Du allerliebste Katz
Mein Katzerl bleibe mein
Lass mich dein Liebster seyn.

Fiam: Ach ja Miau
Ber: So bist du meine Frau.

Und ein Chor, wobey Odoardo von denen Kindern fortgeprügelt wird, machet den Schluss des zweyten Actus.

Im dritten Actus curiret Bernardon als Medicus, die sich krank stellenden zwey Fräulein des Odoardo. Endlich werden die drey Alten auf lächerliche Art eingesperret, in so lange bis sie in die Heyrath derer Fräulein mit ihren Liebhabern und des Bernardons mit Fiametta willigen.

Die harmlose „Gelsen Insul" hatte einen ungewöhnlichen Erfolg und musste in derselben Saison mehr als zwanzigmal gegeben werden. In ihrer endlichen Lösung der Intrigue lehnt sie sich ziemlich unbefangen an „die lustige Judenhochzeit" an, indem hier wie dort die der allgemeinen Verheirathung widerstrebenden Elemente durch Vermittlung eines unwiderstehlichen Zaubers in eine Hühnersteige gebannt werden, bis sie ihre Einwilligung geben. Das Stück bildet ein Beispiel von dem, was Kurz und seine Verehrer ein treffliches Lustspiel nannten und war in den Hauptpartien, dem Bernardon, der Fiametta und dem Odoardo mit Kurz, der Elenzon und dem Weiskern besetzt. In dem Kinderchore und in der Pantomime fand sich die Familie des Joseph Kurz durch die neunjährige Eleonora, den achtjährigen Joseph und die siebenjährige Antonia vertreten. Ohne Zweifel waren die drei Kinder schon in der Zeit der Koliner und Prager Impresa zur Verstärkung der Gesellschaft herangezogen worden. Eleonora, vor Allen gewandt und anmuthig, erscheint schon in den Kassenbüchern des Wiener Stadttheaters von selbem Jahre mit dem für jene Tage nicht unbedeutenden Gehalte von 12 Gulden monatlich als Tänzerin engagirt. Die kleinere Antonia distinguirte sich als Colombine der Kindervorstellungen durch Charakterdarstellungen und Liedervorträge.

Im Herbste des Jahres 1754 brachte das Wiener Stadttheater nach dem Répertoire des Théâtres de la ville de Vienne noch: „*Bernardon ressuscité, Ambigu Comique, du Sr. Kurtz, orné de Machines, entremêlé de chansons et accompagné de deux Pantomimes, représ. par des Enfans*", oder nach dem Libretto: „Neue Arien, welche in der Komödie gesungen werden, betitult: „Der aufs neue begeisterte und belebte Bernardon, nebst zweyen pantomimischen Kinder-Balletten".

Gleich wie in der „Gelsen-Insul" scheint Bernardon auch hier der Protektor einer von Odoardo verbotenen Liebe zwischen dessen Tochter Dorinde und dem Leander gewesen zu sein. Nach den Arien, die sich allein erhalten haben, beginnt das „Ambigu" mit einem „Duetto" zwischen Bernardon und Rosalba. „Bernardon, welcher von Odoardo erschossen worden, liget tod auf dem Theatro, Rosalba, seine Amantin, beweinet ihren erblichenen Bräutigam, und fangt auf folgende Art an zu singen:"

Ros.:	Könnt ich mich geliebter Schatten!
	Auch im Grab mit dir vergatten,
	So wollt ich mit tausend Freuden
	Alle Art des Todes leiden
	Wäre nur dein Geist bey mir.

Bernardon kommt unter Donner und Blitz als Geist aus der Erde und singt:

Bern.:	Sieh die nie erhörten Sachen
	Und was wahre Lieb kann machen
	Ich komme auch als Geist zu dir
Rosal. gantz fröhlich:	Bist du da? O mein Verlangen.
Bern. fröhlich:	Ja mein Schatz! Lass dich umfangen,
traurig:	Stad bald hät ich mich vergessen,
	Dass der Todt mich hat gefressen.
Rosal.:	Ich weiss nicht was sterben heisst.
Bern. seufzet:	Aber ich, ich bin ein Geist.
Rosal.:	Das macht nichts, bleib nur bey mir.
Bern. traurig:	Nein als Geist ist's mir verbotten,
	Ich muss in das Reich der Todten,
	Bleibt ein Geist zu lange aus
	Kommt er gleich in das Zucht-Haus.
	Lebe wohl ich muss von hier.
Rosal. weint:	Tod was hast du mir genommen.
Bern. ängstig:	Lass mich ich möcht Schläg bekommen.
Ros.:	Liebster Geist! Ach bleib bey mir.
Bern.:	Lebe wohl ich scheid von dir."

Es folgt eine Anrufung Jupiters durch Leander, in der dieser, wie es scheint, Jupitern beschwört, den Bernardon „aufs neue zu begeistern und zu beleben".

Leander:	O grosser Jupiter!
	Die Sach ist angefangen
	Ach stille mein Verlangen
	Schick deine Hülfe her
	Du kannst ja alle Sachen
	Gantz leicht und glücklich machen
	Erfülle mein Begehr
	O grosser Jupiter.

Diese Anrufung war nicht unfruchtbar geblieben, denn alsbald erscheint Bernardon in seiner gewöhnlichen Gestalt und singt folgendes, in den „Neuen Arien" irrthümlich dem Chorus zugetheilte Lied:

Arie.

Ha! ha! ha! ha! ha! ha!
Jetzt bin ich wieder da
Gantz gehorsamer Diener
Ein gantz neuer Wiener
Der ist wieder da
Ha! ha! ha! ha! ha! ha!
Das hat mich verdrossen,
Wie man mich erschossen.
    Das war mein Treu schlecht
Jetzt hat man mir's Leben
Aufs Neu wieder geben.
    Und das ist auch recht
Drum bin ich wieder da
Ha! ha! ha! ha! ha! ha!

Mit der Wiederbelebung des Bernardon und dem nun folgenden „Duetto" beginnt das Reich der Verkleidungsscenen und der Intermezzi von Neuem. Das „Duetto wird gesungen von Rosalba als einer verstellten Strassburgerin und Bernardon, als ihrer alten Mutter".

Bern.:   Meine Tochter! willst du Heuraten?
Rosal.:   Ja Mama! ich will einen Mann.
          Mama! wanns nur möcht gerathen.
Bern.:   Liebstes Kind! das kommt auf dich an,
          Sag mir nur, wie wilst ihn dann haben?
Rosal.:   Ach Mama! just so muss er seyn:
          Reich und niedlich
          Appetitlich,
          Wie ein Engel
          Ohne Mängel
          Niemahls murrisch
          Niemahls burrisch.
Bern.:   Zu viel Tochter! willst du haben.
Rosal.:   Sonst Mama! wird er nimmer mein.
Bern.:   Tochter! den ich dir hab gewiesen.
Rosal.:   Ja Mama! der muss es wohl sein.
          Er ist auch schön
          Und wohl gewachssen
          Und Hochgebohren
          Und auch aus Sachsen
          Auch niemahls feindlich
          Sonst allzeit freundlich.

Bern.: Bravo! Tochter der seyn dein.
Rosal.: Ja, Mama, Der muss es seyn.

Noch folgt ein Lied Bernardons in der elegisch-grämlichen Weise des Ferdinand Raimund:

O du arme Welt
So bist du jetzt bestellt
Auf Vortl und auf Lügen
Den Nächsten zu betrügen
Sein Glück zu beneiden
Die Ehr abzuschneiden
   Bald singen
   Bald springen
Bald sauffen, bald rantzen
Bald spielen, bald tantzen,
   Bald Steyrisch
   Bald Schwäbisch
   Hanakisch
   Slawakisch
Bald walzen umatum
Hesa rum rum
O du arme Welt!
Wie bist du jetzt bestellt.

und eines als „tummer Jackerl":

O Jeges potz tausend wie bin ich voll Freud
Ich bin gantz dakemma, ich bin nit mehr g'scheit
Gelt ja mey liebs Lieberl
   Die Isabella
Die hat dich recht lieberl
   Von Herzen ey ja
Sie hat mir heut geben
Riebisel, Ziweben
   Viel Pfersche
   Und Kersche
   Kries-Knedl
   Pastetel
Schokolati und Thee
Au Milli he he
Und nachher a schönes Ne Ne
Zuletzt hat mey Schatzerl
   Auf a gute Nacht
Mir geben a Schmatzerl
   Und das hat recht kracht.

Die erste Arie singt Bernardon in dem Charakter „als Bruder des Democritus" in der zweiten erscheint anstatt der Rosalba die Isabella, welche in diesem Stücke, sich mit jener in die ersten Partien theilt, als „Amantin" des Bernardon, ohne aber zum Verständniss des Ganzen wesentlich beizutragen. Auch eine Nummer, in der Rosalba als „Hanswurst" sich betrunken stellt, und wahrscheinlich als Diener des Monsieur Octavio, demselben treuloser Weise seine Geliebte abwendig macht:

> Mein Herr der kriegt an Flederwisch
> > Damit ist er bezahlt
> Die Isabella, die ist weck
> > Monsieur Octavio
> Jetzt heisst es halt, schleck Bartel schleck
> > Herr Ochs in Folio
> Dann das so liebe Mädl
> > Die ist jetzt meine Braut
> Der Diener frist das Brätl
> > Dem Herrn bleibt das Kraut.

hellt die Fabel geradeso wenig auf wie ein „Duetto" zwischen Isabella, „so vor Rache rasend wird" und dem Hanswurst. Ein „Duetto" das an den rasenden Zamor erinnert, nur dass hier die Rolle des Bernardon einer Heldin übertragen erscheint.

Dass es sich auch in dieser Posse um eine groteske Liebesprobe handelt, darauf deutet die letzte Scene derselben ziemlich klar und deutlich hin:

> „Nachdeme sich Bernardon tod gestellet und also auf der Erden lieget, folget das Quartetto von Rosalba, Bernardon, Dorinte und Leander".

Rosal. traurig: Zweymahl hab ich dich verloren,
    Allerliebster Bernardon!
    Jetzt hab ich mir den erkohren,
    Der mich trägt als Braut davon.
      Bernardon steht auf.
Bern.:   Halt, Madame! ich bin nicht tode,
    O wie standhaft bist du doch!
    Das ist wohl die schönste Mode.
Rosal. erschrocken: Bernardon! wie? lebst du noch?

Bern. zornig:	Ey ich hab nur wollen sehen,
	Wie es mit der Treu wird stehen,
	Aber jetzt seh ich klar
	Der ei'm Weib traut ist ein Narr.

Zu Rosalba.

	Madame! die Untreu war zu bald.
Rosal.:	Ich meyn, du wärest tod
Bern.:	Allein ich ware noch nicht kalt.
Rosal.:	Mich bracht dazu die Noth
	Gedult! jetzt ist es schon vorbey
	Und dieser ist nun mein
Bern.:	Das ist a Bärnhäuterey,
	Wann's aber muss so seyn,
	So blicke mich statt deinen Mann,
	Du kleines Fischberl du!
	Als deinen Herrn und Vattern an.

Zu Dorinte.

	Was sagen sie dazu?
Dorin.:	Ich hab dir mein Wort gegeben,
	Wann es noch möglich wär,
	Dass ich mit dir vergnügt wolt leben,
	Gieb Hand und Hertz nur her.
Lean. zu Bern.:	Herr Vatter ich bin jetzt sein Sohn
	Er bleib aus meinem Haus.
Bern.:	Das war a Resolution
	Da wird wohl nichts daraus.
Dorin. zu Bern:	Warum?
Bern.:	Aus Lieb zu meinem Kind.
Dorin.:	Monsieur! das lass er bleiben;
	Die Kinder-Lieb ist oft gar blind.
Lean.:	Ich will den Ausspruch schreiben:
	Ein jedes bleib für sich.
Dorin.:	Mein Bernardon ist mein.
Rosal.:	Und dieser ist für mich.
alle vier:	Vivat, so muss es seyn
	So hat der Streit ein End.
Bern. und Lean.:	Mein Weiberl! mein Engel!
Rosal. und Dorin.:	Mein Mannerl! mein Schatz!
Rosal. und Lean.:	Mein Vater!
Bern.:	Mein Kind!
alle vier:	So leben wir content
	Nur dass auch die Uns zugeschaut
	Mit Uns vergnüget sind.

In dem „Avertissement" zu dieser Komödie werden besonders die Pantomimen betont, „die nur desswegen müssen bewundert werden, weilen die allzugrosse Jugend der Kinder die Ausdrückungen der Affecten zu jedermann Vergnügen vollkommen einen geneigten Beyfall finden werden". Hiebei legt Joseph Kurz das naive Bekenntniss ab: „Die Mühe, die ich dabey hatte, denen Kindern, die natürlichen Actionen und Tänze einzuprägen, ist leicht zu erachten, und da ich von Natur etwas ungeduldig bin, so kann man sich leicht vorstellen, dass es zu Zeiten mit denen Kindern empfindliche Verdrüsslichkeiten müsse abgesetzt haben". Diese „empfindlichen Verdrüsslichkeiten" mögen aber um so vielseitiger gewesen sein, als es die Kinder des Kurz nicht allein waren, die in diesen Pantomimen beschäftigt wurden.

VIII.

Tod der Frau Franziska Kurz 1755. „Prinzessin Pumphia". Vermählung mit Theresina Morelli 1758. „Beschützte Unschuld". Abgang von Wien 1760.

Mit dem nächsten Jahre ging Joseph Kurz traurigen Tagen entgegen. Seine Frau Franziska, die nun mit dem nicht leicht zu behandelnden Manne seit zwölf Jahren Leid und Freud redlich getheilt und ihm in dieser Zeit nicht weniger als acht Kinder geschenkt hatte, konnte sich von der Geburt ihres letzten Sohnes nicht wieder erholen. Sie verfiel in eine langwierige und schwere Krankheit und starb, erst siebenundzwanzig Jahre alt, am 15. Juni 1755.

Das Répertoire des Théâtres de la ville de Vienne nennt sie: „*fort regrettée du Public par sa figure, sa belle voix et son talent*". Nichtsdestoweniger war Franziska

Kurz keine brillante, keine temperamentvolle Actrice. Sie spielte zuerst neben der „Schönen Lorenzin", dann neben der Rosa Meyberg, dann neben ihrer Schwägerin, der Colombine Maria Monika Elenzon, die Elenoren, die Rosauren und die Rosetten. Sie war das, was der Sprachgebrauch von heute eine Sentimentale nennt. Vor Allem gelang ihr der Vortrag kleiner lyrischer Arietten, die sie mit vieler Wärme und Innigkeit zu singen wusste.

Die Anziehungskraft der armen jungen Frau auf das grosse Publikum scheint jedoch keine allzu lebhafte gewesen zu sein. Zum wenigsten schlug die Direktion bei dem Entwurfe eines neuen Kontraktes für Joseph Kurz vom 18. Juli 1755, die frühere Mitwirkung der nun Dahingeschiedenen nicht höher als auf 4 Gulden 20 Kreuzer wöchentlich an. Auch wird wohl berichtet, wie wegen einer plötzlichen Absage der Nuth oder der „Schönen Lorenzin" ein Theil des Publikums an der Kasse sein „Legegeld" zurückgefordert habe, aber nicht, dass dies je wegen Franziska Kurz der Fall gewesen wäre. Zur Trägerin eines Stückes ward sie nie.

Die Trauerzeit verwandte Joseph Kurz, dessen Sache müssiges Hinbrüten seiner Natur nach nun einmal nicht war, theils zur Vervollkommnung seiner Kinderkomödie, theils zur Composition neuer Stücke. So begrüsste er nach dem Répertoire des Théâtres de la ville de Vienne, das Publikum alsbald „zu einer Zeitverkürzung" mit der seinen drei Kindern angepassten nach Ch. F. Gellert eingerichteten Zauber-Operette *„L'Oracle. Opéra Allem. par Mr. Gellert de Leipsic, imit. du Franç. de Mr. de Saint-Foix, représ. par les Enfans du Sr. Kurtz et précédé, Des trois Laquais, farce Allem. du dit Sr. Kurtz"*. Nach einem 1755 in Wien mit Ghelischer Schrift erschienenem Drucke führt die Zauber-Operette den Titel „Der sich wieder seinen Willen taub und stumm stellende Liebhaber, ein Lust-Spiel von zwey Aufzügen, in Teutschen Versen mit vierzehn Arien, welches von den Bernardon'schen Kindern vorgestellet und in Teutscher Sprach hier noch niemals aufgeführet worden ist". Eine Theatral-Chronik späterer Tage berichtet: dass auch „Gellerts Orakel mit Bernardonischen Witze gespikt" gegeben worden sei. Dem widerspricht der Ghelische Druck. Dieser ist eine einfache Wiedergabe des Gellert'schen Singspiels. Der Bernardonische Witz müsste denn dem Extempore überlassen geblieben sein, was in der Kinderkomödie doch sonst nicht üblich war. Das Vorspiel „Les trois Laquais" von Joseph Kurz scheint verloren gegangen zu sein.

Bald nachher, im Carneval des Jahres 1756, debütirte Joseph Kurz, nach der eben citirten Quelle, mit „*Pumphia Princesse des Persans, Tragédie burlesque en Vers, mêlée de chansons et suivie de la Synagogue, Pantomime du Sr. Kurtz, représ. par des Enfans*". Ein nicht datirter aber, wie es scheint, fast gleichzeitiger Abdruck des Stückes führt den Titel:

„Eine neue Tragoedie, Betitult: Bernardon, Die getreue Prinzessin Pumphia, Und Hanns-Wurst Der tyrannische Tartar-Kulikan, Eine Parodie in lächerlichen Versen. Nebst einer Kinder-Pantomime, Betitult: Arleckin der glücklich gewordene Bräutigam. Componirt von Joseph Kurz, Comicus Bernardon". Folgen die „Actores: Pumphia, eine Prinzessin aus Persien. Herr Joseph Kurz. Kulikan, Befehlshaber der Tartarey. Herr Gotfried Prehauser. Cyrus, König von Persien. Herr Friderich Wilhelm Weiskern. Faustibus, der Phumphiä heimlicher Gemahl. Herr Joseph Carl Huber. Sigelvax, des Cyrus Gross-vezier. Her Carl Gottlob Heydrich. Mortong, des Kulicans Gross-vezier. Herr Wilhelm Meyberg. Miketey, der Pumphia Sohn. Soffocles, des Kulicans Welt-weiser. Pinxi, ein Hauptmann des Kullicans. Viele Persische und Tartarische Soldaten. 6. Götzen-pfaffen, und viele weisse Knaben, welche in dem Tempel erscheinen".

Dass „La Synagogue" und „Arleckin, der glücklich gewordene Bräutigam" von der „Prinzessin Pumphia" ganz unabhängige, an die Stelle von Nachspielen tretende Kinder-Pantomimen waren, braucht wohl nicht erst besonders erwähnt zu werden.

Die „Prinzessin Pumphia" wurde zu wiederholten Malen gedruckt,[1]) und auch in neuerer Zeit reproducirt.

---

[1]) K. Goedecke (Grundriss II. 554) citirt folgende Ausgabe: „Eine neue Tragödie betitelt: Bernardon, die getreue Prinzessin Pumphia und

So in den „Curiosa et Jocosa antiquaria ac nova VII. Stuttgart, J. Scheible. 1856". 12º und in den „Wiener Neudrucke 2. Wien, Carl Konegen. 1883". 8º. Dadurch erscheint es wohl überflüssig hier den Inhalt der „Tragödie" noch einmal wiederzugeben oder das ihr vorausgesandte „Avertissement" seinem Wortlaute nach zu wiederholen.

Die „Tragödie", zugestandenermassen ein Tendenzstück, verdankt ihre Entstehung mehrfachen Motiven. Das allgemeinere derselben war wohl: der alte Kampf zwischen der Stegreifkomödie und dem regelmässigen Drama. Wie beiläufig zwei Decennien vorher der Däne L. Holberg durch seinen „Ulysses von Ithaca" die Haupt- und Staatsaction und deren Darstellung parodirte, so parodirte Joseph Kurz nun durch seine „Prinzessinn Pumphia" die Erstlinge des regelmässigen Drama und deren Darstellung.

Äusserliche Umstände mögen zur Wahl des Stoffes und zu der Form, die er angenommen, nicht wenig beigetragen haben. Der Passus des „Avertissement": „Ich kann nicht läugnen, dass ich den Teig davon schon vor etlichen Monaten zu machen angefangen" lässt die Vermuthung zu, dass schon der (1751) erfolgte Tod der beliebten Colombine, Frau Nuth, an deren Stelle erst später die „Schöne Lorenzin" und die Elenzon treten sollten, Joseph Kurz auf die Idee brachte: für die ihrer besten weiblichen Kraft beraubte Bühne eine nur von Männern darzustellende Posse zu schreiben.

Auch die so oft aufgeworfene Frage: ob durch die „Prinzessin Pumphia" ein bestimmtes Stück und welches

Hannswurst der tyrannische Tartar-Kulikan. Nebst einer Kinder-Pantomime, betitelt: Kolekin, der glücklich gewordene Bräutigam componirt von Joseph Kurz. Comicus Bernardon".

Ein Abdruck, der sich in „Deutsche Schaubühne" Band 76 findet, führt den Titel: „Eine neue Tragödie, betitult: Bernardon Die getreue Prinzessinn Pumphia und Hannswurst der tyrannische Tartar-Kulikan, eine Parodie in lächerlichen Versen componirt von Joseph von Kurz. Comicus Bernardon. Neu aufgelegt und zu finden im Kraussischen Buchladen 1767. 8º".

parodirt werden soll, erscheint durch das „Avertissement" hinlänglich klar und deutlich beantwortet. „Ich nenne" sagt Joseph Kurz, „dieses kleine Werk eine Critique oder Parodie über die sonst von vielen Teutschen Trouppen sehr übel vorgestellten Tragoedien". Ob unter den „vielen Teutschen Trouppen" nicht auch die der „Wienerischen Teutschen Comödie am Kärnthner Thore" verstanden werden sollte, insoweit sie sich in dem regelmässigen Schauspiele versuchte, mag, trotz aller auf andere Gesellschaften ablenkender Anspielungen dahin gestellt bleiben. Man erinnere sich in dieser Beziehung nur an den in diesen Blättern wiedergegebenen Bericht eines Zeitgenossen über die Darstellung der „Alzire" und halte dem die Worte gegenüber: „Dann ich habe das Vergnügen unter einer Gesellschaft auserlesener Acteurs zu seyn, welche meistens ihre Rollen ausnehmend gut vorstellen" — „meistens", das will sagen in der Stegreifkomödie.

Kein Zweifel, Joseph Kurz hat, wie damals alle Welt, „die Asiatische Banise" gekannt, und die „Banise" von M. Grimm war eine der ersten (1752) auf die Wiener Bühne gebrachten studirten Tragödien. Dadurch erklären sich aber auch ganz natürlich die mit grösserem oder geringerem Rechte behaupteten Anklänge der „Prinzessin Pumphia" an diesen Roman und an dieses Drama. Sie werden dem Joseph Kurz in derselben Weise vorgeschwebt haben, wie dem Dänen Holberg „Ulysse et Circé" und „Arlequin Proteus" aus dem „Théâtre italien" des Gherardi vorschwebten, als er seinen „Ulysses von Ithaca" schuf. Wenn aber A. Öhlenschläger von Holberg behauptet: er habe, während er doch nur ein oder das andere Stück und dessen Darstellung parodiren wollte, sich zu „wahrem Welthumor und komischer Begeisterung" aufgeschwungen, so lässt sich dies nicht minder von Joseph Kurz in seiner „Prinzessinn Pumphia" und vor Allem in deren so oft citirten Schlussscene sagen.

Mehr lokaler Natur sind die Anspielungen des „Avertissement" auf die „alte Megera" und den „falschen

Freund Momus". Sie zielen unstreitig auf Philipp Hafner, den „Teutschen Molière", wie ihn seine Zeitgenossen in ihrer Überschwänglichkeit nannten, der anfangs mit Bernardon an Einem Strange ziehen zu wollen schien, dann aber (1755) mit dem Erscheinen seiner „Megera"[1]) und später mit seinem „Furchtsamen", allerdings sehr vorsichtig zu dessen Gegnern übertrat. Die „Bluts-freundschaft des beständig tadelnden Momus" aber „welches in der Welt meistentheils Menschen seynd, welche man unter die Tag-diebe zehlet und keine andere Verrichtung haben als anderer Leute ihre Schriften zu critisiren", sind wohl Niemand Anderer als die Herren von Scheyb, Wächtler, Quandt, Engelschall und Heyden, die vorerst theoretischen Anhänger des regelmässigen Drama, während „der vortrefliche Mund-koch des grossen Jupiters" kein Anderer ist als Gottfried Prehauser.

Noch im Frühlinge des Jahres 1755 erschien unter den Tänzerinnen des Wiener Balletts eine junge Italienerin aus Toskana von ganz besonderer Begabung. Sie stammte aus der in der Theaterwelt allenthalben bekannten Familie Morelli und hiess Theresina. Ihre reizende Erscheinung, ihr leichter und anmuthiger Tanz, der nichtsdestoweniger der Kraft nicht entbehrte, wurde durch eine sprechende Mimik sehr glücklich belebt. Ihr für eine Italienerin ungewöhnlich rasch erworbenes Deutsch gewann durch den fremden Accent für die Wiener einen ganz eigenen Zauber. Ihre Stimme war wohlklingend und für das Singspiel mehr als ausreichend. Durch ihre unnachahmliche Grazie und ihre stete Munterkeit im heiteren Dialoge entzückte sie aber alle Welt ganz und gar.

Eine Elevin von so reichen Anlagen musste naturgemäss sehr bald den sicheren Blick des Joseph Kurz auf sich ziehen. Rasch erkannte er, dass das Ballett denn

---

[1]) Megära, die fürchterliche Hexe, oder das bezauberte Schloss der Herren von Einhorn. Wien. 1764. Philipp Hafner geb. 1731, gest. 1764 in Wien.

doch für die volle Entfaltung von Theresina's so vielseitigen Talenten ein zu enger Rahmen sei. Mit jenem Ernste und mit jener Ausdauer, die Kurz in Allem charakterisirte, was er unternahm, führte er seine neue Schülerin zum Schauspiele über. Er hielt sie in erster Linie dazu an, ihr Deutsch in der Richtung des Wiener Dialekts zu cultiviren. Er betonte ihr gegenüber vor Allem die Wichtigkeit eines leicht verständlichen und scharf pointirten dramatischen Vortrags im Gesange. Dann erst weihte er sie in die Mysterien der extemporirten Komödie ein, in der sie sehr bald überraschende Fortschritte machte. Der leicht zu errathende Erfolg eines dreijährigen derartigen Privatissimum findet seinen Ausdruck in einer Notiz des „Wienerischen Diariums" vom Jahre 1758, wo es heisst:

„Am 15. April wurde im Beisein des Hofes eine neue Maschinen-Comödie von der Composition des Joseph Kurz, genannt „die glückliche Verbindung Bernardons" auf dem k. k. p. Stadttheater aufgeführt, in welcher sich Theresia Morelli, nunmehr verehlichte Kurz, sowohl im Singen und Agiren mit allgemeinem Beifall zum allerersteomal produciret, wie nicht weniger durch ihre deutsche Sprache (ungeachtet sie eine geborne Italienerin ist) besonders hervorgethan und vor andern distinguirt hat".

Von „die glückliche Verbindung Bernardons" haben sich nur sehr karge Fragmente des „Avertissement" erhalten. In diesen sagt Joseph Kurz:

„Madame Theresia Kurzin wird sowohl ihr Prob- als auch Meisterstück, ja alle diejenigen Charactere machen, welche eine vollkommene Actrice nur immer vorzustellen fähig ist. Und da sie eine geborne Italienerin, folglich der Teutschen Sprache gar nicht wohl kündig, so wird ihre Action um so viel mehr verwunderlich seyn. Nachdem mich die Götter mit derselben erfreuet, so soll auch das mir so gnädig geneigte Publikum an meiner Vergnügung theil nehmen".

In der beigegebenen Pantomime übergiebt Kurz persönlich seine drei Kinder der Rosalba (seiner Frau) und legt ihr an's Herz, „dass bey ihr nie das Sprichwort von der Stiefmutter wahr werden möge". Die über diese intime Angelegenheit Bernardons gebrachte Notiz des bezüglich der „Teutschen Comödie" sonst so wortarmen

Wienerischen Diariums ist ein untrüglicher Werthmesser für die ungemeine Popularität, deren Joseph Kurz damals sich erfreute.

Der „glücklichen Verbindung Bernardons" folgte alsbald die dieser in Form und Inhalt gewiss nahe verwandte: „Neue Comoedie Welche mit vielen Arien und Maschinen gezieret ist; Betitult: die von Minerva Beschützte Unschuld Oder die Vereinigung derer Liebesgötter. NB. NB. die Madame Theresia Kurzin wird sich abermahlen in der Personage der Göttin Venus, sowohl im Agiren als Singen distinguiren. Und die Lustbarkeiten des Hanns-wurst und Bernardons seynd mit der Comödie vollkommen verknüpfet. Alles componirt von Joseph Kurz".[1]

Diese handlungsreiche Maschinenkomödie beginnt sogleich mit einer Niederfahrt der Göttin Minerva, die auf Erden in Liebesangelegenheiten Ordnung schaffen will: „Fort mit der unerlaubten Reitzung! fort mit der lasterhaften Liebe! künftig soll in dem Herzen der Verliebten ein ganz anderes Feuer brennen". Der tugendhafte Amor, den man auf einem Rosenbette schlafen sieht, soll den Verliebten wieder eine zärtliche und getreue Liebe einflössen. Sie weckt ihn mit Scheltworten, damit er dem lasterhaften Cupido, der mit seinen vergifteten Pfeilen in der Ober- und Unterwelt so viel Unheil anstelle, entgegentrete. Amors Furcht vor dem in der Welt triumphirenden Cupido beschwichtigt sie mit dem Versprechen, dass Jupiter und sie selbst ihn vor dessen Nachstellungen schützen wollen.

Ernelinde, eine Jungfrau, die hier „unter denen Gebüschen in einer unschuldigen Gefangenschaft schmachten muss" hat Minerven das empfindlichste Mitleiden erregt, und diese hat daher den Prinzen Arcos veranlasst, zu Ernelinde zu kommen. Amor soll nun weiter helfen. Schon naht der seinem Vater Ormechus entflohene Prinz. Er ist in grosser Angst, denn des Königs Vertrauter

---

[1] Deutsche Schaubühne. Bd. 78. 1758.

Romar ist ihm auf den Fersen. Er offenbart dem Romar sein Herzensgeheimniss, dass er hier im Walde, die ihm von der Göttin im Traume gezeigte Braut Ernelinde finden solle. Doch wehe, der schlimme Romar ist selbst in Ernelinde verliebt und will den Prinzen mit Gewalt fortschleppen. Da tritt Minerva in die Erscheinung und Romar „läuft ab". Minerva zeigt dem Prinzen „den grausamen Arrest, in welchen ein tyrannischer Vater wegen einer falschen Prophezeiung seine unschuldige Tochter von ihrer Wiege an, bis auf diese Stunde versperrte". Mit Hülfe der Göttin zersprengt Arcos das Gefängniss und Ernelinde geht aus demselben hervor:

„Ich weiss nicht wer ich bin, alles dieses, was ich sehe, werden wohl jene Dinge seyn, von welchen mir das Weib, die mich erzogen, so viele Wunder erzehlet hat, das grosse Dach ober mir wird wohl der Himmel seyn, und jenes runde, hell glänzende Feuer, das wird die Sonne seyn . . . Ich weiss nicht, soll ich in diesem Paradis verbleiben, oder soll ich wieder in meinen Aufenthalt zurückkehren". . . . . Amor zeigt ihr den Arcos: „Ach da ist er! Ja der ist es! O dich kenne ich sehon! . . . Du bist Arcos, der Thessalische Prinz. Minerva ist mir mit dir im Schlaf erschienen, sie hat mich von dir in allen unterrichtet und meine Träume waren beständig mit dir beschäftiget.

Amor: Sage mir gefällt dir dieser Prinz?
Ernelinde: Ach ja! er gefällt mir, aber du gefällst mir noch besser.
Amor: Das macht, weil ich eine Gottheit bin.
Ernelinde: So ist dieser keine Gottheit?"

Unter diesen und ähnlichen anmuthigen Miranda-Gesprächen verlassen die Drei zusammen den Schauplatz, auf welchen nun Romar mit Ernelindens Kerkermeister Alloro zurückkehrt, um die Jungfrau ihrem Vater, dem Tyrannen Dimone von Kreta, zurückzubringen, der „aus gewissen Absichten seine noch niemahls gesehene Tochter" zu sehen wünscht. Sie finden das Gefängniss erbrochen. Alloro will sich aus Furcht vor dem „Wüttrich" Dimone an einem Baume erhenken, da verwandelt sich derselbe in eine Sternenwolke, aus welcher Venus und Cupido ihm zu Hülfe kommen. Venus, die sich durch Ernelindens Entführung selbst auf das heftigste beleidigt findet, befiehlt dem Alloro. seine Tochter Ardelia bei

Dimone für dessen Tochter Ernelinde auszugeben. Die Liebesgöttin ist sehr wüthend und will erst den Cupido mit einem Bändchen schlagen, aber das „arme Kind" vertheidigt sich mit Erfolg, und so kocht sie an dem „Höllenfeuer in ihrer Brust die grausamste Rache". Ihr Zorn macht sich schliesslich in einer — italienischen Rache-Arie Luft.

Die folgende Scene spielt bei dem Tyrannen Dimone, der seine Tochter dem Tode geweiht hat, weil, nach einer alten Prophezeiung, der Tag ihrer Vermählung auch der Tag seines Todes sein würde. Als Alloro ihm die Ardelia als Tochter zuführt, übergiebt er sie dem Götzenpriester Rolim zur Opferung. Ardelias Liebster Emiro verräth die Unterschiebung und Alloro und dessen Tochter werden in den Kerker abgeführt. Dimone aber lässt verkünden: er wolle „sein halbes Fürstenthum" Kreta mit demjenigen „theilen", der ihm seine Tochter Ernelinde oder den Prinzen Arcos, der ein Sohn seines ihm feindlichen Bruders Ormechus von Thessalien ist, lebendig oder todt bringen werde. Hanswurst reizt das „halbe Fürstenthum", und er selbst macht sich zum Ormechus auf. In ähnlicher Weise verspricht der sanftere Fürst Ormechus dem Finder des Liebespaares einen Theil seiner Schatzkammer und veranlasst dadurch den Bernardon zum Dimone zu wandern. Cupido und Venus treiben sodann in verschiedenen lächerlichen Verkleidungen mit Hanswurst und Bernardon allerlei Possen, die namentlich der Frau Venus, Direktorin „Theresia Kurzin", Gelegenheit geben, sich von ihrer angenehmsten Seite zu zeigen, nämlich deutsche und italienische Arien und ein langes italienisches Duett mit Bernardon zu singen, das den ersten Akt beschliesst.

Im zweiten Aufzuge fährt Venus fort ihre Scherze zu treiben. Sie veranlasst den Hanswurst sich als Prinzen zu verkleiden, um leichter die Prinzessin, und den Bernardon sich als Prinzessin zu verkleiden, um leichter den Prinzen zu fangen. Jedem von beiden heftet sie aber einen Zauberschleier an die Achsel, durch dessen Wirkung sie nun von Allen für Arcos und Ernelinde gehalten werden. Daraus ergeben sich die tragikomischsten Verwirrungen. Zuerst suchen Hanswurst und Bernardon unerkannterweise sich gegenseitig mit Liebesbetheuerungen zu überlisten. Aber in der schönsten Umarmung werden sie von den Häschern der beiden Tyrannen gefangen und zwar wechselweise Prinz-Bernardon von den Leuten des „Wüttrich" Dimone, Prinzessin-Hanswurst von den Leuten des sanfteren Ormechus. Dimone verurtheilt den vermeintlichen Prinzen, ungeachtet seiner Versicherung, dass er ja der Hanswurst sei, zum Tode. Ormechus dagegen entschliesst sich, mit der Prinzessin an das Hoflager seines schlimmen Bruders Dimone zu gehen, um diesen vielleicht mit einer Heirath zu versöhnen oder wenigstens seinen Prinzen auszuwechseln. Da kommt er aber übel an. Dimone wünscht ja nichts sehnlicher, als seine Prinzessin Tochter todt zu sehen, und Bernardon und Hanswurst werden trotz aller herzbrechenden Betheuerungen ihrer Narrenhaftigkeit den beiderseitigen „Götzenpfaffen" übergeben, die sie mit Dolch und Strick „a tempo" in's Jenseits spediren wollen. Da, im letzten Momente, erscheint Amor als Retter des „närrischen Blutes:" Zwei Raubvögel entführen die Zauberschleier, und alle Welt erkennt nun die beiden Narren. Inzwischen haben Arcos und Ernelinde, die ächten, unter Minervas Schutz im Walde ihr Nest gebaut und sind sehr glücklich, nur hegt Ernelinde den Wunsch, ihren Vater einmal zu sehen und zu versöhnen. Unter Amors Geleite wandert sie zu Dimone, den ihre rührende Liebe jedoch nur sehr flüchtig erweichen kann. Er will sie mit eigener Hand erdolchen, als Minerva ihm in den Arm fällt und ihm den Rath giebt, lieber sich selbst zu ermorden, worauf er „voll Schröcken rasend abgeht". Minerva hat inzwischen den einsamen Arcos getröstet, dabei hat der böse Cupido sich an sie herangeschlichen und sie mit seinem Pfeile gekitzelt, so dass sie schon bedenkliche Neigungen in sich erwachen fühlt. Glücklicherweise bemerkt sie aber noch rechtzeitig den losen Götterbuben, fängt ihn beim Arme und „nihmt ein Band heraus, um ihn zu schlagen".

Cupido: Ich bitte dich, thu mir nichts, ich habe nur meinen Spass mit dir haben wollen.

Minerva: (Sie schlägt ihn.) Und ich will auch meinen Spass mit dir haben, du kleiner Wechselbalck, das nihm indessen von mir, alsdann soll mir erst Jupiter das Recht verschaffen, ich will dir deine Gottlosigkeiten einstellen, jetzt gehe Pankert und lasse dich in Ewigkeit nicht mehr vor meinen Augen sehen. (Sie last ihn aus.)

Cupido: (Hat unter der Zeit, da ihn Minerva geschlagen, geschrien.) Ich bitte um Gnade, ich wil's nicht mehr thuen, ach nur das mahl Pardon ... (Alsdann wenn er loss ist, sagt er zornig) warte nur Frau Minerva! jetzt will ich es meiner Mutter sagen gehen ... meine Mutter ist so gut eine Göttin als wie du".

Venus ist denn auch wirklich sehr empört über die Schläge, die ihr Söhnlein bekommen:

„Da schlage Blitz und Donner darein ... was hat sie andere Kinder zu schlagen, da sie selbst nicht so glücklich ist, eines zu haben".

Um sich an Minerva zu rächen, veranlasst sie den ihr gewogenen Mercurius, jene wegzuberufen, angeblich zu Jupiter. Indessen sollen Ernelinde und Arcos gefangen und ausgeliefert werden. Diese Aufgabe giebt wieder Gelegenheit, dass Venus und Bernardon nebst Cupido und drei Amoretten im Zigeunerkostume mit verschiedenen Zigeuner-Arien- und Tänzen aufwartend, sich um das Liebespaar bemühen. Minerva fährt dazwischen. Venus mit ihrer Schaar verduftet auf fünf Drachenwagen. Bernardon wird von vier Satyren tüchtig geprügelt.

Zum Schlusse fühlt sich Minerva verpflichtet der Venus zu zeigen, dass sie die Unschuld auch unter den Tyrannen beschützen kann:

„Fort Arcos! du sollst zu deinem Feind Dimone, und du Ernelinde zu dem Ormechus gehen".

Und so erscheint denn Dimone, den Jedermann längst von eigener Hand gefallen glaubt, im dritten Aufzuge wieder sorgenschwer auf dem Throne sitzend. Alloro macht ein Mordattentat auf ihn, um dem Prinzen Arcos Gelegenheit zu geben, dem Tyrannen das Leben zu retten. Doch der Tyrann fühlt keine Dankbarkeit, er heuchelt sie nur. Er giebt vor, in die Vermählung der Liebenden zu willigen, beauftragt aber insgeheim den Götzenpfaffen Rolim, „dem Arcos den Kopf abzureissen". Inzwischen hat auch Ernelinde ihrem erhofften Schwiegervater Ormechus das Leben gerettet. Dieser eilt mit ihr zum Dimone, um die Hochzeit zu vollziehen. Im Hochzeitssaale findet Ernelinde statt des Bräutigams nur sein Haupt. Rasend stürzt sie fort. Rolim hinter ihr her. Und als Ormechus nun mit festlichem Gefolge eintritt, findet er zwei Schüsseln mit den Häuptern der Liebenden. Er klagt um sie und verwundet den Dimone tödtlich. Dieser tragische Schluss ist jedoch, wie so mancher andere in der Bernardoniade, nicht ernst gemeint. Minerva tritt mit Amor und Cupido auf; alsbald erscheinen dann auch Ernelinde und Arcos, beide auf einem hohen Throne lebendig sitzend. Minerva aber giebt dem Cupido folgenden Kommentar:

„Siehest du schlimmer Sohn einer lasterhaften Mutter, was durch euch für Unheyl wäre gestiftet worden, dein Fall war von allen Göttern beschlossen, allein Jupiter hat sich deiner noch erbarmet, doch mit diesem ausdrücklichen Befehl, du sollst dich mit deinem Bruder vereinigen, Amor soll dich lehren denen Menschen eine tugendhafte Liebe einzuflössen, du aber sollst den Amor aufmuntern, dass er in Erwartung einer tugendhaften Liebe nicht so schläfrig seye, geschiehet solches, so wird man künftig in der Welt von nichts anders, als von einer zärtlichen tugendhaften und getreuen Liebe reden hören".

Gegen diese Lösung protestirt jedoch Frau Venus feierlich, ja sie rebellirt selbst gegen Jupiter. Da erscheint Mercur mit vier Satyren und legt sie in Ketten. Ihr hilft kein Schelten auf den undankbaren Jupiter, der so oft um sie gebuhlt, noch der Wunsch sterblich zu sein, um „zerbärsten" zu können. Doch darf sie zum Schlusse noch mit einer kleinen italienischen Aria aufwarten.

In diese Zeit der Verlobung des Kurz mit Theresina Morelli fallen noch einige beliebte Bernardoniaden, welche im Druck erschienen sind und mit deren Titelangabe wir uns daher begnügen. Auf: „Die liederliche Haushaltung versoffener Köche und verlöffelter Stubenmenscher" kommen wir ohnedies noch ausführlicher zurück.

> Neue Arien, Welche in der Operetta, in der Pantomime und in der Comoedia gesungen werden. Die Comoedie wird Betitult: **Bernardon der Einsiedler, Und dessen unglückselige Bemühung seine Braut bey der Göttin Diana zu sehen.** Die Operetta wird betitult: **Ormachus, Ein Tyrannischer Nebenbuhler seines Sohnes Cosroo.** Die Pantomime, Welche von denen Bernardonischen Kindern vorgestellet wird, ist betitult: **Bernardons Traum In der Wüsteney.** Und werden also in allen sowohl in der Comoedie, Operetta, als Pantomime 22 Arien gesungen. Das ganze Werk ist componirt von Joseph Kurtz, Comicus Bernardon. Wien, gedruckt in der Erz-bischöflichen Hof- und Universitätsbuch-Druckerey, mit von Ghelischen Schriften 1757 8°. (Wiener Stadtbibliothek.)
>
> Neue Comoedie genannt: **Die Macht der Elementen, Oder: Die versoffene Familie des Hrn. Baron von Kühnstoks.** NB. NB. Diese Comoedie ist eine Continuation auf das zerstörte Versprechen und Bernardon der Einsiedler: In welcher zwey Pantomimen und eine Kinder-Operetta zum Vorschein kommen. Der erste Actus stellet den Prologus in einer Pantomime von der Comoedie vor, betitult: **Der zum Leben gebrachte Stein.** Die Operetta von den Kindern, so zum Schluss des anderen Actus kommet, ist betitult: **Die das Glück hat führt den Bräutigam nach Hause.** Und die Pantomime so im dritten Actus mit einem hier noch niemahls gesehenen Finale sich zeigen wird, ist benamset: **Die liederliche Haushaltung versoffener Köche, und verlöffelter Stubenmenscher.** In der Operetta und in denen Pantomimen werden 17 Arien gesungen. Das ganze Werk ist componirt von Joseph Kurtz. Gedruckt mit von Ghelischen Schriften, im neuen Michaeler Haus. 1757/58? (K. K. Hofbibliothek in Wien.)

Mit dem im Jahre 1760 erfolgten dritten Abgange des Joseph Kurz von Wien erreichte dessen längstes ununterbrochenes Engagement an dem k. k. privilegirten Stadttheater sein Ende. So sehr getheilt auch die Ansichten der Zeitgenossen über Joseph Kurz, den Schauspieler und Dichter, lauten mochten, darin stimmten sie doch alle überein: der Mensch Joseph Kurz war keine gemeine, keine gewöhnliche Erscheinung. Im Gegentheil, er suchte seinen nicht unberechtigten Adelsaspirationen durch ein möglichst honettes, ja äusserlich glänzendes Auftreten immer eine wirksame Folie zu geben. Überall bewohnte er das anständigste Viertel der Stadt, richtete er sich mehr als nur behaglich ein, umgab er sich weit mehr, als es damals selbst in Patrizierkreisen üblich war, mit einer zahlreichen, nicht selten livrirten Dienerschaft und hielt für alle Jene offene Tafel, deren Gast er jemals gewesen. Nichts lag ihm ferner, als die Gastfreundschaft Anderer durch eine improvisirte Vorstellung à la camera zu quittiren. Gleich seinem Pathen Stranitzky und seinem Kollegen Prehauser hatte er solchen Ansinnen gegenüber stets nur die eine Antwort: „Wer mich spielen sehen will, der komme in's Theater".

Die Einnahmen der deutschen Komödianten am Wiener Stadttheater standen gegen die der französischen Acteurs sehr zurück, von jenen der italienischen Operettisten oder der Tänzer und Tänzerinnen aller Nationen gar nicht zu reden. Nach den „Theatral-Cassa-Rechnungen" jener Tage bezog Joseph Kurz bei seinem am 15. Februar 1754 beginnenden Engagement mit seiner Ehegattin Franziska wöchentlich 44 fl. 20 Xr., somit auf das Theatral-Jahr vom 1. März 1754 bis 15. Februar 1755 2216 fl. 40 Xr. und sammt Nachtrag vom 15. bis 28. Februar 2305 fl. 20 Xr. Doch repräsentirte dieser Betrag nicht die volle Einnahme des Künstlerpaares. Es kamen zu demselben vielmehr noch die Honorare für die Einreichung eigener und die Bearbeitung fremder Stücke, Honorare, die allerdings bescheiden genug waren und zwischen 12 und 30 Gulden schwankten. Es musste es eben die Menge machen. Und in der That zählten drei Novitäten und mehrere Bearbeitungen einer Faktur in der Saison keineswegs zu den Seltenheiten. Auch kam hinzu noch ein verhältnissmässiger Antheil an jenen „Accidentien der deutschen Comödianten", die in der Geschichte der Wiener Bühne eine so wenig ehrenvolle Rolle spielen.

Es sind dies alle „Accidentien" die dem Schauspieler für jede Arie, für jedes Fliegen durch die Luft, für jeden erhaltenen Schlag — auch dem Darsteller des Grafen Essex für den seinen — für jeden erhaltenen Fusstritt besonders ausgezahlt wurden, und von denen die vorurtheilvollsten Gegner der Stegreifkomödie behaupteten, dass sie das Feuer der Extemporisten so lebhaft erhielten und den Widerstand derselben gegen das regelmässige Schauspiel so erfolgreich nährten. Leider fehlt in den betreffenden „Theatral-Cassa-Rechnungen" die „Specification" dieser „Accidentien". Doch betrug im Jahre vor dem Engagement des Joseph Kurz der Antheil des Odoardo-Weiskern an denselben 160 fl. 50 Xr., der des Hanswurst-Prehauser 125 fl. 16 Xr., der des Leopoldel-Huber 352 fl. 32 Xr und der der Colombine Mayberg 169 fl. 40 Xr.

Nach dem am 15. Juli 1755 erfolgten Hinscheiden der Frau Franziska Kurz wurde mit ihrem Gatten am 18. Juli desselben Jahres ein neuer Kontrakt geschlossen, dem zufolge er wöchentlich 40 fl. bezog und ihm ein „Faschings-Regale" zugestanden wurde.

Nach einem neuen ihm am 17. April 1756 bewilligten und bis zum 27. Juni 1760 stets wieder erneuerten Vertrage erhielt Joseph Kurz — sowie Prehauser — in den Fasten wöchentlich 25 fl., zur „Agir-Zeit" wöchentlich 40 fl. und ein „Faschings-Regal" von 100 fl. Neben diesen Bezügen erhob die Familie Kurz seit dem 15. April 1758, dem Tage des ersten Auftretens der Theresia Morelli als Frau Theresia Kurz, auch deren früheren Gehalt als Tänzerin im Betrage von 1567 fl. 30 Xr. und als am 30. Juni 1759 an die Stelle von Eleonora Kurz, die sich, wie es scheint, damals von der Bühne zurückzog und später in einem Kloster zu Venedig ihr Leben beschloss, ihre jüngere Schwester Antonia trat, deren Gehalt von 12 fl. monatlich.

Eine richtige Schätzung der finanziellen Lage von Joseph Kurz war zu allen Zeiten nicht ganz leicht zu gewinnen. Pflügte er doch fast nie nur mit einem Kalbe.

War er doch zumeist Schauspieler und Pächter oder Unterpächter und Impresario zugleich. Da wird denn so manches Mal der Impresario dem Darsteller haben unter die Arme greifen müssen, während ein anderes Mal, was die Impresa im Grossen verschlang durch die Wocheneinnahmen des Schauspielers nach und nach wieder gedeckt werden musste. Doch lebte man damals noch in jener goldenen Zeit, in der Frau Eva König an ihren Freund Lessing schreiben durfte: „Allerdings können Sie in Wien mit 2000 Rthlr. besser leben als irgend an einem Orte. Kein Reichshofrath hat mehr denn viertausend Gulden und hält dafür Equipage mit zwei Bedienten".

IX.

Kurz Theaterunternehmer in Prag 1760/64. „Bernardon der Schatzgräber". Am Reichstag in Pressburg 1764. „Die Guvernante". „Das europäische Wäschermädel". „Die Weiber u. Buben Bataille".

Wie schon angedeutet theilte die Kaiserin Maria Theresia durchaus nicht die Vorliebe ihres Gemahls für die „Bernardoniaden". Sie wünschte vielmehr dringend, den elenden Possen auf der deutschen Bühne ein Ende zu machen und liess zu diesem Zweck durch den Grafen Durazzo im Jahre 1760 die Schauspieler Stephanie den Älteren, Kirchhof mit Frau, und Jacquet mit Frau als Vertreter der regelmässigen Komoedie nach Wien berufen. Gegen Kurz scheint überdies eine persönliche Abneigung wegen einer unehrbietigen Äusserung bestanden zu haben. So entschloss sich denn Kurz schweren Herzens sein geliebtes Wien zu verlassen und mit seiner Truppe nach Prag zu übersiedeln.

Über die wechselvollen Schicksale des Kurz in Prag berichtet ausführlich Oscar Teuber in seiner Geschichte des Prager Theaters.¹) Am 30. August 1760 erstand Kurz „die nach dem rechtsflüchtigen Locatelli hinterbliebenen Comische Kleider" sowie das „Scenarium" und am 15. September übernahm er das der Stadtgemeinde gehörige Kotzentheater für die Aufführung seiner „Comoedien, Opern, Pantomimen, andere Schauspiele und Comische Vorstellungen" auf die Dauer von drei Jahren gegen einen Jahreszins von 700 Gulden.²) Anfangs erzielte er hier grosse Erfolge und ein Theaterzettel mit der Ankündigung von „Bernardon der Schatzgräber" gibt uns ungefähr einen Begriff von der Art seiner „Comischen Vorstellungen".

Mit gnädigster Bewilligung wird die anwesende Gesellschaft Deutscher Comoedianten unter der Direction des Wienerischen Bernardons heute Samstag den 2ten Augusti mit unterschiedlichen Carracteurs Verkleidungen, ein hier niemahlen aufgeführtes recht ungemein lächerliches Lustspiel vorstellen, genannt: Bernardon der Schatzgräber und Hannss-Wurst das vermeinte Gespenst die zwey ungeheuchelten aufrichtigen Blut Freunden. Vorbericht. Diese sehr artige Vorstellung hat in Wien durch offtmahliges Wiederhollen sich vollkommenen Werth erworben, man schmeichelet sich auch mit diesem galanten Stück auf hiesiger Schaubühne alle Ehre einzulegen. Nach der ersten Abtheilung dieser angenehmen Zeit-Vertreibung ist zu noch grösseren Vergnügen ein neues Terzetto eingemischet. Genannt: Der Kohlbrenner. Zum Beschluss aber, des angerühmten Lustspiel wird von unserer jungen Tantz-Gesellschaft aufgeführet: Das Masquen Ballet. Preise derer Plätze. Die Loge ersten Ranges 1 Ducaten. In zweyten Rang I. Loge 2 fl. 30 Kr. In dem ersten Parterre, die Person 51 Kreuzer. In dem andern Parterre, die Person 24 Kreuzer. Auf dem letzten Platz, die Person 10 Kreuzer. Die Billets sind bey dem Logen-Meister, in dem Caffee-Hause neben dem Graf Galaschischen Hauss zu bekommen. Bey dem Eingang des Parterre ist zu bekommen Caffée, Thée, Chocoladi, Rosoli, Wein, Lemonadi, Confecturen, wie auch frisches Obst. Der Schauplatz ist in der Kotzen, der Anfang NB. puncto 6 Uhr.

¹) Oscar Teuber. Geschichte des Prager Theaters. Prag 1883.

²) Siehe Anhang.

Bald aber erstand ihm ein gefährlicher Gegner in Gaetano Molinari, der im April 1762 dem Stadtrathe für die Überlassung des Kotzentheaters eine höhere Pachtsumme bot. Es kam zu einem Wettbewerb und schliesslich erhielt Kurz, dem doch das Vorrecht gebührte, das Theater auf weitere drei Jahre bis zum 15. September 1766 gegen den anticipato erlegten Zins von 2600 Gulden. Molinari aber blieb trotzdem in Prag und plante sogar ein neues Theater im Vinzenz Graf Waldstein'schen Haus, wogegen sich die Stadtgemeinde zu Gunsten ihres Pächters durch eine Eingabe an die Kaiserin zu schützen suchte. Die Angelegenheit wurde indessen gütlich geschlichtet, indem Kurz den Molinari als Untermiether für italienische Opern annahm, während er sich die „teutschen Spectakeln" ausdrücklich vorbehielt.

Dieser Friede dauerte nicht lange. Kurz rechnete wohl darauf, das Publikum würde der italienischen Oper bald überdrüssig werden, und dann um so lieber zu seinen deutschen Schwänken zurückkehren. Von diesen Voraussetzungen erfüllte sich aber zu seinem Schaden nur die erstere. Molinari konnte allerdings mit der Oper allein nicht aufkommen und wollte daher von der lästigen Bedingung: „Keine landesüblichen und das Publikum Civitatense ergötzende teutsche Schauspiele" aufzuführen befreit werden. Dagegen wehrte sich Kurz mit Berufung auf seinen Vertrag, was zu neuen Zwistigkeiten führte, wobei Kurz trotz seines guten Rechtes unterlag, offenbar weil schon damals die Stimmung in den maassgebenden Kreisen ihm nicht gewogen war. Aber auch die Erlaubniss zur Aufführung deutscher Komoedien konnte Molinari nicht mehr retten. Die Staatsverwaltung sequestrirte das Theater, wobei Kurz abermals geschädigt wurde; er beklagte sich deshalb in Wien bei der Kaiserin.

Zu all diesem geschäftlichen Missgeschick kam noch das schwerer wiegende Sinken seines künstlerischen Ansehens. Die früher so beliebten „Bernardoniaden" verloren die Zugkraft und Kurz sah sich gezwungen, das

Theater in Prag zu verpachten. Zu seinem weiteren Unglück meldete sich um diese Zeit, am 13. Januar 1764, ein Käufer für das Kotzentheater in der Person des Brünner Kaufmanns Joseph Bustelli. Ein solcher Kauf widersprach allerdings dem klaren Wortlaut seines Vertrags, überdiess hatte Kurz schon den dreijährigen Pachtzins „anticipato" erlegt. Trotzdem wollte sich die Gemeinde ein so vortheilhaftes Geschäft nicht entgehen lassen und knüpfte mit Kurz Unterhandlungen an. Kurz stellte hohe Forderungen und begann einen Process, vermuthlich in der Hoffnung auf Unterstützung einflussreicher Freunde in Prag oder in Wien. Doch darin täuschte er sich, denn der Oberstburggraf von Böhmen erhielt am 17. Februar 1764 folgenden Wink aus Wien:

> Ihro kais. kgl. Maj. sei zu vernehmen gekommen, dass der sogenannte Bernardon oder Joseph Kurtz das Prager Theatrum abermals in Enteprise zu nehmen des Vorhabens sein. Wie nun allerhöchst dieselbe nicht gerne gesehen, dass mit diesem Menschen von neuem angebunden werde, Als habe ich nicht ermangeln sollen Ew. Exc. Von dieser allerh. Willensmeynung zur behörigen Maassnehmung Nachricht zu geben. (G. A. B. No 11/17).

Damit war sein Schicksal entschieden. Am 31. März 1764 kam der Kauf mit Bustelli zu Stande. Kurz sah sich bei Seite geschoben, und offenbar, ohne von dem geheimen Einfluss der Kaiserin etwas zu ahnen, richtete er am 10. April eine Immediat-Eingabe nach Wien, ihn in seiner „Prager Theatral Impresa" zu schützen. Nach einer von der obersten Hof-Justiz-Stelle angeordneten Untersuchung sandte das böhmische Landes-Gubernium eine eingehende Darstellung der Verhältnisse an die Kaiserin, die in dem Antrage gipfelte: dieselbe möge Kurz bei seinen wiederholt erfrechten, unstatthaften, unnützen Gesuchen kein Gehör schenken und ihm mit beharrlichem Stillschweigen antworten.

Dabei blieb es auch und die so glänzend begonnene Thätigkeit des Kurz in Prag fand einen traurigen Abschluss. Die grosse Gesellschaft, die Kurz in Prag um sich versammelt hatte und in der alle dramatischen Fächer vertreten waren, zerfiel vor seiner Abreise in drei Gruppen. Die eine blieb unter Herrn von Brunian vorläufig in Brünn, bis sie sich für Prag hinlänglich erstarkt fühlte, wo sie dann anfangs für Rechnung des Herrn von Bustelli spielte. Eine zweite gruppirte sich um Koberwein, den Schwager des Kurz, und ging nach München, wo sie sich mit der des Wallerotti vereinigte. Die dritte und wohl kleinste, eine einfache Operetten-Gesellschaft, zog mit Kurz nach Venedig, wo sie eine rasche vollständige Niederlage erlitt. Wahrscheinlich wusste Kurz nicht, wie viel der Wille der Kaiserin zu seinem Misserfolg in Prag beigetragen hatte, vielleicht hoffte er durch mächtige Gönner sich bei Hof wieder in Gunst zu setzen. Wie dem auch sei, nach allem Missgeschick in Prag liess er sich die günstige Gelegenheit nicht entgehen während des Reichstags in Pressburg dort seine Bühne aufzuschlagen.

Der ungarische Landtag des Jahres 1764 zählte zu den glänzendsten. Selten sah die alte Krönungsstadt Pressburg bewegtere Tage. Schon lange vor Eröffnung der Verhandlungen versammelten sich hier die hohen Kirchenfürsten, die Grossen des Reiches, die Vertreter des Landes und viele erlauchte Gäste mit Gefolge und Dienerschaft. Im Burgfrieden des alten Schlosses aber wurden bereits Vorbereitungen zum festlichen Empfang des Wiener Hofes getroffen. Am 3. Juli erschienen: die Kaiserin-Königin Maria Theresia, der deutsche Kaiser Franz I., der römische König Joseph II., der Erzherzog Leopold, sowie die Erzherzoginnen Maria Anna und Maria Christina an der Grenze des Landes, um daselbst von den Magnaten, den Ständen und den Bürgern der Stadt feierlich eingeholt zu werden.

Mit dem feierlichen Einzug der Kaiserin begann eine Reihe der glänzendsten Feste. Täglich brachten bewimpelte Boote auf der Donau oder vierspännige Wagen von Hainburg neue Gäste. Einer der ersten dieser Gäste war der Herzog Albrecht von Sachsen-Teschen, der künftige Gouverneur von Ungarn, der Pressburg zunächst nur flüchtig berührte, um dann an der Seite seines künftigen Schwagers des Erzherzog Leopold die Bergstädte und das Innere von Ungarn kennen zu lernen. Ihm folgten die „jungen Herrschaften" Maria Elisabeth und Maria Anna, die in dem nahen Hollitsch, wo der Kaiser mit den beiden älteren Prinzessinnen zur Jagd sich aufhielt, eine wahre Idylle verlebten. Hier führten der Prinz Albert und die Erzherzogin Maria Christina den in Wien angesponnenen Roman glücklich zu Ende. Zuletzt erschienen die Erzherzoge Ferdinand und Maximilian mit ihren Kürassiren, welchen die Kaiserin selbst die Parade abnehmen sollte.

Unter den vom Hof und von der Stadt veranstalteten Festen spielte das Theater eine wichtige Rolle. Schon am zweiten Abend nach ihrer Ankunft empfing Maria Theresia die Damen des Landes im königlichen Schlosse und „geruhten sodann einem lustigen italienischen Singspiel, welches mit einem grossen Ballet sich endigte, in dem neu gebauten und auf die gegenwärtige Gelegenheit schön gezierten Stadt-Comoedienhaus beyzuwohnen". Dieses „Stadt-Comoedienhaus" eine Ecke der Michaelergasse in das Schustergassel und vordem das „grüne Stübel" genannt, war unter König Ferdinand I. und dessen Nachfolgern noch historischer Boden. Hier wurden politische und religiöse Disputationen und selbst Landtage gehalten. Seit dem König Ferdinand IV. diente es mehr heiteren Zwecken. Bürger feierten daselbst mit Bewilligung des Magistrats ihre Hochzeiten, Bälle wurden gegeben und Komoedien aufgeführt. Daher führte das „grüne Stübel" die biblischen Kundschafter mit einer riesigen Weintraube als Wahrzeichen und als Aufschrift die Verse:

> Das Lob hab ich behalten lang
> Behalt es auch, wie im Anfang,
> Darum die gerne trinken Wein
> Die lügen sich zu mir herein.
> Wohl her in das grüne Stübelein
> Darinnen ist gut fröhlich seyn.

Das „Trinkstüblein" von ehedem hatte sich in das „Stadt-Comoedienhaus" von heute verwandelt, eine in den Tagen der theatralischen Wandertruppen ziemlich geläufige Metamorphose. Die Bühne im „grünen Stübel" war nur klein. Das Ballet und auch die Maschinenkomoedie fühlten sich auf derselben sehr beengt. Doch liessen es die ungarische Aristokratie und die Pressburger Bürger an Opferwilligkeit nicht fehlen, um die in ihrer Stadt einmal beliebten Impresarii auf die Dauer zu fesseln. Auch förderte die seit drei Jahren eingeführte nächtliche Beleuchtung der Strassen den Besuch des Theaters.

Es ist ungewiss, ob das erwähnte „lustige italienische Singspiel", das der Hof seinen Gästen gab, von Kurz aufgeführt oder von italienischen Buffoni gespielt wurde. Denn der älteste Theaterzettel der Kurz'schen Impresa datirt einige Tage später und lautet:

> Heute Donnerstag den 12. Julii 1764. Wird in dem allhiesigen Theater zum aller Erstenmal die deutsche Comoedie, unter der Direction des sogenannten Wienerischen Bernardons aufgeführet: Genannt: **Bernardon Der Beängstigte Impressarius** Oder Die fehlgeschlagene Probe. und Statt den dritten Act folget das von Bernardon in Prag componirte deutsche Singspiel, welches hauptsächlich auf ihn, und seine Frau eingerichtet ist. Es führet den Namen Bernardon die Guvernante.[1] In den Logen sowohl als Galerien und ersten Parterre bezahlt jede Person 1 fl. 25 Kr. Im zweyten Parterre jede Person 34 Kr. NB. Der Anfang ist praecise um 7 Uhr.

Die wenig glückliche Fassung dieser Theateranzeige lässt es allerdings zweifelhaft, ob an jenem 12. Juli 1764 die Impresa des Kurz in Pressburg überhaupt ihren Anfang genommen, oder ob an demselben nur „zum aller Erstenmal die deutsche Comoedie, Genannt: Bernardon, Der Beängstigte Impressarius" gegeben wurde. Doch spricht die Wahl eben dieses Stückes für das Erstere, da „Der Beängstigte Impressarius" sowie „Le Mercure galant" gerne zur Eröffnung neuer Impresen gewählt wurden, weil sie dem Unternehmer Gelegenheit gaben, ihr ganzes Personal dem Publicum vorzustellen. Ein zweiter Theaterzettel, schliesst sich der Zeit nach an diesen an:

---

[1] Später in Frankfurt aufgeführt unter dem Titel: „Die versoffene Guvernante" Siehe Abschnitt XI und Anhang.

Heute Montags den 16. Julii 1764. Wird in dem allhiesigen Theater zum Zweytenmal unter der Direction des sogenannten Wienerischen Bernardons die deutsche Comoedie, welche von ihm selbsten verfertiget, und mit Maschinen, Arien, und Verkleidungen vermischet ist, aufgeführet werden, genannt: **Bernardons Hochzeit auf dem Scheiterhaufen**, Oder: Ein ehrlicher Mann soll sein Wort halten. Diese Comoedie hat vor etwelchen Jahren das Glück gehabt in Wien vielen Beyfall zu erhalten; man wünschet demnach hier in Pressburg ein gleiches günstiges Schicksal. Unsere Sorge wird seyn, dieses Lustspiel so gut, als es der enge Raum des Theaters und die Kürze der Zeit zulassen, nach Möglichkeit vorzustellen; wollen auch indessen an einer gnädigen Approbation nicht zweifeln.

Bekanntlich wurde dieses Stück in Wien im Jahre 1752 zum erstenmal aufgeführt. Von der Pressburger Impresa des Kurz erhielten sich noch folgende Zettel:

Heute Sonntags den 19. August 1764. Wird in dem allhiesigen Theater unter der Direction des sogenannten Wienerischen Bernardons die 25te Comoedie, ein abermals von ihm componirtes Lustspiel aufgeführet werden, Genannt: **Das europäische Wäschermädel** mit Bernardon, dem hoffärtigen Bauernrichters-Sohn und lebendig begrabenen Bräutigam. Oder: Der getreue Jakerl und die Beständige Klumperl Sonst genannt: Die verliebte Probe des Mehmets Bassa von Algier, und endiget sich in dem Pallast des dasigen Bassa. Die Comoedie wird in kostbaren türkischen Tracht vorgestellet; und die Person der Klumperl agiret Madame Theresina. Auch werden Arien gesungen werden. N. B. Unter der Comoedie werden zwey kleine Ballete abwechseln. Preiss derer Plätze. In denen Logen sowohl als Gallerien und ersten Parterre bezahlt jede Person 1 fl. 8 Kr. Im zweyten und mittern Parterre 34. Im dritten und letzten Parterre 17. N. B. Es wird heut und ins künftige um 7 Uhr angefangen werden.

Heute Donnerstags den 25. October 1764. Wird in dem allhiesigen Theater unter der Direction des sogenannten Wienerischen Bernardons die 76te Comoedie aufgeführet und zwar das vormalige Lustspiel, von der Composition unseres Bernardons auf hohes und gnädiges Begehren wiederholet. Genannt: Die erschröckliche, entsetzliche und mit vielen Blut vergossene **Weiber und Buben Bataille** des Bernardons oder Hanns-Wursts: Oder Die schmerzliche Tragoedie in einer Gesellschaft verliebter Narren. Avertissement: In diesem ausserordentlichen lächerlichen Lustspiel stellet Bernardon einen Freybeuter einer unsichtbaren Kavallerie, und Hanns-Wurst einen Capitain verzweifelter Weiber vor. Unter dieser Bourlesque werden einige Arien vorkommen; auch wird Madame Theresina in der Person der Fiamene sich als ein flüchtiger Deserteur zeigen. Der Beschluss dieses Lustspieles ist in gebundener Redensart, und wird ein lächerliches Ende die Schaubühne verschliessen . . . . . . Der Anfang ist praecise um 6 Uhr.

Diese Burleske war wohl eine der tollsten in dem an derartigen tollen „Lustspielen" so überreichen Repertoire des Wienerischen Bernardon. Es ist dies dieselbe Burleske, deren der treffliche Johann Heinrich Friedrich Müller, einer der wärmsten Vorkämpfer der regelmässigen Komoedie, mit Schmerz und Beschämung gedenkt. Musste er doch selbst „als Flavio auf einem Fassreif, an welchem ein kaschirter Pferdekopf und eine gemahlte Schabracke befestiget war, bubisch auf dem Theater herumgallopiren", und musste doch die brave Weidner, die erste Heroine der deutschen Bühne, „als seine herabgewürdigte Liebhaberin Isabella darin spielen". Dennoch wurde das „Lustspiel" auf „hohes und gnädiges Begehren" in Pressburg wiederholt, wie es seiner Zeit in Wien auf „hohes und gnädiges Begehren" mehr als einmal gegeben werden musste. Das tonangebende Publikum des Kurz war eben hier wie dort dasselbe. Es charakterisirt dessen Geschmack, dass der Wienerische Bernardon, der hierfür stets eine scharfe Witterung bewiess, in Pressburg nicht einmal einen Versuch mit dem regelmässigen Schauspiel machte. Selbst nicht das äusserliche Motiv, die Beschränktheit des Raumes, welche die für die Maschinen-Komoedie nothwendige Entfaltung an Pomp und Decorationen erschwerte, bewog ihn hier zur Aufnahme des einfachen regelmässigen Dramas. Möglich dass auch der Mangel an geeigneten Kräften hieran seinen Antheil hatte. Jedenfalls erholte sich Kurz in Pressburg von der in Venedig erlittenen Schlappe. Seine Unternehmung erfreute sich hier des Beifalls und der Unterstützung der hohen Kreise, so dass er die Vorstellungen mit grossem Erfolg bis Ende Oktober ausdehnen konnte, wie folgender Zettel bezeugt:

Heute Montags den 29. October 1764. Wird in dem hiesigen Theater unter der Direction des sogenannten Wienerischen Bernardon zum aller erstenmal auf sein Angeben ein vermischtes Lustspiel in zweyerley Sprachen aufgeführet. Genannt: Der neue krumme Teufel, oder Der durch Hilfe dss Geistes Asmodeus vom Heurathen abgeschröckte Medicus Arnoldus, Mit Fiametta Einer listig verstellten Kranken, und Bernardon Dem durch Zauberey glücklich gemachten Laquey. Unter dieser deutschen Operakomik wird abwechslen ein italienisches Intermezzo Genannt: Le Auventure di Lesbina, Welches in drei Stimmen bestehet, und von Virtuosen gesungen, die noch niemalen die Ehre hatten, in Pressburg sich auf der Schaubühne zu zeigen. Avertissement. Diese deutsche Operakomik, welche in gebundener Redensart und in zweyen Aufzügen bestehet verfertigte vor etlichen Jahren unser Bernardon in Wien mit vielem Beyfall. Sie ist hauptsächlich auf die Personage der Fiametta und auf den Karakter des Bernardons gerichtet. Die Schönheit der Musik wurde eben zu jener Zeit von dem Herrn Joseph Heyden, berühmten Kapellmeistern Seiner Hochfürstl. Durchlaucht Herrn Herrn Niklas Eszterházy, Komponirt, welche dieses Singspiel um so viel angenehmer machet. Madame Theresina stellet die Fiametta vor, und wird in ihren Arien und Verkleidungen, da sie in einer Scene den Dottore, den Porginella, den Pantalon und den Arlechino sowohl im Singen als Tanzen agiret nach Möglichkeit sich bestreben, gnädige Approbation zu erhalten. Nach dem ersten Akt folget der erste Theil von dem italienischen Intermezzo; alsdann der zweyte Akt von dem deutschen Lustspiel; dann machet den völligen Beschluss der andere Theil des italienischen Intermezzo. Der Impressarius schmeichelt sich Ehre einzulegen, nachdem sein ganzes Bestreben dahin gehet, die hohe und gnädige Noblesse, als welche ihn so grossmüthig unterstützet durch die Winterszeit auf das gehorsamste zu bedienen. Auch ist das Orchester durch die Gnade der hohen Noblesse zu denen zukünftigen Singspielen in einen vollkommeneren Stand gesetzt worden. Der Anfang jetzt und ins Künftige ist gegen halber 7 Uhr.

Der Wunsch die hohe und gnädige Noblesse in Pressburg auch durch die Winterszeit zu bedienen, ging nicht in Erfüllung. Denn Kurz wanderte mit seiner Truppe die Donau hinauf nach Baiern und spielte im Winter in München.

X.

Kurz in München 1765 und in Nürnberg 1766. Repertoire der „Impresa Kurz" in Nürnberg.

Noch vor Beendigung seiner Unternehmung in Pressburg erhielt Joseph Kurz einen Ruf nach Baiern. Der Kurfürst Max Joseph, ein grosser Freund des Theaters, hatte es sich gleich nach seinem Regierungsantritt angelegen sein lassen, seiner Residenz München eine stehende Bühne zu schenken. Länger als ein Decennium baute er mit vieler Vorliebe an dem jetzigen kleineren Residenztheater und übergab dann dessen weitere Führung seinem Intendanten, dem Grafen Seeau. Dieser wählte zu seinem Vertrauensmanne Joseph Kurz, wozu er wohl vor allem durch dessen so erfolgreiche Prager Impresa bewogen wurde. Der „Wienerische Bernardon" sollte vorerst eine Gesellschaft der besten Schauspieler Deutschlands an den Hof laden, ein passendes Repertoire regelmässiger Stücke entwerfen, deren Rollen vertheilen, deren Studium leiten und deren Aufführung überwachen. Doch sollte er mit dem finanziellen „Risico" nichts zu thun haben. Dieses wollte der Hof tragen.

Stets gewohnt alle seine Unternehmungen im grossen Stil anzulegen, wandte sich Kurz an die ersten Bühnengrössen Deutschlands. Er berief einen Ekhof, einen Stephanie, eine Mecour, einen Brandes und dessen Frau. Doch nur mit halbem Erfolg. Konrad Ekhof hatte zwar eben seine Verbindung mit Koch gelöst, war aber anstatt zu Kurz nach München, zu Ackermann nach Hannover gegangen. Christian Gottlob Stephanie erfreute sich in den drei Jahren, seitdem er im Clerval die Wiener Bühne betreten hatte, als erster Liebhaber und in fein komischen

Characteren einer solchen Beliebtheit, dass er sich nicht entschliessen konnte, die Wiege seines jungen Ruhmes so rasch zu verlassen. Andere lehnten ab, entweder weil sie den Zuständen am Münchner Hofe, von dem notorisch war: sein Wille sei gut, seine Finanzen aber schwach, nicht das nöthige Vertrauen entgegenbrachten, oder weil sie den „Wienerischen Bernardon" nach seinen Antecedenzien nicht für berufen hielten, ein Repertoire von regelmässigen Stücken zur Geltung zu bringen. Der Kurfürst, durch diese Zwischenfälle verstimmt, liess es zwar auch jetzt noch an artigem Entgegenkommen gegen die erschienenen Künstler nicht fehlen, gab aber seinen ursprünglichen Plan, ein eigentliches Hoftheater zu halten, auf. In Folge dessen musste Joseph Kurz die Impresa auf eigene Gefahr führen.

Dieser aber gab sich nicht so leicht gefangen. An die Stelle des Stephanie engagirte er Johann Baptist Bergobzoomer, einen jungen Wiener, der vor kaum einem Jahre unter Weiskern's Anleitung die Bühne nicht ohne Glück betreten hatte, und nun infolge des plötzlichen Ablebens Kaiser Franz I. und der aus diesem Anlasse erfolgten Sperrung des k. k. privilegirten Stadttheaters frei geworden war. Bis zu Bergobzoomers Eintreffen bestand die Gesellschaft aus Joseph Kurz und seiner Gattin, aus Johann Christian Brandes und seiner Gattin, aus der Madame Mecour und einigen untergeordneten Mitgliedern. Durch den nothwendig gewordenen Ersatz Stephanie's erlitt das Programm von Kurz, nur die regelmässige Comödie zu cultiviren, gleich anfangs einen harten Stoss. Man musste mit einer Bourlesque beginnen. Doch folgten derselben ziemlich rasch: „Graf Essex" von Corneille in der beliebten Übersetzung von Stüve, dann die „Alzire" von Voltaire, endlich „Olynt und Sophronia" von Cronegk. Es waren dies beiläufig dieselben Stücke durch deren Aufführung Weiskern und Kurz bereits vor fünfzehn Jahren, die durch Selliers von Leipzig nach Wien berufenen Darsteller des regelmässigen

Schauspiels: Heydrich, Koch und Lorenz zu schlagen versuchten. Man weiss mit wie wenig Erfolg.

Und diesmal ging es nicht besser. Die Leistungen des Impresario und seiner Frau im ernsten Fache erregten stets eine nicht beabsichtigte Heiterkeit. Brandes wurde als erster Liebhaber und Held vom Publikum so wenig günstig aufgenommen, dass Kurz sich schon nach dessen ersten drei Debûts bewogen fand, die Gage desselben von zwanzig Gulden wöchentlich auf vierzehn herabzusetzen. Allein selbst diese bot er ihm wohl nur mit Rücksicht auf dessen Gattin Charlotte. Letztere wurde in ihr angemessenen Rollen, gleich der Madame Mecour, allemal gerne gesehen. Auch spielte der nun eingetroffene Bergobzoomer die Partien des Brandes mit grösstem Beifall. Aber das reichte nicht hin, um ein Repertoire regelmässiger Stücke entsprechend zur Geltung zu bringen. Dazu kam noch, dass die Wände im Hause des Brandes Ohren hatten, dass ein indiscreter Nachbar und College, die etwas scharfen Urtheile der Frau Charlotte über die tragischen Leistungen von Herrn und Madame Kurz dem Impresario und dessen Frau hinterbrachte.

Kurz, gutmüthig wie er war, würde, auch abgesehen von seiner momentanen bedrängten Lage, diesen collegialen Zwischenträgereien kaum eine weitere Folge gegeben haben, und dies um so weniger, als sich Brandes zu einer Entschuldigung bereit finden liess. Anders Madame Theresina. Sie, von reizbarerer Natur, konnte die humorvolle Parodirung, die ihr „vermischtes" Deutsch durch Frau Charlotte erfahren hatte, nicht so leicht verwinden. Das alte Einvernehmen zwischen den beiden Künstlerinnen war für immer dahin; ein glückliches Zusammenwirken derselben nicht mehr zu erwarten. Brandes empfand dies vor allen ganz richtig. Nicht ohne einige Überwindung wandte er sich abermals an seinen ehemaligen Director Schuch, von dem er erst unlängst nicht allzu freundlich geschieden war, und bat um Erneuerung seines alten Contractes. Schuch bewilligte dieselbe ohne Anstand, und Herr und Madame Brandes verliessen München und gingen nach Berlin. Vor ihrem Abgange gab Kurz noch ein neues Trauerspiel von Brandes: „Miss Fanny", oder: „Der Schiffbruch". Das Stück wurde mit grossem Beifalle aufgenommen.

Nichtsdestoweniger war dieses Trauerspiel so ziemlich das letzte regelmässige Stück, das diese Impresa bot. Mit dem Ausscheiden des Künstlerpaares Brandes ging dieselbe rasch einem wenig rühmlichen Ende entgegen. Die Gesellschaft musste fast durchgehends durch baierische Provinzialschauspieler ergänzt werden, und die Bernardoniade machte sich breiter denn je. Um aber dem Bernardon die „Fatiguen" ein wenig zu erleichtern, tauchte neben ihm sehr rasch noch der Hanswurst wieder auf. So wurde die neue Münchner Bühne nur zu bald ein Ebenbild der Wiener Bühne in ihrer bedenklichsten Zeit.

Von der so viel versprechenden Münchner Impresa scheint dem Kurz nicht mehr geblieben zu sein als der Titel: „Directeur der Churfürstlich Bayerischen Hof-Comödianten" dazu die Gewogenheit seines Herrn, des „guten Max". Darauf gestützt und durch seinen alten Gönner, den kaiserlichen Gesandten Baron von Wiedmann, ermuntert, wandte er bei anbrechender todter Saison, während welcher der churfürstliche Hof in Nymphenburg zu residiren pflegte, seinen Blick nach Nürnberg, wo er den Sommer zubringen wollte.

So erschien denn schon am 7. Mai 1766 Joseph Hellmann, ein Acteur der Kurz'schen Truppe, vor dem Magistrat dieser Stadt mit einem Gesuch seines „Directeurs", in welchem derselbe sich „erkühnet" bei den „Hochwolgebohrnen Herrlichkeiten und Gnaden", den Vätern der Stadt,

„unterthänig vorzutragen und zu bitten ihme die gnädige Erlaubnuss zu ertheilen, auf 2 Monat lang in dem alhiesigen Opern Hauss, welches wir auf unsere Kosten im Falle einig bedürfender Ausbesserungen herzurichten uns unterthänigst erbieten, seine theatralischen Schauspiele alhier produciren zu dörfen. Der Directeur verspricht eine Anzahl von 36 Personen der besten Acteurs, Sänger, Sängerinnen und Tänzer, alhier noch nie gesehene decorationes und Kleider-Pracht vorzuzeigen und alle aufführenden Trauer und Lustspiele nach dem neuesten gousto vorzustellen, worunter mit Teutsch gesungenen Operetten von den bekanntesten Cantatricinnen die Abwechslung gemacht und selbe mit Pantomimischen Ballets vollkommen dargebracht werden sollen".

Der Tenor dieses Gesuchs zeigt, dass hier, wie seinerzeit in München, die Stegreifkomödie nur mehr unter der Flagge des regelmässigen Drama geführt zu werden vermochte. Allerdings sollte auch hier, wie seinerzeit in München, das regelmässige Drama nicht mehr als die Deckung für die Bernardoniaden und die Operette sein.

„Wir dürfen anbey", so fährt jenes „Memoriale" fort, „ohne Scheue und Ruhmredigkeit getrost unterthänig anmerken, dass diese Gesellschaft nicht etwann mit andern im Lande herumvagirenden derley Banden zu compariren seyn möchte, welche nach vorhergehenden Exempeln sich alhier eingefunden, um nur Lebensunterhalt zu suchen, und am Ende mit Hinterlassung vieler Schulden zu Schaden des Publici wieder abgereiset sind".

Nach dieser anticipirten Rettung seiner Gesellschaft weist der „Directeur" schliesslich auf ein von dem Churfürsten zu seinen Gunsten an den churbayerischen Minister Freiherrn von Schückerhauzenstein gerichtetes Rescript, in welchem es heisst:

„Als befehlen Wir dir anmit gnädigst, dass du der Stadt Nürnberg davon die insinuation machen und den besagten Impressario in seiner Absicht dergestalten an Handen gehen sollest, dass ihme nicht nur sein Theatre zu produciren vergünstiget, sondern auch mit selbigem wegen der daselbst zu bestreitenden sonst üblichen Unkosten ein billiges und leichteres Auskommen getroffen werden mögte".

Nürnberg besass damals zwei Schauspielhäuser: das alte „Fechthaus" und das neue „Opernhaus". Das alte Fechthaus war ein grosser viereckiger, schon im Jahre 1628 auf der Insel der Stadt, die Schütt genannt, eröffneter Hofraum mit steinernem Erdgeschoss, worauf sich die Plätze der Zuschauer in drei übereinanderstehenden Reihen erhoben. Das Ganze erinnerte an die primitiven

Schauplätze, worauf im Mittelalter die Genossenschaften der Bürger ihre „Fastnachtsspiele" zum besten gaben. Von Decorationen war da natürlich keine Rede und bei dem herrschenden Mangel an einer schützenden Decke und an einer künstlichen Beleuchtung konnte auch nur bei milder Witterung und am hellen Tage gespielt werden. Alles in Allem glich das alte „Fechthaus" mehr einer Arena für Ringer, Akrobaten und Thierhetzer als einem Tempel der Musen und ihrer Priester. Auch wiesen die über den Portalen angebrachten Fresken, Fechterscenen und Ringkämpfe darstellend, viel mehr auf jene als auf diese hin. Das neue „Opernhaus" war bis zum Jahre 1668 ein alter „Zeugstadel" und zwar auf derselben Stelle, worauf noch heute das Theater steht. Durch eine Art von Bedachung zum mindesten nothdürftig gegen Wind und Wetter geschützt, war das neue Opernhaus, wenn auch nur schwach, so doch beleuchtet und liess die Illusion der Decorationen zu. Aber seine Bühnenräume waren eng und nieder und das Haus fasste nur wenige Zuschauer.

Von den Vorgängern des Kurz in Nürnberg werden erwähnt: 1668 Johann Veltheim, 1685 Georg Scheurer, 1695 die Hochfürstlich Sächsisch-Merseburgischen Hof-Comödianten, 1696 eine namenlose Truppe, 1697 die Churfürstlich Sächsischen Hof-Comödianten, 1698 eine namenlose Truppe, 1699 und 1701 die Hochfürstlich Brandenburg-Bayreuthischen Hof-Comödianten, 1706 die Hochfürstlich Würtembergischen Hof-Comödianten, 1715 die Neuber'sche Bande, 1723 und 1731 die Königlich Polnische und Churfürstlich Sächsische Bande, 1748 die Churbayerische Bande unter Johann Schulz und eine von verschiedenen königlichen und fürstlichen Höfen privilegirte Bande unter Franz Schulz, 1749 Franz Schuch, 1750 Anton Jakob Brenner, 1751 Franz Schuch, 1752 Italiener und die Churbayerischen Hof-Comödianten, 1753 Johann Schulz, 1754 die Hochfürstlich Anspachischen Hof-Comödianten unter J. G. Ussler, 1755 die Churbayerischen Hofacteure unter Franz Gervaldi von Wallerodi, 1756 die Churbayerischen deutschen Comödianten unter Johann Schulz, 1757 die Hochfürstlich Anspachischen Hof-Comödianten unter J. G. Ussler, 1759 Ölpert, 1760 und 1761 Franz Anton Nuth, 1762 Italiener, 1763 Arnold Heinrich Porsch. Man sieht Nürnberg war zu allen Zeiten eine schaulustige Stadt. Die Italiener waren entweder Pantomimiker oder Operettensänger. Die verschiedenen Truppen spielten theils im alten Fechthause theils im neuen Opernhause. Ihre Abgabe an die Stadt betrug meist ein Drittheil der Netto-Einnahme, doch wurde nicht selten eine Aversal-Summe vereinbart[1]).

Am 1. Juni traf Kurz selbst in Nürnberg ein, mit ihm seine Frau und seine ganze Gesellschaft. Er fand die Erlaubniss, seine Schauspiele in dem Opernhause produciren zu dürfen, bereits vor. Am folgenden Tage hatte die Besichtigung dieses Gebäudes statt. Nach dieser erklärte jedoch Kurz die Bühne für die Darstellung seiner Comödien als viel zu klein.

„Als hat man", so lautet ein hierauf bezüglicher Bau-Amts-Bericht vom 3. d. Mts. „mit demselben das Fechthauss in Augenschein genommen, darinnen er das linke Eck in demselben sich ausersehen, dahin ein von Brettern zusammengefügtes und bedachtes Comödien Hauss aufgerichtet dessen Länge in etlichen 90 Schuen, die vordere Breite in etlichen 50 Schuen, bestehen, das ganze Hauss bedacht, ein ganz neues Theatre hineingesezt, auf beeden Seiten mit Gallerien und Par Terre mit Bänken versehen werden solle.

Da man obgedachten von Kurz aber, die Vorstellung gethan, wie ein solch ganz neu zu errichtendes Comödien Hauss sowol vieles Bau Holz und Bretter als Zeit und Arbeit erfordert und dessen Kosten wenigstens auf 400 fl. sich belaufen würden, man also dafür hielte, ob nicht wegen unterbleibenden vielen Kosten und Arbeit das Opern Hauss dennoch ihme convenabler wäre; Als liess sich derselbe diese Vorstellung gleichwol gefallen, weswegen mit demselben das Opern Hauss nochmals beaugenscheiniget wurde, daselbst er weiter nichts gebetten, als das Theatre etwas höher und breiter machen zu lassen, welches ihme auch zugesichert worden und dass alsbalden der Anfang damit gemachet werden solle.

---

[1]) F. E. Hysel, Das Theater in Nürnberg von 1612—1863. Nürnberg 1863.

Allein nach Verfliessung etlicher Stunden erschien gedachter Hof Comödiant abermalen in dem Bau Amt und brachte vor wie er mit seiner Frauen diese Sache in weitere Überlegung genommen, aber für nicht thunlich befunden, seine Comödien in dem Opera Hauss wegen des einmal alzuengen Plazes vorzustellen; es ginge demnach sein nochmaliges Ansuchen dahin, das vorbemeldte grosse Comödien Hauss in dem Fechthauss ihme aufrichten zu lassen, inzwischen aber und bis zu dessen Errichtung einige Comödien in dem Opera Hauss aufgeführet werden sollen".

Durch dieses schwankende und widerspruchvolle Benehmen gereizt, vereinigten sich am 5. d. Mts. das Bauamt und das Kriegs- eigentlich Steuer-Amt von Nürnberg in dem „Rechts-Verlass":

„da der Churfürstlich Bayerische Hof Comoediant Joseph von Kurz Meldung gethan, dass ihme zur Praesentirung seiner Comödien, das Theatrum im Opern Hauss weit zu klein wäre und ihm darauf das Fechthauss gezeiget wurde, worinnen nach seiner Äusserung ein ganz neues Theatre mit Gallerien hinein gesezet werden solte, so ist ihm das Begehren zu benehmen, und die Wahl zu lassen, ob er das Opern- oder Fechthauss zu Aufführung derselben, ohne was neues zu bauen gebrauchen wolle, zumalen auch mit beeden Plätzen schon andere Comödianten zufrieden gewesen sind".

Da trat in der elften Stunde der vielvermögende Protector des Kurz, Baron Wiedmann Excellenz, für seinen Günstling persönlich ein. Den 6. d. Mts. Nachmittags in Nürnberg eingetroffen, entsandte er noch am Abend desselben Tages seinen Legations-Secretair von Herzog zu dem Kriegs-Obersten G. Baron Haller von Hallerstein „älterer Geschlechter Mit-Rechtsfreund", um demselben und durch ihn dem Stadtrathe von Nürnberg in Angelegenheiten des Kurz eine willfährige Entschliessung um so mehr zu empfehlen

„als solches 1.) zu Seiner Churfürstlichen Durchlaucht in Bayern gnädigsten Gefallen gereichen würde; 2.) der Impressarius von Kurz hier nichts zu lucriren gedächte, sondern ihm ganz gleichgültig seyn würde, wann er gleich 5 bis 6 | m fl. ex propriis zusezen sollte. wie er denn 3.) erst kürzlich aus einer gleichen Phantasie in Venedig bey Aufführung deutscher Schauspiele 20 bis 24 | m fl. ohne den mindesten seinen Nuzen versplittert haben soll, 4.) er seine aus auserlesenen 47 Acteurs bestehende Compagnie und Gesellschaft nicht auseinander gehen lassen könnte, sondern sie dennoch unterhalten müsste; 5.) der Plaz dazu ganz convenable sey, wie solches die zugegen gewesenen Officiales im Löblichen Bau Amt der Wahrheit gemäss zu attestiren unermangeln würden; 6.) er das Theatrum zwar unter Direction des Löblichen Bau Amts, jedoch leediglich auf seine Speesen aufführen zu lassen gedächte, nicht minder 7) die zu Abwendung der Feuers Gefahr benöthigte Anstalten ebenfalls auf seine Kosten erogiren wolte; mithin 8) die ganze Sache hiesigen Publico nicht den mindesten Aggravio, wol aber Nuzen und Ehre causiren würde ..." auch „besagter Kurz ein Retributions Quantum von 100 bis 200 fl. semel pro semper abzutragen sich facil finden lassen solte".

Doch liess es Baron Wiedmann bei dieser ihm von Kurz selber soufflirten und deshalb für diesen so charakteristischen Motivirung seiner Intervention nicht bewenden. Schon am nächsten Morgen verfügte er sich gefolgt von seinem Legations-Secretair von Herzog, dem Prinzipal Kurz und dem „Anschicker", dem Polier, in das Fechthaus. Hier betonte der „Anschicker" noch einmal die grossen Kosten des projectirten Theaterbaus und vor allem, dass dieses Gebäude dann doch nicht so viele Personen fassen werde wie das Opernhaus. Obwohl aber Baron Wiedmann dem „Anschicker" hierin vollkommen beistimmte, verharrte Kurz doch auf seiner Ansicht: „er wäre ohnedies ausser Stande gesetzt, seine theatralischen Schauspiele vorstellig zu machen, und alle seine Decorationen und Machinen ohnmöglich gebrauchen zu können" worauf Baron Wiedmann neuerdings dem hohen Rathe seine Intercession zu Gunsten des Kurz in Aussicht stellte.

Hierdurch bewogen machte der Nürnberger Magistrat einen letzten Versuch der Vermittlung, indem er dem Kurz vorschlug, sein Theater auf einem freien offenen Platze, nemlich auf der Schütt, zu erbauen, darüber mit einem einheimischen Zimmermeister zu accordiren, die Inspection darüber selbst zu führen und sich dasselbe ganz nach eigenem Gefallen einzurichten. Auf diesen Vorschlag erwiderte Kurz: wenn er das Haus auf der Schütt aufführen wollte, er in noch grössere Kosten versetzt würde, da in dem Fechthause man es an die Wände gleich anschliessen und also zwei Seiten ersparen könnte, auf der Schütt aber vier Seiten haben müsste, welches noch weit mehr Holz und Kosten erforderte, auch wolle er sich mit den Nürnberger Zimmerleuten gar nicht einlassen, zumalen er ja ein Fremder wäre und das Bauen nicht verstände, sie ihn also noch tiefer in Unkosten versetzen könnten. Hieran knüpfte Kurz nochmals die ganz gehorsamste Bitte, ihm in seinem Petito doch einmal gnädig zu willfahren und dem Löblichen Bauamte die Obsorge darüber zu übertragen; er selber aber wolle alle Unkosten auf sich nehmen und das Geld zum voraus erlegen. Nun erst am 7. Junii wurde

„vermöge eines Oberherrlichen Verlasses resolviret, dass dem Churbayerischen Hof-Comödianten Joseph von Kurz in seinem Gesuch ein Theatrum im Fechthauss auf eigene Kosten zu erbauen willfahret werden solle, Ihme aber auch aufzugeben ist, vor Kosten und Schäden zu stehen, und einen Vorschuss zur Herbeyschafung der Bau Materialien zu leisten".

Nachdem so, Dank der Energie und Ausdauer des Kurz und der nachdrücklichen Unterstützung seines Protectors, die Nürnberger Impresa ermöglicht war, verstand sich die Gewährung einer zweiten Bitte des „Directeurs" gewissermassen von selbst. Diese Bitte ging aber dahin:

„zu hohen Ehren des Kaiser Königlichen Herrn Ministers Excellenz inzwischen und bis in dem Fechthauss die Hütte erbaut seyn wird, in dem hiesigen Opern Hauss ohne das mindeste darin zu bauen oder abzuändern, wochentlich Montags und Mittwochs einige kleine Spectacles vorstellen und künftigen Mittwoch den 11. hujus damit anfangen zu dürfen".

Diese Bitte wurde, wie gesagt, gewissermassen selbstverständlich bewilligt, doch mit der Beschränkung, dass Kurz künftige Woche wegen der Begehung des Augsburgischen Confessions-Festes der Spiele sich enthalten solle. Auch wurde unter Anderm beschlossen: ihm bei schicklicher Gelegenheit — nämlich nach Abreise Seiner Excellenz — zu eröffnen, dass das im Fechthause errichtete hölzerne Gebäude gleich nach Endigung seiner Schauspiele wiederum „abgethan" und zu andern Vorstellungen „nicht unbrauchbar" gemacht werde.

Und so gruppirten sich denn am Montag den 9. Juni 1766 die schaulustigen Nürnberger an den verschiedenen Ecken ihrer guten Stadt, um folgende:

Nachricht.

Es wird einem Geehrten Publico hiemit vorläufig gehorsamst und ergebenst bekannt gemacht, dass mit höchster und gnädigster Genehmhaltung Ihro Churfürstl. Durchl. in Bayern, nach erhaltener gnädigen Erlaubniss einer allhiesigen Hochgebiethenden Obrigkeit, die hier angekommene deutsche Schauspieler Gesellschaft, unter der Impressa des Herrn Joseph von Kurz, in dieser Woche ihren Schauplatz hier eröfnen, und in der Folge sich bestreben werden, hiesige Hohe und Geneigte Liebhaber der Schaubühne mit regelmässigen Trauer- und Lustspielen, ganz neuen Opern Comiquen, und pantomimischen Vorstellungen zu vergnügen. Es hat sich der Impressarius, unter dessen weissen Anführung die Gesellschaft zu stehen die Ehre hat, an Allerhöchsten und Höchsten Höfen, durch seinen besondern Character eben so berühmt, als durch seinen Eiffer und Bemühung um die Schaubühne verdient gemacht, und sein einziges Augenmerk ist noch jetzo dieses, mit den schwersten Kosten, die Ehre der deutschen Schaubühne, welche sich eine Zeitlang theils aus Vorurtheil, theils aus Abgang geschickter Schauspieler, und endlich hauptsächlich aus Mangel eines hinlänglichen Fonds, aus ihrem eigenen Vaterland ganz verdrungen gesehen, vollkommen wieder herzustellen, und seinen eigenen auf der Schaubühne erworbenen Ruhm zu unterstützen.

Wir erinnern es an diesem Orte überflüssig, dass der vornehmste Endzweck der gereinigten Schaubühne einzig die Schärfung des Witzes, das Moral, und überhaupt die Verbesserung der Sitten seyn soll, da uns bereits bekannt, dass der reine Geschmack in diesem erleuchten Staat schon längstens allgemein geworden; doch versichern wir zum voraus, dass nach der genauesten Erfüllung, auch der reinste Scherz in ganz besondern hier niemalen gesehenen Caractern vorzüglich ergötzen wird.

Wir sind von aller Selbstliebe und Tadelsucht entfernt, und wollen der Geschicklichkeit derjenigen Schauspieler die sich vorher hier Ruhm und Beyfall erworben, nicht zu nahe tretten; doch wird man bey uns in allen einen sehr grossen Unterschied bemerken, die dem unermüdeten Fleiss, der vollkommenen Einsicht, der Erfindungskraft und dem grossen Aufwand unseres Impressarii ähnlich sind.

Das Trauerspiel wird eine ausserordentliche Pracht unterstützen; das Lustspiel wird sich durch seine hier nie gesehene Original-Charactere, und eine kluge Wahl unterscheiden; In denen Opern Comiquen, pantomimischen Vorstellungen und Baletten, wird nebst denen angenehmsten Stimmen, die vortreflichste Composition, von denen berühmtesten Meistern, die prächtigsten Decorationen, Maschinen, und die seltsamsten Verwandlungen, Aug und Ohr entzücken und die Sinnen in Verwunderung setzen. Allen diesen wird die besondere Geschicklichkeit der Madame Theresina de Kurz, ein besonderes Gewicht geben, welche als gebohrne Italienerin, so vor acht Jahren noch keines Worts von unserer Muttersprache mächtig, sich in derselben so vollkommen gemacht, dass sie in denen ersten Rollen im Trauerspiel, in dem Lustspiel, im Singen und Pantomime gleiche Bewunderung erwecken wird. Die Gesellschaft ist stolz auf ihre Vorzüge, und auf die Ehre, welche Sie dem Schauplatz macht. Weil aber hiezu ein grosser Platz erforderlich, so wird mit besonderer gnädigen Erlaubnüss einer allhiesigen Hochgebiethenden Obrigkeit, ein dazu bequemes Hauss auf Kosten des Impresarii in dem hiesigen Fechthause errichtet, und man macht sich gefast weder Kosten noch Fleiss zu sparen, diesem berühmten Staat etwas zu zeigen, welches der Sehnsucht gleichförmig, mit der wir wünschen unsere äussersten Kräfte zu seinem Vergnügen zu verwenden, und uns dessen Achtung und Beyfall würdig zu machen.

Unterdessen aber bis dieser Bau zu Stande gebracht, wird man mit einigen angenehmen Divertissements in dem allhiesigen Opernhause davon einen Vorgeschmack geben, und damit künftigen Mittwoch als den 11. Junii den Anfang machen, wovon die auszutheilenden Zettel des mehreren belehren werden.

Sonsten hat man hier noch anfügen sollen, dass da die Mitglieder dieser Gesellschaft, und alle von solcher abhangenden Personen, von dem Impressario alle Wochen pünktlich bezahlt werden, auch alle die solchen etwas abreichen, eben so ordentlich sich der Bezahlung zu versichern haben, im unzuverhoffenden widrigen Fall aber man sich bey Zeiten, um allen Unordnungen und Misscredit vorzubeugen, bei der Impressa zu melden hätte.

J. B. Grünberg,
im Namen der Impressa.

Die „Impressa" selbst hatte ihr Hauptquartier zuerst in den „drey Königen", dann in der „feisten Küche im blauen Pfauen" aufgeschlagen. Der obigen „Nachricht" folgte zwei Tage später die Ankündigung:

Mit gnädiger Bewilligung Einer Hochgebietenden Obrigkeit wird die von München angekommene Gesellschaft deutscher Schauspieler unter der Impresa des Herrn Joseph von Kurz heute Mittwoch den 11. Juny 1766 zum erstenmal ihren Schauplatz eröfnen und auf demselben vorstellen, ein moralisches Schauspiel von drey Aufzügen, betitult: Die Insul der gesunden Vernunft oder: Bernardon der Insulaner und Fiametta die Insulanerin. An die Leser! Wir haben in der herausgegebenen Nachricht bereits erwähnet, dass mit besonderer gnädigen Erlaubniss einer allhiesigen Hochgebietenden Obrigkeit zu unseren künftigen theatralischen Vorstellungen eine sowohl vor unsere Hohe und Geneigte Gönner, als auch vor unsere grosse Maschinen und Decorationen bequemes Comödienhauss, in dem allhiesigen Fechthause errichtet wird; heute aber, wird auf hohes und gnädiges Begehren des Kayserl. Herrn Ministers Freyherrn von Widmann Excellenz, mit obbemeldten Stück in dem Opernhause aufgewartet werden, welchem vielleicht Morgen noch ein anderes folgen dürfte, sodann aber die Schauspiele so lang wieder eingestellt bleiben werden, bis wir solche in ihrer ganzen Vollkommenheit und mit dem gehörigen Glanz auf dem neuen Schauplatz vorstellen können, woran man mit allem Eiffer arbeitet, blos um die Ehre und den Ruhm zu haben, diesem berühmten Staat etwas grosses von theatralischen Vorstellungen zu zeigen. In dem heutigen Stück erscheint zum erstenmal ein Bauer und ein Bauern-Mädgen, welche durch ihren natürlichen Mutterwitz, ohne Erziehung und ohne erlernte Gesetze, das Recht der Natur und der Menschenliebe, mit ihrer gesunden Vernunft ganz natürlich vorstellen. Das Thema ist eine Erfindung unseres Impresarii, wozu ihm ein und andere Scenen aus dem französischen Theater Anlass gegeben; übrigens ist dieses Stück mit verschiedenen Arien gezieret, welche von Bernardon und Fiametta gesungen werden. Wegen Enge des Platzes wird ein kurzes Ballet nur von 6 Personen den Beschluss machen. Der Schauplatz ist im allhiesigen Opernhause. Der Anfang ist um 5 Uhr der kleinern. Auf der Loge zahlt die Person 45 kr. Auf dem Parterre der erste Platz 30 kr. Der andere 20 kr. Auf der Gallerie 8 kr. Bei welchem Leggeld es der Impresarius ohnerachtet des grossen Unterschiedes der Gesellschaft und des grossen Aufwandes gleich andern aus Ergebenheit gegen unsere anzuhoffenden Gönner bewenden läst. Auf das Theater kann niemand, weder mit noch ohne Geld gelassen werden.

Der Beginn des Schauspieles war vom 11. Juni bis 30. Juli auf 5, von da auf halb 6 Uhr „der kleineren" festgesetzt. In Nürnberg unterschied man damals zwischen der „grösseren" und der „kleineren" Uhr. Jene richtete sich nach Aufgang der Sonne, zählte Eins eine Stunde nach Aufgang und beginnt eine Stunde nach Sonnenuntergang wieder mit Eins. So schlägt die Uhr in den längsten Tagen 16 in den kürzesten 8 Stunden des Tags und umgekehrt des Nachts. Die „kleinere Uhr" ist die jetzt allgemein gebräuchliche. Die Komödie begann demnach zuerst um 5, dann um halb 6 Uhr Nachmittags.

Es war nicht ganz richtig, wenn in dieser Anzeige der „Insul der gesunden Vernunft" behauptet wurde: „Das Thema ist eine Erfindung unseres Impresarii, wozu ihm ein und andere Scenen aus dem französischen Theater Anlass gegeben". Die Sache verhält sich vielmehr so. Wie A. R. Le Sage durch seinen „Diable boiteux" den trefflichen Sittenschilderer F. C. Dancourt zu seinem Drama gleichen Titels angeregt hatte, so regte J. Swift durch seine „Travels of Gulliver" den witzigen P. C. de Marivaux zu seiner „L'Isle de la Raison, ou: Les Petits Hommes" an. Es ist bekannt, dass weder in der Anempfindung des Dancourt, noch in der des Marivaux von dem Originale mehr als das übrig blieb, was die Franzosen einen „Soupçon" nennen. Und beiläufig in demselben Verhältnisse steht auch Kurz zu seinen französischen Vorbildern. Seine Bearbeitung ist auch in diesem Falle sehr frei, aber das Thema ist nicht seine Erfindung. Eine Inhaltsangabe dieses beliebten Stücks mit Kurz' eigenen Worten bringt ein Zettel aus Danzig vom Jahre 1771, welchen wir später (Abschnitt XII) mittheilen.

Diesem Stücke folgte:

Mit gnädiger Bewilligung Einer Hochgebietenden Obrigkeit wird die von München angekommene Gesellschaft deutscher Schauspieler unter der Impresa des Herrn Joseph von Kurz heute Donnerstag den 12ten Juny 1766 zum zweytenmal ihren Schauplatz eröfnen und auf demselben vorstellen, ein Lust-Spiel von drey Aufzügen, betitult: Le Mercuere Gallante Oder der in die Feder verwandelte Degen. Mit Odoardo dem unwissenden Nebenbuhler seines Sohnes, und Bernardon dem Cameleon, in sechserley Gestalt. Vorkommende Charakteur des Bernardons: 1) Einen Petit-Maitre, der gerne ein Edelmann seyn möchte. 2) Einen banquerottirten Buchhändler. 3) Eine galante Wittfrau. 4) Einen Schneidergesellen, der Herschaftsdienste sucht. 5) Einen ungetreuen Mauteinnehmer. 6) Einen verdorbenen Impresari und Capellmeister. An den Leser! Man hat dieses Lustspiel vorsetzlich ausgesucht, weilen uns die Enge des Platzes nicht gestattet, einige Verwandlungen oder Maschinen anzubringen; Inzwischen ist es von solcher Gattung, dass man sich wird einigermassen einen Begrif von unsern künftigen Vorstellungen machen können. Die verschiedenen nach dem Leben geschilderten Charakteurs unsers Bernardons werden zeigen, wie wenig ähnlich ihm andere in solchen Stellen sind,[1]) und wie ungerecht man sich solcher Personagen anmasset, wozu so viel Kunst und Geschicklichkeit erfordert wird, um sie nach der Natur zu bilden; die Madame Theresina de Kurz wird unterdessen ebenfalls Gelegenheit haben, sich in einigen Charakteren zu zeigen, und dabey eine italienische Arie singen, bey unserem abermaligen Anfang in dem neuen Comödienhauss aber wird man etwas vollkommeners zeigen können. Den Beschluss macht ein Ballet..."

Auch dieses Lustspiel lehnte sich an ein französisches Original an: „Le Mercure Galant, ou: La Comédie sans Titre" von Edmé Boursault. F. L. W. Meyer, der Biograph F. L. Schröders, nennt es „eine mehrentheils aus dem Stegreif gespielte Nachahmung". Kurz spielte die Rolle des berühmten Komikers Preville, der ebenfalls sechs verschiedene Charaktere darstellte und in diesen Ludwig XIV. mit den Anspielungen auf alle möglichen Pariser Tagesereignisse unterhielt. Kurz erschien unter andern auch als galante Wittwe, „die sich bei dem Herausgeber einer Zeitschrift nach Messneuigkeiten erkundiget und ihm dergleichen mittheilte". Er benützte diese Scene gewöhnlich dazu, seine ganze Gesellschaft dem Publikum in drastischen Extempores vorzuführen.[2]) So ward ihm diese Komödie zu einer Art von Gelegenheitsstück, mit dem er, wie bereits bemerkt, gerne eine neue Impresa eröffnete. Mit dem „Mercure Gallante" schloss gewissermassen der Prolog des Nürnberger Unternehmens, die Vorstellungen im neuen Opernhause. „Diejenigen im neuerbauten Comödien-Hausse im Fechthauss" wurden folgendermassen angekündigt:

Mit gnädiger Bewilligung Einer Hochgebietenden Obrigkeit wird die von München angekommene Gesellschaft deutscher Schauspieler

---

[1]) Der Passus „wie wenig ähnlich ihm andere in solchen Stellen sind" bezog sich offenbar auf Gautner, der, ebenfalls ein geborner Wiener, den Bernardon täuschend nachahmte und mit seinen Bernardoniaden anfangs in den österreichischen Provinzen, dann in Norddeutschland, vor allen in Hamburg, grosse Erfolge errang, und viel Geld verdiente, schliesslich aber als sehr verwendbarer Darsteller zum regelmässigen Schauspiel überging.

[2]) F. L. W. Meyer, Friedrich Ludwig Schröder (I. B. 163.) Hamburg 1819.

unter der Impresa des Herrn Joseph von Kurz heute Dienstag den 24 Juny 1766 zum erstenmal ihren neuen Schauplatz eröfnen und auf demselben vorstellen ein christliches Trauerspiel in Versen und fünf Aufzügen, des Freyherrn von Cronegk weyland Hochfürstlich Anspachischen Kammer Junker, Hof und Regierungs-Rath, genannt: **Olint und Sophronia**. Hiernächst wird auf einem auf das prächtigste ausgeschmückten, und auf das herrlichste beleuchteten ganz neuen Schauplatz ein musikalischer Epilogus erfolgen, betitult: **die Dankbarkeit des Impresarii**. An den Leser. Der Ruhm des Herrn Verfassers des heute gewählten Trauer-Spiels, ist schon von solchem Werth, dass er die Stelle des ganzen Vorberichts ersetzen kann, sein einziger Nahme ist ihm schon eine Lobrede, ein jeder Verehrer seiner grossen Verdienste, wird seinem Gedächtniss dieses Klaglied widmen: Ewig Schade, dass er dem Staat, dass er der gelehrten Welt zu früh entrissen worden; Und was hätten sich nur die schönen Wissenschaften von seinem Eifer vor dieselben versprechen dürfen? Dann nie hat wohl ein tragischer Dichter in einem so engen Plan den ganzen weiten Umfang aller menschlichen Leidenschaften auf einmahl rege machen, und denen erlaubten, über die sträflichen, so rührend und so einnehmend den Sieg zueignen können, dass er sowohl hierinn als auch in der reinen Poesie allezeit unnachahmlich bleiben wird. Wir machen damit den Anfang, da wir uns nun im Stande sehen, nach unseren Absichten, und der hegenden ehrfurchtsvollesten Achtung vor die hiesigen Kenner und Liebhaber einer reinen deutschen Schaubühne etwas vollkommenes zu zeigen, es wird unsere Pflicht seyn, durch eine befliessene Ausarbeitung der Charaktere dem Werth eines so vollkommenen Stückes nichts zu entziehen, eine hier niemahlen gesehene nur mögliche theatralische Pracht wird sowohl dasselbe, als auch den darauf folgenden musicalischen Epilogum unterstützen und unsern Gönnern vergnügen, uns aber Ehre und Beyfall verschaffen. Personen des Trauerspiels: Aladin, König zu Jerusalem. Argant, ein egyptischer Feldherr. Ismenor, ein mahometanischer Priester. Olint, ein heimlicher Christ. Evander, dessen Vater. Sophronia, eine Christliche Jungfrau. Serena, ihre Freundin. Clorinde, eine persische Prinzessin. Hernicie, ihre Vertraute. Mahomedanische Priester. Saracenische Wache. Persische Wache. Der Schauplatz ist in dem neuerbauten Comödien-Hausse im Fechthauss. Der Anfang ist um 5 Uhr der kleinern. Die Einrichtung und das Leggeld der Plätze ist folgendermassen: Erste Gallerie 48 kr. Erstes Parterre 48 kr. Zweyte Gallerie 30 kr. Zweytes Parterre 30 kr. Dritte Gallerie 18 kr. Auf dem letzten Platz 8 kr.[*]

---

[*] In gleicher Weise kündigte Kurz das Stück 1767 auch in Frankfurt a. M. an.

Es spricht jedenfalls für den Geschmack der Nürnberger, dass Kurz es wagen durfte seine eigentliche Impresa mit einem regelmässigen Drama, noch dazu mit einer Tragödie und obendrein mit einer deutschen Tragödie zu eröffnen. Es spricht aber noch mehr für diesen Geschmack, dass das Wagniss von einem für beide Theile so ehrenvollen Erfolge begleitet war. Nicht nur, dass Kurz sich mit Recht berühmen konnte, das Trauerspiel sei von seiner Schaubühne mit allgemeinem Beifall aufgenommen worden, und „die Gewogenheit seiner Gönner sei so weit gegangen, der ihm zum Glück gelungenen charaktermässigen Ausarbeitung desselben, in öffentlichen Zeitungen erwähnen zu lassen", sondern er konnte auch in kurzer Zeit eine für jene Tage ganz respektable Reihe regelmässiger Stücke zur Aufführung bringen. Da nach damaliger Sitte der Theaterzettel wohl die Personen des Stückes, nicht aber auch deren Darsteller angab, so tritt in dieser Beziehung an die Stelle der Gewissheit die Vermuthung. Doch dürfte der junge Bergopzoomer den Olint, Kurz selber den Evander, Madame Theresina von Kurz die Clorinde und Frau Mecour die Sophronia gegeben haben. Allerdings eine etwas fragwürdige Besetzung.

Es haben sich, was anderswo nicht oft vorkommt, zwei nahezu vollständige Suiten von Theaterzetteln aus der Zeit der Kurz'schen Impresa in Nürnberg erhalten, durch deren Combination es möglich wurde fast den sämmtlichen vom 11. Juni bis 2. October 1766, so lange währte die Impresa, gegebenen Vorstellungen zu folgen. Diese Theaterzettel in ihrem ganzen Umfange wieder zu geben, wie dies mit den Anzeigen der ersten drei Abende geschah, würde zu weit führen. Doch mögen deren Titelangaben und besonders charakteristische Bemerkungen hier eine Stelle finden. Es wurde gegeben:

Mittwoch den 25. Juny ein regelmässiges Lustspiel in ungebundener Rede und fünf Aufzügen, genannt: **Triumph der guten Frauen über die Thorheit eines jungen und treubrüchigen**

Ehemannes. Oder Bernardon die übel abgefertigte Haussshälterin.¹)
Und weil vielleicht gestern einige Gönner der gehorsamsten Zueignung nicht haben beywohnen können so wird zum zweyten und letztenmal der musikalische Epilogus: **die Dankbarkeit des Impresarii** auf einem auf das beste ausgeschmückten und auf das herrlichste beleuchteten Schauplatz den Beschluss machen.

Donnerstag den 26. Juny; ein Trauerspiel in ungebundener Rede und drey Aufzügen, genannt: **Rhynsolt und Saphira.**²) An den Leser. Wir wissen, dass dieses Trauerspiel allhier nicht ganz neu allein, da alle die es je gesehen weder an seiner Güte, noch auch an einem merklichen Unterschied in der Vorstellung zweiflen werden, so haben wir noch ein Ursache, die uns bewogen solches vor heute zu bestimmen und dieses ist die beliebte Kürze, weil wir dadurch Zeit gewinnen in den Comiquen etwas vorzügliches zu zeigen und dieses besteht in einer ganz neuen Opera comique betitult: **die lustige Juden-Hochzeit, oder Bernardon der betrogene Rabbiner.** Ebenfalls von unserem Impresario verfertiget. Weder Fleiss noch Unkosten sind bei derselben gespart, verschiedene künstliche Maschinen, und die schönsten Decorationen werden so das Aug, als das nach der besten Musik gesetzte über eine Stunde daurende Singspiel selbsten, das Gehör auf die angenehmste Art ergötzen. Es ist darinnen nichts Nachtheiliges wider die Judenschaft enthalten, nur ein und andere Gebräuche hat der Herr Verfasser von ihnen beybehalten, das übrige sind Erfindungen von ihm, welche belustigen, es ist durchaus gesungen, und die meisten Arien sind jüdisch; die Trauung geschieht an einem Ort, wo das Laubenhüttenfest gehalten wird, welches den schönsten Anblick zeiget, und ist überhaupt die ganze Vorstellung prächtig. Madame Theresina von Kurz, welche noch nicht Gelegenheit gehabt, in dieser Gattung theatralischer Übungen hier ihre Stärke zu zeigen, wird Bewunderung erwecken; nebst ihren vortrefflichen Arien, erscheint sie darinnen als Rahel, als eine Liedersingerin, als eine Tyrolerin, als eine alte Kastanienbraterin, als affectirter Petit-Maitre, und bey einem jeden dieser Charaktere geschiehet eine besondere Verwandlung zum Beschluss zeiget Sie sich als jüdische Braut im Tanzen.

Singende Personen in dieser Opera Comique.
Rabbi, verliebt in
Rahel, Tochter des Coschmagimbert.
Daniel, der Bräutigam der Rahel.
Jacob, Vater des Daniel, ein Zauberer.
David, ein jüdischer Bedienter.

---
¹) In dem damals allenthalben gegebenen Lustspiele, Der Triumph der guten Frauen von Johann Elias Schlegel, spielte Madame von Kurz die Hilaria, „unter dem Namen Philinto in Männerkleidern" und Frau Mecour die Juliana.

²) Von Christian Lebrecht Martini.

Bey der Trauung selbsten erscheinen etliche zwanzig Juden und Jüdinnen, welche mittanzen und mitsingen, das Stück aber schliesst sich mit einem Chor von allen diesen Juden und Jüdinnen. Man wird nichts angenehmeres sehen können, um so vielmehr, da die Auszierung in ihrer ganzen Vollkommenheit erscheinen wird.

NB. Wenn etwa bishero nicht alle Liebhaber der Schauspiele wären mit denen Zetteln versehen worden, so belieben solche obnzielsetzlich Dero Namen und Wohnung bey dem Impresario in den drey Königen anzeigen zu lassen, damit solche künftig können richtig bedient werden. Der Schauplatz ist in dem neuerbauten Comödienhausse im Fechthause. Der Anfang ist um 5 Uhr der kleinern. Die Einrichtung und das Leggeld der Plätze ist folgendermassen: Erste Gallerie 48 Kr. Erstes Parterre 48 Kr. Zweyte Gallerie 30 Kr. Zweytes Parterre 30 Kr. Dritte Gallerie 18 Kr. Auf dem letzten Platz 8 Kr. Auf das Theater kann niemand, weder mit noch ohne Geld gelassen werden, damit die Schauspieler nicht gehindert sind.

Montag den 30. Juny: ein hier noch niemal gesehenes Lustspiel von drey Aufzügen, genannt: **Bernardon der dreysigjährige A B C Schüler, Oder der reiche Bauer und der arme Edelmann Mit Flametta einer arglistigen und zuletzt glücklich gewordenen Haubenhefterin.** Dann folgt abermal die Opera Comique betitult: **die lustige Juden-Hochzeit, oder Bernardon, der betrogene Rabbiner.**

Dienstag den 1. Julii: ein Schauspiel in ungebundener Rede und drey Aufzügen, genannt: **Bernardon und Bernardina die zwey Gleichen in zweyerley Geschlechtern, Oder die geraubten und zuletzt glücklich gewordenen Zwillinge.**[1]) An den Leser. Es sind

---

[1]) „Zwei Gleiche" erschienen seit Plautus Menaechmen häufig auf der Bühne und waren eine dankbare Aufgabe für Schauspieler von gutem Nachahmungstalent. In Nürnberg selbst hatte Jacob Ayrer eine „Comedia von zweyen Brüdern auss Syracusa" gedichtet und ein Nürnberger Komoedienverzeichniss aus dem Anfang des 18. Jahrhundert erwähnt: „Die zwey einander gleichsehende Brüder". „Zwey verwechselte Brüder Carl und Julius". (Jahrbuch der deutschen Shakespeare Gesellschaft. B. 19, 1884). Aber auch die angebliche Neuerung des Kurz „Zwey Gleiche von zweyerlei Geschlecht" war stofflich nicht neu. Die Academia degli Intronati in Siena gab 1531: „Gli Ingannati", gleichsam die Urkomoedie der Verwechslung von Bruder und Schwester, welche später Lope de Rueda als „Comedia de enganos" (Sevilla 1576) herausgab und deren Übersetzung von M. Rapp Kurz wahrscheinlich kannte. Wenn Kurz also die Neubeit seiner Komoedie betont, so kann seine Versicherung nicht für den Stoff, aber vielleicht für die schauspielerische Ausbeutung desselben gelten. In den älteren Stücken scheinen nemlich die Rollen der gleichen Geschwister wie in „Was ihr wollt" von jungen Liebhabern, oder von Liebhaber und Liebhaberin gespielt worden zu sein, ohne Tendenz der Parodie des schauspielerischen Collegen. Wenn nun Kurz ankündigt: seine Gattin Theresina wird als „Bernardina unter dem Nahmen Bernardon" seinen schauspielerischen Charakter bewunderungswürdig nachahmen, wie Bernardon seinerseits die weiblichen und künstlerischen Manieren

zwar schon öfters zwey Gleiche auf der Schaubühne erschienen, allein von zweyerley Geschlecht wie in dem heutigen Stück noch niemal; unser Impresarius, welcher der Verfertiger desselben, hat es auf sich, und auf die Stärke der Madame Theresina von Kurz gearbeitet, welche als Bernardina unter dem Namen Bernardon den Charakter desselben bewunderungswürdig nachahmen wird. Darauf folget, weil die Decorationen noch stehen, zum dritten und letztenmal die Opera Comique, betitult: **die lustige Juden-Hochzeit, oder Bernardon der betrogene Rabbiner.**

Mittwoch den 2. July: ein Schauspiel in Versen und drey Aufzügen, genannt: **Demetrius,**[1]) aus dem Italienischen des Herrn Abb. Metastasio gezogen. Es wird eine ganz neue kostbare Kleider-Tracht erscheinen. Den völligen Beschluss wird heute zum allererstenmal ein neues Singspiel machen, genannt: **Bernardon, die versoffene Gouvernante.** Ein auf französischer Art eingerichtet Divertissement. Welches in Singen und Tanzen bestehet und auf Angabe des Impresarii in Prag der Schaubühne gewidmet worden. Madame Theresina von Kurz, und unser Bernardon werden trachten sich in diesem Singspiel besonders zu signalisiren.

Donnerstag den 3. July: ein hier noch niemals gesehenes Lustspiel von drey Aufzügen, genannt: **Die Liebe in unterschiedenen Gestalten, Oder die Reise des Mercurii auf die obere Welt, und die unter die ovidischen Götter versetzte Kaufmanns-Tochter Angiola.** Bernardon, welcher die Rolle des Mercurii spielet, erscheinet in diesem vorzüglich lustigen Stück, in folgenden Charakteren: 1.) Als ein Cavalier. 2.) Als Leander. 3.) Als Flavio. 4.) Als ein Gärtner-Junge. 5.) Als Laquey. 6.) Als Odoardo. 7.) Als ein Gärtner selbst. Und sowohl derselbe, als auch die Madame Theresina von Kurz, werden einige Arien singen. Darauf folget zum Beschluss zum zweyten und letztenmal das so sehr beliebte Singspiel, genannt: **Bernardon die versoffene Gouvernante.**

Montag den 7. July: eine grosse Maschinen-Flug und Verwandlungs-Comödie, betitult: **Die Gelsen-Insul oder die Spazen-Zauberey, und Bernardon der verrückte Regens Chori.** Nach diesem vortrefflichen Lustspiele machet heute zum allererstenmal ein grosses Ballet den Beschluss, in welchem sich auch ein berühmter Tänzer in

---

seiner Gattin in pikanter Weise karikirte, so dürfte das allerdings etwas Neues, für Bernardon's Publikum höchst Ergötzliches gewesen sein. Übrigens gab auch die Schulz'sche Truppe ein italienisches Stegreifspiel: „Il marito geloso" mit der Ankündigung: „Heute stellet Colombina den Hanns-Wurst und Hanns-Wurst die Colombina vor".

[1]) Kurz, der noch immer mit Wien und seinen alten Wiener Freunden in lebhaftem Verkehr stand, hatte von F. W. Weiskern dessen Demetrius von P. Metastasio, der auch in Wien gegeben wurde, überkommen.

einem Pas de Deux zum allererstenmal zeigen wird. Das Ballet führt den Titel: **La Double Inconstance; zu deutsch: Die doppelte Unbeständigkeit.** NB. Die Scene zu dem Ballet stellet eine angenehme Landschaft vor.

Mittwoch den 9. July: ein Trauerspiel in ungebundener Rede und fünf Aufzügen, betitult: **Der Freygeist.**[1]) Den Beschluss macht abermals das grosse Ballet, genannt: **La Double Inconstance; zu deutsch: Die doppelte Unbeständigkeit.**

Donnerstag den 10. July: eine Opera comique in drey Aufzügen genannt: **Der Prahler ohne Geld, oder der betrogene Betrüger.**[2]) Darauf folget das so sehr beliebte Trauerspiel, ebenfalls in Versen und einem Aufzuge: **Der Einsiedler.**

Montag den 14. July: eine ganz neue hier niemahls gesehene Opera comique oder musicalisches Singspiel von zwey Aufzügen, genannt: **Der Weiber-Feind.**[3]) An den Leser. Wir hatten zwar vor heute ein Lustspiel bestimmt, aus bewegenden Ursachen aber ist dieses überaus schöne, hier niemahls vorgestellte Singspiel gewählet worden. Es ist abermahl ein Werk unseres Impresarii, dem der Beyfall nicht entgehen kann, indem es blos auf ihn und auf die Madame Theresina von Kurz gemacht worden. Die vortrefliche Music dazu hat ein berühmter Capellmeister verfertiget. Die besonders darinn vorkommenden Auszierungen und Verwandlungen des Schauplatzes, die lustigen Arien und der angenehme Innhalt des Stückes selbst, sind Bürge vor eine allgemeine Zufriedenheit. Darauf folget ein Lustspiel in reinen deutschen Versen und zwey Aufzügen, genannt: **Der hellsehende Blinde** aus dem Französischen des Herrn le Grand, welches gleichsam als ein Zwischenspiel mit der Opera Comique abwechselt. Den völligen Beschluss macht heute zum erstenmal ein ganz neues grosses Ballet, genannt: **Der Scherenschleiffer;** Worinnen abermahl der erst neulich hier angekommene berühmte Tänzer sich besonders hervorthun wird.

Mittwoch den 16. July: ein Trauerspiel in reinen deutschen Versen und fünf Aufzügen, des Freyherrn von Cronegk, genannt: **Codrus.** Den Beschluss macht heute abermal und zwar mit mehrerer Vollkommenheit das grosse Ballet, genannt: **Der Scherenschleiffer.**

---

1) Von Joachim Wilhelm von Brave.

2) Der „Prahler ohne Geld" wird dem F. A. Nuth zugeschrieben. Durch „Der Eremit" wollte C. G. Pfeffel die den Rührstücken folgenden allzu lustigen Nachspiele verdrängen. Doch meinte Lessing: er wolle vom Weinen doch noch lieber zum Lachen als zum Gähnen übergehen. Die Nürnberger waren diesmal nicht seiner Meinung. Sie applaudirten dem „Einsiedler" lebhaft.

3) Wohl nur eine Bearbeitung von: Bernardon, der verliebte Weiberfeind, (Ein gesungenes Lustspiel. Worte von F. W. Weiskern. Musik von Fauner.) worin Kurz bereits in Wien eine Glanzrolle hatte.

Worinnen abermahl der erst neulich hier angekommene berühmte Tänzer sich besonders hervorthun wird.

Donnerstag den 17. July: Auf vielfältiges Verlangen wiederholt: Das Singspiel: **Der Weiber Feind** von zwey Aufzügen, Nebst dem Lust-Spiel **der hellsehende Blinde** aus dem Französischen des Herrn le Grand ebenfalls von zwey Aufzügen, welches gleichsam als ein Zwischenspiel mit der Opera Comique abwechselt. Zum Beschluss: **Der Scherenschleifer.** ¹)

Montag den 21. July: ein Lust-Spiel von drey Aufzügen, mit Verwandlungen, Maschinen und Verkleidungen, genannt: **Die Zauber-Trommel des Orpheus, oder Bernardon, der glückliche Besitzer des Schlägels Appollnis.** Vorkommende Personagen des Bernardons:

Als Mercurius, Diese beyden Verwandlungen geschehen in einem Augenblicke, bey welcher letzterer Bernardon durch
Als Appollo eine Pyramide springt.

Als Taschenspieler, singt eine Arie, Als steurischer Bauer, singt eine Arie. Als schwäbischer Schneckenhändler, singt eine Arie. Als Husar, singt eine Arie. Als Polak, singt eine Arie. Als Croatol singt eine Arie. Als Schuster singt eine Arie. Als Astrologus singt eine Arie. Letzlich wird Bernardon auf Befehl der Alten, an einen Baum gebunden, um ihn zu erschiessen. Hier geschiehet eine sehenswürdige Verwandlung. Und wie dieses Stück überhaupt eine besondere Fatique unsers Bernardons ist, so versichern wir in allen diesen vorkommenden Charakteren alle Kunst und Natur, und von dem ganzen Stück alle Zufriedenheit. Den Beschluss macht heute zum erstenmal ein neues grosses Ballet, genannt: **Der geplagte Schmidt.**

Dienstag den 22. July: ein ganz neues Trauerspiel in ungebundener Rede und drey Aufzügen, genannt: **Miss Fanny oder der Schifbruch.** An den Leser. Dieses Trauerspiel ist noch ganz neu, und vor etlichen Monaten erst aus der Feder des Verfassers, vor den höchsten Hof von dieser Gesellschaft in München mit grossem Beyfall zum allererstenmal vorgestellt worden. Herr Brandes ein sehr geschickter Schauspieler, ehemaliges Mitglied dieser Gesellschaft, nun aber bey der Schuchschen in Preussen, ist der Verfasser davon. Es ist ein Original-Stück und hat nebst dem vortreflichen Moral, seine besondere Schönheiten und in Ansehung des Rührenden, viele Vorzüge, welche bey einer geschickten Vorstellung, Kennern nicht verborgen bleiben können. Darauf folget ein Lustspiel in Versen und einem Aufzuge, genannt: **Das ausgerechnete Glück, oder der Herzog Michel.** ²) Den Beschluss macht heute zum zweytenmal das grosse Ballet, genannt: **Der geplagte Schmidt.** N. B. Vor diese Woche

---

¹) Von Franz Schuch.
²) Von Johann Christian Krüger.

wird der Schauplatz wegen einfallenden Jacobi-Feyertage mehr nicht als morgen eröfnet werden.

Mittwoch den 23. July: ein neues Schauspiel, welches mit vielen Verkleidungen und wohl componirten Arien gezieret ist, genannt: **Fiametta Abandonata: Das ist die verlassene Fiametta, oder der bezauberte Toupenkamm des Pluto, und der verhexte Fingerhut der Proserpina. Mit Bernardon dem von Fiametta fast rasend gemachten Besitzer des bezauberten Toupenkamms.** Dieses heutige Schauspiel ist hauptsächlich auf die Personage der Fiametta eingerichtet, in welchem sie folgende Veränderungen vorstellet: 1.) Eine von ihrem Amanten verlassene Braut, wo sie eine italienische Arie singet. 2.) Einen Leichenbitter in der Trauer, wo sie eine deutsche Arie singet. 3.) Einen vergnügten Bothen ihres Vaters; Alsdann endiget sie den ersten Actum mit einer deutschen Arie über die Untreue des männlichen Geschlechtes. Im anderten Actu zeiget sie sich 4) als einen von seiner Frau betrogenen Spanier aus Katalonien, wo sie eine italienische Arie singet und 5) zum Beschluss des anderten Actus singet sie als Fiametta ein lustiges deutsches Duetto mit Bernardon. Im dritten Actu zeiget sie sich 6) als ein lustiger Vetter des Bernardons, wo sie alsdann alle Verwirrungen nach eigenen Verlangen glücklich endet, und dieses Schauspiel 7) mit einer deutschen Arie beschliesset. N. B. Die Personage der Fiametta, welche sehr faticant ist, wird die Madame Theresina de Kurz machen. Darauf folgt auf vielfältiges Begehren das so sehr aplaudirte Trauerspiel von einem Aufzuge genannt: **Der Einsiedler.** Den völligen Beschluss macht das grosse Ballet: **Der geplagte Schmidt.**

Montag den 28. July: das aus dem Italienischen des Herrn Goldoni übersetzte Lust-Spiel unter dem Titel: **Der Cavalier und die Dame oder die zwey gleich edlen Seelen.**¹) In drey Aufzügen. N. B. Die Person der Donna Eleonora stellet die Madame Theresina vor. Den Beschluss machet ein neues grosses Ballet: genannt: **Die falsche Werbung.**

Mittwoch den 30. July: das Trauerspiel in Versen und fünf Aufzügen, genannt: **Der Renegat.**²) Den Beschluss macht wieder das neue grosse pantomimische Ballet: genannt: **Die falsche Werbung.**

Donnerstag den 31. July: ein Lust-Spiel von drey Aufzügen, genannt: **Bernardon der Plauderer.** Ein Stück, welches mit dem angenehmsten Scherz und durchdringender reinen Lustbarkeit, von Anfang bis zum Ende angefüllt ist. Nach dem zweyten Aufzuge folgt ein neues Ballet pantomime, betitult: **Die Tyrollsche Kirchweihe.** Den gänzlichen Beschluss macht abermal das grosse pantomimische Ballet: genannt: **Die falsche Werbung.**

---

¹) Nach Carlo Goldoni.
²) Nach Breithaupt von Stephanie dem Älteren.

Montag den 4. August: ein Trauerspiel in ungebundener Rede und fünf Aufzügen, genannt: **Amalia.**[1]) Den Beschluss macht ein grosses **Ballet**.

Dienstag den 5. August: ein Lust-Spiel von drey Aufzügen, genannt: **Die Braut mit der Kappe, oder die zugleich geliebte und gehasste Braut, und die gnädige Vaterstraffe.**[2]) Wir können von diesem Stücke mit Wahrheit versichern, dass es unter die besten Lustspiele gehöre; es hat seinen vernünftigen regelmässigen Plan, die besten Verwicklungen, welche sich zuletzt angenehm entwicklen und in Ansehung der reinen Lustbarkeit, viele Vorzüge vor anderen gemeinen Lustspielen. Darauf folget auf gnädigstes Verlangen das sehr beliebte musikalische Singspiel von zwey Aufzügen: **Der Weiberfeind.** Den Beschluss macht ein grosses **Ballet**.

Donnerstag den 7. August: eine auf diese Art noch niemals gesehene Tragödie, genannt: **Bernardon, die getreue Prinzessin Pumphia, und der tyrannische Tartar-Kulikan.** N. B. In dieser lächerlichen Tragödie agiren lauter männliche Acteurs, und wird mit kostbaren Kleidern, nebst einigen Arien von unserm Bernardon gezieret seyn. Darauf folget auf höchstes Begehren, die Opera Comique, betitult: **Die lustige Juden-Hochzeit, oder Bernardon der betrogene Rabbiner.**

Montag den 11. August: **Le diable Marié, oder Pelphegor der verheyrathete Teufel, mit Bernardon dem Ambassadeur in das unterirdische Reich.** Avertissement. Dieses Lustspiel ist in Wien von unserm Bernardon, aus der französischen Comödie Le Diable Marié, genannt, auf Anleitung einer gelehrten Feder, und nach dem deutschen Geschmack, in das Lächerliche eingetheilet worden; weilen nach dem Original ein und andere Scenen im Deutschen nicht gar angenehm ausgefallen, so hat er sich bemühet diese Stellen zu verdecken, und statt derselben das Lächerliche zu erwählen. Der französische Autor fingiret, dass Pelphegor als ein unterirdischer Geist, auf Befehl der Göttin Proserpina, auf die Oberwelt hätte kommen müssen, sich allda zu verheyrathen, um zu erfahren, ob das Gerüchte, dass so viele schlimme Frauen in der Welt wären, wahr seye. Dieses ist der Stoff zu diesem Lustspiel; und da der Impresarius sich bemühet, die Rollen nach eines jeden Charakter einzutheilen, so wird Madame Theresina die Personage der Rosalba agiren. Auch werden einige Arien und Veränderungen zum Vorschein kommen; ingleichen nebst andern Verwandlungen eine ganz neue Hölle sich zeigen. Ein Stück mit Arien und Maschinen, worunter die letztere vorzüglich sehenswürdig. Den Beschluss macht ein **Ballet**.

---

[1]) Von Johann Christian Lossius.
[2]) Von Kurz.

Dienstag den 12. August: eine der lächerlichsten Burlesquen, genannt: **Der falsche Verdacht, oder Bernardon der unschuldige Missethäter**. Darauf folgt eine neue Opera Comique, genannt: **Der neue krumme Teufel, oder der durch Hülfe des Geistes Asmodi vom Heurathen abgeschröckte Medicus Arnold mit Flametta einer listig verstellten Kranken; Und Bernardon dem durch Zauberei glücklich gemachten Laquais**. Nachricht. Weil diese Opera Comique etwas kurz, und nur von zweyen Aufzügen ist, so wird obiges Lustspiel abwechseln, und zwar also, dass nach der zweyten Abhandlung desselben, ein Aufzug von dem Singspiel, nach dem dritten Theil des Lustspiels ein Ballet erfolgen, den völligen Beschluss aber, der zweyte Aufzug von dem Singspiele machen wird.

Mittwoch den 13. August: ein Lust-Spiel von drey Aufzügen, genannt: **Pamela, oder: Die belohnte Tugend**. Dem Italienischen des Herrn Karl Goldoni nachgeahmet, von Friedrich Wilhelm Weiskern. Den Beschluss macht ein Ballet.

Ohne Datum: aus hoher Ursache repetirt, die von unserem Bernardon in Wien componirte Opera Comique betitult: **Der krumme Teufel, oder Flameta in der Masquera**. Nachdem aber diese Opera Comique etwas kurz, und nur von zweyen Aufzügen ist, so wird ein anderes Lustspiel von zweyen Aufzügen im Anfang und nach dem ersten Actus abwechseln, genannt: **Bernardon der weinende Amant, Oder: Der sich bald in die Augen, bald in die Stirne, bald in die Nase, bald in das Maul, bald in die Hand, bald in ein Grübel im Kinn, bald in eine schöne Taille verliebende Romanzen-Narr, und Anbeter der vor etlichen hundert Jahren Vierfürstin von Jerusalem, Gemahlin des Herodes**. Den völligen Beschluss macht ein ganz neues Ballet; genannt: **Der bezauberte Schäfer, oder: die eifersüchtige Zauberin**.

Dienstag den 19. August: eine zum allererstenmal sehenswürdige Maschinen-Comödie, genannt: **Bernardons Hochzeit auf dem Scheiterhauffen, oder Ein ehrlicher Mann soll sein Wort halten**. Madame Theresina von Kurz wird mit einer neuen italienischen Arie den Beschluss machen. Avertissement. Diese Comödie hatte vor etlichen Jahren in Wien, Pressburg, Prag und München das Glück vielen Beyfall zu erhalten. Man wünschet hier in Nürnberg ein gleiches Schicksal. Das ganze Lustspiel ist mit Maschinen, Arien und Verkleidungen gezieret, und wir wollen an einer gnädigen Approbation nicht zweifeln. Verkleidungen des Bernardons: Als ein Petit-Maitre singt eine Arie, als ein verliebter Courtisan, in einem bezauberten Sommerhauss. N. B. Dieses Sommerhauss verwandelt sich zu unterschiednen malen in einen Arrest, allwo von Bernardon und Rosalba ein Duetto gesungen wird, alsdann verschwindet das Sommerhauss; Bernardon zeigt sich als Kellner mit Rosalba in einem Bierhauss, wo Rosalba als eine Betrunkene ihre Arie singet. Alsdann zeiget sich Bernardon in der Gestalt des Pandolpho auf eine lächerliche Art: als Rosalba, als Celio, und als Satir; Letzlich, als ein verstellter Wirth, wo er wegen seiner Zauberey zum Feuer condemnirt und auf einem Scheiterhauffen gebracht wird. Endlich verwandelt sich der Scheiterhauffen in eine angenehme Sommerlaube, und wird mit der Heyrath des Bernardons und der Rosalba, mit einer Arie der Beschluss gemacht. Den völligen Beschluss macht ein ganz neues Ballet, genannt: **Der bezauberte Schäfer, oder: Die eifersüchtige Zauberin.**

Mittwoch den 20. August: ein hier noch niemals geschenes regelmässiges Lust-Spiel von fünf Aufzügen, genannt: **Das Herren-Recht, oder die Klippe der Weisen, oder aber Die Tugend, oder der Adel im Geblüte.**[1]) Nachricht. Herr Voltaire, als der Autor von dieser schönen Verfassung, hat ein rechtes Meisterstück gezeiget; da aber in seinem Original, ein und andere Scenen für das deutsche Theater nicht gar zu wohl gangbar waren, so hat der Impresarius dieselben nach der deutschen Schaubühne verändert und eingerichtet, doch so, dass von der Hauptsache und von der Schönheit der seriosen und moralischen Scenen, nicht das mindeste ist abgenommen worden; auch zum Überfluss dieses schöne Stück noch vollkommener zu machen, mit 6 neuen Arien gezieret, welche von Bernardon, Fiameta und Coletta gesungen werden. N. B. Überhaupt hat man wohlbedächtlich wegen einer gewissen Ursache, bis auf den heutigen Tag dieses Lustspiel noch aufbehalten. Den Beschluss machet das so sehr beliebte neue Ballet, genannt: **Der bezauberte Schäfer, oder: Die eifersüchtige Zauberin.**

Donnerstag den 21. August: ein hier noch niemals geschenes Schauspiel, genannt: **Die in einer Person zugleich geliebte und gehasste Braut, oder Bernardon, der rasende Zamor.** Nachricht. In diesem vortreflichen Schauspiele werden von Bernardon und Fiameta unterschiedliche Arien gesungen, besonders werden die rasenden Scenen des Bernardons dieses Stück um so viel angenehmer machen. Nach dem zweyten Actus folget das neue Ballet: genannt: **Der bezauberte Schäfer, oder die eifersüchtige Zauberin.** Den völligen Beschluss machet auf vielfältiges Verlangen das lustige Singspiel genannt: **Bernardon die versoffene Gouvernannte.**

Ohne Datum: ein hier noch nie geschenes Lust-Spiel genannt: **Bernardon, Knecht und Herr, und Fiameta, Dienerin und Frau, oder Bernardon, der deutsche Michel aus Paris.**[2]) An den Leser:

---

[1]) Nach: Le droit du Seigneur von Voltaire.

[2]) Nach Destouches. Ein Zettel der Schulz'schen oder sog. Bandaerischen Gesellschaft bringt folgende Ankündigung: „Ein sehr wohl ausgearbeitetes, dem französischen des Hrn. Destouches nachgeahmtes Lustspiel betitult: Die glückliche Verwechslung oder Hanns-Wurst der deutsche Michel aus Paris und

Man hat für den heutigen Tag eine der besten Pourlesquen hervorgesuchet, um die hohen Gäste mit aller erdenklichen Lustbarkeit zu ergötzen. Die ganze Abhandlung ist auf die Personagen des Bernardons und der Fiameta eingerichtet, und obwohlen dieses Stück in drey Aufzügen bestehet, so ist es doch so kurz, dass die so sehr approbirte Opera Comique auf hohes Verlangen unter denen Actibus wegen Länge der Zeit ganz leicht abwechseln kann. Wird also vorige Opera Comique für heute zum allerletztenmal erscheinen, genannt: **Der krumme Teufel, Oder Fiameta in der Masquera.** Den völligen Beschluss macht das grosse neue Ballet genannt: **Der bezauberte Schäfer, oder die eifersüchtige Zauberin.**

Mittwoch den 27. August: zum allererstenmal eine hier noch niemals gesehene Bourlesque genannt: **Der verliebte Amsterdamer Medicus Sassafras mit seiner schönen Patientin Sassaparille.**[1]) Bernardon stellet vor einen Erz-Intriguanten in Vermittlung einer doppelten Heyrath; und Fiameta eine Gelegenheitsmacherin und getreue Gefährtin ihres Bräutigams Bernardon. Nachricht: Dieses Lustspiel bestehet in lauter lustigen Begebenheiten, wozu Bernardon und Fiameta den meisten Anlass geben werden. N. B. Unter der zweyten und dritten Abhandlung wird allezeit mit einem Ballet abgewechselt werden. Den völligen Beschluss macht ein lustiges Nachspiel; genannt: **Bernardon der arme Görgel.**[2]) N. B. Man hätte gerne wie sonst gewöhnlich, heute mit einer Trägödie oder regelmässigen Stück abgewechselt, weilen aber aus hoher Ursache auf die morgige Vorstellung so viele Neuigkeiten im Stand zu bringen sind, so wird in der zukünftigen Woche das Publicum mit einem neuen Stück ganz gewiss bedienet werden.

Donnerstag den 28. August: eine ganz neue hier noch niemals gesehene Opera Comique von einem Aufzuge, genannt: Die Insul

---

Colombina das durch die Kleider ihrer Fräule hochmüthig gemachte Stubenmädel, mit Jackerl, dem eigennutzigen Kuppler des vor Liebe im Hirn verrückten Herrn von Spornstreichs". Denselben Stoff: Vertauschungen von Knecht und Herr, Dienerin und Frau behandelt: Die betrogene Betrüger. Lustspiel in 3 Aufzügen. Aus dem dänischen des Frbrn. von Holberg übersetzt von J. W. Weiskern. 1753. Nach dem Manuscript in der k. k. Hofbibliothek 13, 193 wirbt Bernardon, der Diener des Leander in den Kleidern seines Herrn um dessen Braut Isabella, während gleichzeitig Colombine die Magd der Isabella in den Kleidern ihrer Gebieterin den Bernardon als vermeintlichen Leander zu kapern sucht. Es kommt zur Heirath zwischen beiden betrogenen Betrügern. Daraus entstehen Conflicte zwischen den wirklichen Herrschaften Isabella und Leander, die jedoch nach Enthüllung der Spitzbübereien in Wohlgefallen sich auflösen. Das ungeschickte Spreizen der Dienerschaft in den Herrenkleidern gab geschickten Schauspielern oft dankbare Aufgaben.

[1]) Von Carl Richter.
[2]) Nach Molière's George Dandin. „den Beschluss machet eine aus Monsieur Molière gezogene Nach-Comoedie, betitult: George Dandin, oder: der arme George". (E. Mentzel l. c. pag. 461.)

der Wilden, oder: Die wankelmüthige Insulanerin mit Arlequin dem durch Zauberey zum Abgott Ram, gemachten König der Insul Tschalalai. An den Leser. Schwerlich hat man jemals auf der deutschen Schaubühne ein Stück von solchem Werthe als dieses Singspiel gesehen. Es bestehet durchaus in abwechslenden künstlichen Maschinen, Pantomime, denen besten Arien und Ballet, es würde einem jeden Königlichen und Fürstlichen Opern-Theater Ehre machen, und folglich kann man es von keiner andern als von dieser Trouppe vermuthen, da der uneigennützige Charakter unseres Impresarii, die Kosten so dergleichen Vorstellungen erfordern, vor das wenigste ansieht, womit er das Vergnügen und die Zufriedenheit höchster, hoher und geneigter Zuschauer befördern kann. Hier sind sie so wenig als Mühe und Fleiss gespart, in dieser Gattung von Divertissements, etwas ganz vollkommenes zu zeigen. Der Beschluss dieses Stückes, dessen Zeitpunct ohngefehr etwas über eine Stunde dauert, wird beweisen, dass wir hier nicht zu viel versprochen haben. Hierauf folgt ein hier gleichfalls niemal gesehenes Lust-Spiel von zwey Aufzügen, genannt: **Die drey verheyrathete Lehn-Laquais**; Nebst einem grossen Ballet.

Montag den 1. September: wiederholt ein Lust-Spiel des Herrn Carolo Goldoni von drey Aufzügen betitult: **Pamela, oder: Die belohnte Tugend.** Den Beschluss macht heute zum erstenmal ein neues Ballet, genannt: **Der verliebte Tanzmeister.**

Mittwoch den 3. September: ein Lust-Spiel von drey Aufzügen betitult: **Die verehlichte Pamela** aus dem Italienischen des berühmten Herrn Doctor Carolo Goldoni. Darauf folgt das Ballet, genannt: **Der verliebte Tanzmeister.**

Donnerstag den 4. September: eine ganz neue Opera Comique von einem Aufzuge, genannt: Die Insul der Wilden, oder die wankelmüthige Insulanerin. Mit Arlequin dem durch Zauberey zum Abgott Ram, gemachten König der Insul Tschalalai. Hierauf folgt ein hier niemal gesehenes Lust-Spiel des Herrn Lessing von einem Aufzuge, genannt: **Die Juden.** Die Schriften des Herrn Lessing sind ebenso beliebt als bekannt, deswegen es überflüssig von dem Werthe dieses angenehmen Stückes, einen weitläuftigen Vorbericht zu geben. Dieses einzige erinnern wir, dass, da es lauter Charaktere in solchem sind, es auch mit den möglichsten Bedacht auf dieselbe eingetheilet worden, so, dass wir eine vollkommen regelmässige Ausarbeitung auch hierinnen versichern können. Diejenigen aber, welchen die Schriften obbemeldeten Verfassers nicht bekannt, bitten wir bey Erblickung des Tituls: die Juden, solche nicht mit der von uns bereits etlichemal vorgestellten Juden-Hochzeit zu vermischen.

Montag den 8. September: eine mit der besten Musik, denen schönsten Verzierungen und sehenswürdigsten Verwandlungen durchaus angefüllte Pantomime von zwey Aufzügen, betitelt: **Arlequin au tombeau, oder: Das Grabmahl des Arlequins.** Nach Endigung des ersten Aufzuges folgt ein Ballet, und die ganze Pantomime schliesst gleichfalls ein neues Ballet; Nebst diesem wird hier zum erstenmal vorgestellt, eine ganz neue hier niemalen gesehene Opera Comique von einem Aufzuge und fünf Stimmen, genannt: **Flametta, der aus Liebe sich verstellende grossmüthige Spanier, Oder die das Glück hat, führt den Bräutigam nach Hause;** Als einen Gegensatz des bekannten Sprichworts: Der das Glück hat, führt die Braut nach Hause. An den Leser. Wir sind überzeugt, dass sehr viele von unsern Gönnern, die pantomimischen Vorstellungen des berühmten Nicolini als eines Meisters, in dieser Gattung theatralischer Divertissements zu sehen, Gelegenheit gehabt. Wir hoffen bey unserer zur abwechsslender Unterhaltung abzielenden Nachahmung auf ihre Gerechtigkeit, und das unpartheyische Urtheil, dass wir weder Mühe Fleiss noch Unkosten gesparet, demselben hierin gleich zu kommen; und dieses um so gewisser, da die ganze Einrichtung derselben, von unserm Maschinen-Meister unternommen, welcher von Jugend auf bey demselben ein Mitarbeiter in dieser Kunst, in dem Charakter des Pirots gewesen. Unter andern wird die Verwandlung des ganzen Schauplatzes, welcher vorher durchaus ein prächtiges Grabmahl vorstellet, sehenswürdig seyn. Was das Singspiel anbelangt, muss es in Ansehung der vortreflichen Musik, der besten Arien, und denen lustigsten Auftritten der Fiametta, und deren übrigen Spielenden alle, andre von uns hier vorgestellte Operetten übertreffen, und jedermann Vergnügen und uns Beyfall erwerben.

Mittwoch den 10. September, wie am 8. d. Mts. N. B. Und weil die erste Vorstellung solcher mühsamen Werke gleichsam nur als eine Probe anzusehen, so wird man sich bey der wiederholten aller möglichen Vollkommenheit bestreben.

Donnerstag den 11. September: ein hier noch niemal gesehenes Lust-Spiel von drey Aufzügen, betitelt: **Il Gentil' Home per Hazard, oder: Bernardon, der Edelmann von Ungefähr, Oder: der fürchterliche Corsar in Deutschland;** Mit Flametta einer Intressirten Amantin, eines einfältigen Jungen Herrns. An den Leser. Zu was vor Ausschweifungen kan nicht eine thörichte Mutterliebe gelangen, welche in ihrer Raserey so weit steiget, dass sie in dem heutigen Stück, ihren von Geburt aus einfältigen Sohn, vor ein adeliches Kind, der Welt darstellet. Wie wenig aber läst sich die Natur verläugnen, der Bauer, welcher zum Pflug gebohren, wird selten oder gar nicht, den Edelmann an Tugend und Verstand gleichen. Diese heutige Verwechsslung ist ein klares Beyspiel davon, und man kann dieses heutige extra sehenswürdige Lustspiel, billig eine Opera Comique nennen, weil durch alle drey Aufzüge, mit Arien und Duetten von Bernardon und Fiametten abgewechselt werden. Die nichts lernen wollende Jugend, kan sich heute einen Spiegel nehmen, von der Wahrheit des bekannten Sprichworts: Was Hänsel nicht lernt wenn er jung ist, wird Hanss nicht lernen wenn er alt ist. Nach dem ersten Aufzug folgt ein Ballet, und das ganze Stück schliesst ebenfalls ein grosses Ballet.

Montag den 15. September: ein Trauerspiel in reinen deutschen Versen und fünf Aufzügen von Frau C. A. Gottschedin, betitult: **Alziere, oder: Die Amerikaner.** An den Leser ... Madame Theresina von Kurz spielet die Rolle der Alziere, und die übrigen sind alle nach denen Charakteren vertheilet ... Den Beschluss macht heute ganz gewiss, ein neues grosses holländisches Ballet, wobey eine prächtige Beleuchtung anzumerken ist.

Mittwoch den 17. September: ein von dem Wiener Theater entlehntes allhier noch niemalen aufgeführtes Lust-Spiel, genannt: **Der durch die Ausschweiffung des Argwohns und der Treue, um seine Gestalt gebrachte, in einen Strickrock versetzte und von einer auserordentlichen Masquerade verwirrte, aus Gutwilligkeit um das Seinige betrogene, durch Übereilung seiner Braut beraubte, von einer misbrauchten Notariats-Kunst geängstigte, aus Liebe in den Schuldenthurm gerathene, durch Misgunst zur Heyrath gezwungene, mit fremden Streithändeln überhäufte, bey dem Anfang seines Glücks geplünderte, und bey dem Ausgang einer seltsamen Jungfern-Bataille von Liebkosung halb erstickte Frontin, Ein doppelter Ehemann, mit und wider seinen Willen, verliebtes Nachtgespenst bey hellem Tage, lächerliche Braut zu jedermanns Verdruss, und gefährlicher Ehrendieb ohne sein Verschulden in dessen lustigen Elend das Sprichwort wahr wird: Eilen thut selten gut; Oder: Die durch kluge List ihr Liebesglück zu befördern, bey entstehenden unverhoften Misverstand sich selbsten in Gefahr der Ehre und des Lebens stürzende, jedoch auf seltsame Art durch einen tapfern Officier beschützte, und endlich vollkommen vergnügte Isabella.** Den Beschluss macht das neue holländische Ballet.

Donnerstag den 18. September: auf hohes Verlangen ein Trauerspiel in deutschen Versen und fünf Aufzügen, genannt: **Der Graf von Essex.** N. B. Madame Theresina von Kurz, wird sich in der Rolle der Königin Elisabetha besonders zeigen. Den Beschluss macht ein Ballet.

Montag den 22. September: eine nach Nicolinischer Art eingerichtete Pantomime von zwey Aufzügen, genannt: **Le Medecin du Pal, Oder: Der betrogene Arzt.** Nach Endigung desselben folgt ein Lust-Spiel von einem Aufzuge, betitult: **Der Geizige, Oder: Der zum Dienst seines Herrn, und zu seinem eigenen Glücke lustige**

Frontin. Worinnen nebst denen angenehmsten Verwicklungen, verschiedene Verkleidungen abwechslen. Den völligen Beschluss macht ein neues grosses Ballet von etlichen zwanzig Personen, genannt: **Die lustige Fast-Nacht.**

Mittwoch den 24. September: noch einmal die mit vielen neuen Veränderungen und Maschinen gezierte Pantomime genannt: **Le Medecin du Pal, Oder: Der betrogene Arzt.** Zugleich wird auch zu einer angenehmen Abwechslung vorgestellet, ein mit angenehmen Verwicklungen versehenes Lust-Spiel, genannt: **Die seltsamen und lustigen Begebenheiten der Verliebten bey Nachtzeit, Oder: Der beglückte Jungfern-Fang.** Den völligen Beschluss macht wieder das neue grosse Ballet von etlichen zwanzig Personen, genannt: **Die lustige Fast-Nacht.**

Donnerstag den 25. September: ein allhier noch niemalen vorgestelltes, nach dem heutigen Geschmack der hohen und geneigten Gönner eingerichtetes Lust-Spiel, genannt: **Der getreue Amant, Oder: Die wunderbarliche, mühsame, und höchst beschwerliche, dennoch aber zum grösten Ruhm glücklich ausgeschlagene Liebes-Probe.** Mit Frontin, Einem durch den Korb gefallenen Amanten der Colombine, närrischen Poeten, ungeschickten und vexirten nüchtlichen Musico, geschwornen Feind und Rivalen des Leopoldes, verzagten Duellanten, und endlich ohnverhoft-beglückten Bräutigam einer männlichen Braut. Den Beschluss macht das neue sehenswürdige grosse Ballet.

Montag den 29. September: ein regelmässiges Lust-Spiel in ungebundener Rede und drey Aufzügen verfasset von Herrn Philipp Hafner, genannt: **Der Furchtsame, Oder die Eigenschaft der Liebe in der Natur.** Den gänzlichen Beschluss macht das grosse sehenswürdige Ballet genannt: **Der bezauberte Schäfer, Oder: Die eifersüchtige Zauberin.**

Mittwoch den 1. October: zum vorletztenmal ein mit angenehmen Verwicklungen durchaus abwechslendes, aus dem Italienischen übersetztes Lust-Spiel, genannt: **Die so seltsame, als lächerliche aus einem Brief entstandene Verwirrung, Oder: Die um einen Schwiegersohn streitende Väter.** Mit Frontin einem übelabgefertigten Wirthshauss-Gast, faulen Träger, gezwungenen Edelmann und geplagten doppelten Bräutigam. Zu desto grösserer Vergnügung unserer hohen und geneigten Gönner, werden heute aufgeführt, zwey grosse sehenswürdige Ballets. Das erste zum Schluss des zweyten Aufzuges genannt: **Der Kohlenbrenner.** Das zweyte zu Ende des Lustspiels, genannt: **La Guingette Flamand.** N. B. Wir erwarten heute ein zahlreiches hohes Auditorium, mit so viel grösserer Zuversicht, weil nur noch morgen sich unser Schauplatz eröffnen wird, und versprechen gewisslich heute ein vollkommenes Vergnügen zu erwerben.

Donnerstag den 2. October: NB. NB. NB. zum allerletztenmal Ein regelmässig und rührendes Lustspiel in ungebundener Rede und drey Aufzügen, dem Herrn Abbt Chiari so glücklich nachgeahmt von Herrn Ringger, Österreichischen Ritter, genannt: **Pamela als Mutter.** Zwischen dem zweyten und dritten Actus, wird das Ballet **die falsche Werbung** genannt, abwechsen. Den völligen Beschluss macht das grosse Ballet: **Die lustige Fastnacht.**

XI.

Kurz in Frankfurt a. M., in Mainz, in Mannheim, in Köln 1766/68. Ein „Wiener Faustspiel" in Frankfurt a. M.

Am 2. Oktober verkündigte Kurz zum „NB. NB. NB. allerletztenmal" die Vorstellung der Pamela in Nürnberg und am 7. Oktober finden wir den rührigen Impresario schon in Frankfurt a. M. in Unterhandlung wegen eines Theaters. In den nächsten drei Jahren 1766/69 theilte Kurz seine Thätigkeit zwischen den Städten Frankfurt a. M., Mainz, Mannheim und Köln. Von diesem zweiten Auftreten Bernardons in Frankfurt a. M. gibt E. Mentzel[1]) eine ebenso fesselnde wie erschöpfende Darstellung, woraus hier das wichtigste erwähnt wird.

Kurz spielte in Frankfurt zur Herbstmesse 1766 und 1767 in seinem eigenen Theater auf dem Rossmarkt, und zur Ostermesse 1768 im Bienenthal'schen Saal im Junghof. Anfangs fand er hier wie überall grossen Zulauf, später erlahmte das Interesse und er musste mit seiner Bühne weiter wandern. Die Grundlage seines Repertoires bildeten natürlich die bekannten Bernardoniaden. „Die Prinzessin Pumphia", „Der krumme Teufel", „Der 30jährige A B C

---

[1]) E. Mentzel. Geschichte der Schauspielkunst in Frankfurt a. M. Frankfurt a. M. 1882. Ein Beitrag zur Geschichte des „Wiener Bernardon". Deutsche Zeitung, Wien 17. Jänner 1884.

Schüler", „Die versoffene Guvernante" und andere boten Monsieur und Madame Kurz Gelegenheit alle Künste des in Wien verpönten Hanswurst und seiner Colombine spielen zu lassen. Kurz wusste ganz gut wie sehr der feinere Geschmack gegen diese Figuren des Stegreifspieles sich auflehnte und kam daher scheinbar dieser neuen Richtung entgegen durch eine ausdrückliche Verwahrung: er wolle den Hanswurst nicht der besseren Erkenntniss zum Trotz wieder einschleichen lassen, nein! —

„blos aus der Ursache erscheinet heut unser Crispin in dem Charakter des Hannswurst, weil es der doppelte Charakter und die Verwicklung des Lustspiels verlanget, weil man die Zuscher durch die alte Tracht auf die alten Zeiten zurück führen will; und weil Madame von Kurtz eben den Charakter des Hannswurst nach Verlangen des Spiels vorstellen wird. Dieses ist die Ursache sonst keine — sonst soll er wieder von unserem Theater verworffen werden, wie er von allen reinen Schaubühnen verworffen ist.

Es ist zwar wahr, dass dieser Charakter noch in Wien vorgestellet wird, allein nicht so, als wie bey denen flüchtigen Gesellschafften, die sich nur aus Zotten- und Possenreisen Ehre machen, die es so weit gebracht haben, dass man auch nicht einmal den Nahmen Hannswurst auf einer reinen Schaubühne will hören; sondern es ist ein sehr geschickter Schauspieler, der den Charakter bekleidet, ein Schauspieler der es vor eine Schande hält, das Publicum mit einem andern, als feiner Satier, oder reinen Schertz lachen zu machen, ein Schauspieler, der nicht dumm plaudert, oder lachet, oder übertriebene Quinten, Quaresen, oder verstellte Gesichter machet, nein! — nein! es ist ein Mann; es ist ein Schauspieler, den jeder Cavalier, jede Dame, jeder Bürger, jeder Fremde liebt, und hochschätzt".

Das war also eine Art modernisirter, verfeinerter Hanswurst zur höheren Erbauung des gebildeten, kunstliebenden Publikums. Die Ankündigungen dieser Vorstellungen enthielten meist ein vollständiges Szenarium und priesen gelegentlich in bombastischer Weise die Leistungen hervorragender Schauspieler. Einen solchen Zettel mit der Ankündigung von „Bernardon, der 30jährige A B C Schüler" und „Bernardon, die versoffene Guvernante", welchen wir der freundlichen Mittheilung von Frau E. Mentzel verdanken, bringen wir als Beilage in seiner ursprünglichen Gestalt zum Abdruck. Die armseligen

Mit gnädigster Bewilligung
Eines Hochedlen und Hochweisen Magistrats
der Kayserl. Wahl-Freien-Reichs- und Handel-Stadt Franckfurt
Wird heute unter der Direction des Herrn Josephs von Kurtz, als Entrepreneur,
Die neu-erbaute Schaubühne
eröfnet, und auf derselben aufgeführet
Ein hier noch niemal gesehenes
Moralisches Lustspiel von drey Aufzügen.
Genannt:

Bernardon,
Der dreissigjährige A. B. C. Schüler,
Oder:
Wann der Bauer zum Edelmann wird, so bleibt er doch ein Bauer,
Nach dem Sprichwort:
Der Apfel fällt nicht weit von Stammen:
Und
Fiametta,
Einer arglistigen, und zuletzt glücklich gewordenen Haubenhefterin.

Nachricht.

Dieses Lustspiel ist von unserm Impressario auf seinen eigenen Character verfertiget, es ist eben so voll der lustigsten Auftritte, doch erinnerten Sittenspiel, als der besten Lehrsprüche, es zeiget, wie viel ein eitler Guter Erziehung folgsam, es streifet den verwerflichen Sotth eines zugewonnenen reich gewordenen Bauern ab zuschanden und lächerlich vor. Es hebet die Tugend in der Armuth nachdrüklich, und ist durchaus ergötzlich.

Fiametta ist die Rolle der Madame Theresina von Kurtz.

Zwischen dem Lustspiel wird ein Ballet abwechseln.
Den glücklichen Beschluss machet das mit vorigem Beyfall aufgeführte
Singspiel
Genannt:
Bernardon
Die versoffene Gouvernante.

Nachricht.

Ein auf Französische Art eingerichtetes Divertissement, welches im Singen und Tanzen bestehet, und auf Angabung des Impressarii in Prag der Schaubühne gewidmet worden. Madame Theresina von Kurtz und unser Bernardon werden trachten, sich in diesem Singspiele besonders zu signalisiren.

N. B. Das Singspiel, ist gedruckt bey der Cassa vor 12. Kreutzer zu bekommen.

Preiß deren Plätze.

Loge im ersten und andern Rang à 4. Peschmes 4. fl. Gallerie im ersten und andern Rang die Person 1. fl. im Parterre die Person 30. Kreutzer, im dritten Rang die Person 18. Batzen, und im vierten Rang die Person 7. Batzen.

N. B. Dasjenige, welche Personen in denen Logen zu nehmen, werden wegen noch nicht vollkommener Einrichtung 4. Gulden zu einer Bequemlichkeit in die Logen schicken. Der Eingang zu dem Theater von der Cassa auß ist in die erste und andere Gallerie, wie auch zu denen Logen zu rechter Hand. Zu der dritten und vierten Gallerie aber ist es dort: Hand. In Ende des Schauspiels werden auf beyden Seiten Thüren eröfnet, damit man desto bequemer aus dem Schauspiel kommen kan.

Diejenige, so keine Impresse von denen Comödien-Zetteln bekommen, sollen sich bey dem Herrn Casser mit Namen und Wohnung melden, damit man es dem Zettelträger geziemend führe, hinlänglichst der Zettel schaffet zu besorgen.

N. B. Auf das Theater wird niemand, weder bei der Probe, noch währendem Schauspiele mit, oder ohne Geld, gelass:n.

Die Logen-Schlüssel sind zu bekommen auf der grossen Gallerie im E. No. 6. in des Hn. Hauptmann von Kabelter Behausung, bey dem Herrn Entrepreneur.
Der Schauplatz ist auf dem Roßmarckt, in dem neuerbauten Commödien-Haus.

N. B. Der Anfang ist um 6. Uhr.

Schwänke des 30jährigen ABC Schülers kennen wir bereits und der Inhalt des „Singspiels" „Die versoffene Guvernante" zeigt die geringen Ansprüche der damaligen Theaterbesucher.

> Eine alte Guvernante hatte, wegen ihrer vermeinten Geschicklichkeit, das Glück eine Menge kleiner und grosser Jugend von unterschiedenen Eltern unter ihre Aufsicht zu bekommen, damit Selbige von ihr nicht nur in der französischen Sprache, sondern auch in andern dem Frauenzimmer anständigen Hand-Arbeiten solten unterrichtet werden. Unter diesen Kindern befindet sich auch Fiametta, ihre eigene Tochter, welche ein heimliches Liebes-Verständnis mit einem gewissen Flavio hatte; weil aber die alte Guvernante aus Scheinheiligkeit dem Männlichen Geschlecht gar keinen Zutritt in ihrem Hauss erlaubte, so ereignet sich eine Gelegenheit bey einer von ihr selbst angestellten Garten-Lust, dass Flavio, nebst andern jungen Leuten, daselbst das Vergnügen haben, eines das andere in der grössten Zufriedenheit zu sehen.

Das Stück selber beginnt der Amoroso Flavio, der als Petit maitre mit einem Sackspiegel und „Buder-Büferl" erscheint und über den drohenden Verlust seiner Fiametta in einer Arie klagt. Gleichsam als Stretta fügt er zu Crispin, seinem Diener gewendet, bei:

> Und da steht der Bengel,
> Der Esel, der Schlengel
> Den Spiegel, du Limmel! (Er schaut in den Spiegel.)
> O grausamer Himmel!
> O Marter! O Schmerz!
> Hier fehlet der Buder,
> Geschwinde du Luder. (Crispin budert ihn.)
> Fiametta verliehren,
> Das macht mich crepiren
> Der Schluss ist gemacht. (Er zeigt den Degen.)
> Mein Schatz gute Nacht. (Er will sich erstechen.)

Da öffnet sich das Fenster und Fiametta gibt dem Flavio ein Rendez-vous im Garten, indem sie schliesst:

> Verstell dich vernünftig, leb wohl! ich bin dein.
> (Sie gehet vom Fenster und Flavio singt:)
> O Quel bonheur! Nun weicht der Schmerz!
> Weil la Fortune mein zärtlich Herz
> Durch Fiamettens Blick entzücket. (Zum Crispin.)
> Allein was glaubst, was denkest du?

Da steht der Ochs. So rede ... Nu!
Sprich! werd ich heut durch sie beglücket?
  Da schweiget der Schliffel!
  So rede du Büffel.
  Die Liebe muss siegen,
  Uns beyde vergnügen.
  Jetzt lachet der Narr
  Wir werden ein Paar.

(Beide gehen ab, das Theater verwandelt sich in einen angenehmen Garten. Bernardon erscheint als Guvernante, Fiametta und viele Kinder, welche tanzen und sich belustigen. Fiametta sendet ein Mädchen aus, um zu sehen, ob Flavio noch nicht da sei, das Mädchen deutet: Nein. Fiametta ist ungeduldig, wenn sie die Guvernante ansicht, strickt sie. Endlich singt die Guvernante:)

  Gnug, ihr Kinder seyt ihr tumm?
  Ihr springt, wie die Böck herum.
  Ihr habt euch erhitzet,
  Ihr schnaufet, ihr schwitzet.
  Kommt setzet euch nieder,
  Erholet euch wieder.
Ein jedes nehm jetzo die Arbeit zur Hand.
Folgt mir doch in allem, als der Guvernant.
(Die Kinder setzen sich, nehmen ihre Arbeit und murren.)
  Allzeit knotzen, allzeit sitzen
  Allzeit bei der Arbeit schwitzen.
(Während dem lauft die Guvernante von einem Kinde zum andern und singt:)
  Du mein Kind musst fleissig stricken
  Du schön nähen, künstlich sticken,
  Dieses soll dein Arbeit seyn.
  Du musst kochen, Caffee machen
  Nicht viel reden, wenig lachen,
  Halte Mund und Kuchel rein.
  Du musst fleissiger studiren
  Und du flieh das Caressiren,
  Folg nicht deinem Vater nach,
  Denn aus solchen Tändeleyen
  Folgen endlich Kindereien
  Und aus diesen Weh und Ach!

Nicht ohne Humor ist ein Duett zwischen der Gouvernante und Fiametta, indem die Eine von der Hitze, die Andere von der Liebe „tormentirt wird", und die Eine sich nach einem Trunke, die Andere sich nach ihrem

Flavio sehnt. Endlich erscheint dieser als Branntweinhändler mit mehreren Bouteillen in einem Korb, von denen eine er vor die Gouvernante hinstellt, die anderen an die Kinder vertheilt, und schliesslich Alle verleitet, seinen Liqueur zu trinken, denn: „er zertheilt das dicke Blut, macht Appetit zum Speisen, stärkt Brust und Herz, curiret den Magenschmerz". Obwohl die Gouvernante die Kinder ermahnt:

> Ey nicht doch ihr Kinder,
> Ihr seyd, wie die Rinder,
> Ey schaut doch auf mich!
> Fein ehrbar, fein niedlich,
> Hübsch nüchter hübsch friedlich,
> Und halt so wie ich.

erweist sie sich doch selbst am schwächsten. Sie fällt nieder und die Kinder lachen sie aus.

> Chorus. Fiametta. Hier liegt nun die saubere Frau
> Kinder. Wie eine Sau.
> Flavio. Holla Kutscher komm gefahren (Es kommen zwey Kerle mit einem Karren.)
> Mit dem Karren,
> Ladt sie auf und führt sie fort
> An den ihr bestimmten Ort!
> Fiametta. Auf mein Schatz zum Hochzeitmachen.
> Alle. Auf zum Scherzen, auf zum Lachen,
> Dass wir können lustig seyn
> Macht der edle Brandewein! (Alle tanzen hinein, die zwey Kerle führen die Guvernante auf dem Schubkarren nach.)

Neben den eigentlichen Bernardoniaden gab Kurz in Frankfurt die üblichen Maschinen-Komoedien, worunter ein „Wiener Faustspiel" grosses Aufsehen erregte. Der Titel dieses in mancher Hinsicht interessanten Stückes lautet:

> Eine zwar uralte, weltbekannte, auch zum oftern vorgestellte,
> und auf verchiedene Art schon geschene
> Grosse Maschinen Comödie,
> Welche aber von uns heute auf solche Art soll aufgeführt werden,
> dass es solcher gestalten wol schwerlich von andern Gesellschaften
> wird seyn geschen worden; genannt:

In Doctrina Interitus
Oder Das lasterrvolle Leben und erschröckliche Ende des
Weltberühmten und jedermänniglich bekannten
Erzzauberers Doctoris Joannis Fausti,
Professoris Theologiae Wittenbergensis.
Nach dem Sinnspruch:
Multi die stygia sine fronte palude jocantur,
Sed vereor fiat, ne jocus iste focus.
Das ist:
Wir pflegen von der Höll nur ein Geschäft zu machen,
Bis sich in Weinen kehrt ihr boshaft freches Lachen.
Mit Crispin, einem excludirten Studenten-Famulo, von Geistern
übel vexirter Reisender, geplagten Cammeraden des Mephistopheles,
unglücklichen Luftfahrer, lächerlichen Bezahler seiner Schulden,
natürlichen Hexenmeister, und närrischen Nachtwächter.

Das Spiel enthält 15 Szenen und beginnt mit einer gelehrten Dissertatio Fausts in seinem Musaeo, ob das Studium Theologicum oder Nictromanticum zu erwählen sei. Darauf folgen: die Conjuration des Mephistopheles, lächerliche Possen des Crispin mit den Geistern, der Contract mit der Hölle, Fausts Reise mit Mephistopheles durch die Luft an den Hof von Parma, wo Faust Vorstellungen aus der biblischen und Profan-Historie veranstaltet und einem Hofrath des Fürsten Hörner auf den Kopf zaubert. In der 10. Szene, welche den Haupteffect des Stückes bildete, zeigt sich ein Freyhof oder Begräbnissort mit vielen Grabschriften. Faust will die Gebeine seines verstorbenen Vaters aus der Erde graben und zu seiner Zauberei missbrauchen, wird aber von dessen erscheinendem Geiste zur Busse ermahnt. Mephistopheles vereitelt diese Bekehrung und zieht Faust unter einem Feuerwerk in den Höllenrachen.

Der Faust war schon 1608 von englischen Komoedianten in Graz auf die Bühne gebracht worden und bildete seitdem ein beliebtes Volks-Schauspiel in Österreich. Stranitzky der berühmte Hanswurst führte ein solches Faustspiel im Jahre 1715 auf dem Wiener Kärnthnerthor-Theater auf.[1] Wie es aber dem Geschmack des Publikums

---

[1] Johannes Meissner, „Wiener Faustspiele". Deutsche Zeitung, Wien. Dez. 1882.

und dem Zweck der Darsteller entsprach, wurde in diesem „Wiener Faustspiel" die lustige Person im Gegensatz zum gelehrten Faust mehr betont, und überdies Faust im katholischen Wien zum Professor der Theologie in Wittenberg gemacht. Diese Bezeichnung aber erregte im protestantischen Frankfurt Anstoss. Das Prediger-Ministerium schritt ein und zwang Kurz nach zwei Aufführungen zu folgender Erklärung:

> NB! NB! NB! In den zwei letzten Vorstellungen des Fausts ist von uns irrig in den Zetteln diesem Namen das praedicat Professor Theologiae beygesetzet worden, indeme die Sache an sich selbst blos als eine theatralische Fabel aus dem Alterthum anzusehen, und wird solche aus gnädigstem Befehl hiermit widerruffen, und wir erklären uns ganz willig dahin, dass es in keiner Absicht jemahls unsere Meynung gewesen diese Würde anzutasten, noch dieses Gedicht für eine Wahrheit zu verkauffen, sondern dadurch blos zu zeigen, wie sehr der Geschmack der deutschen Bühne zu ihrer Ehre von den vorigen Zeiten abgewichen.

Vermuthlich wurde später das beliebte Stück mit Aenderung des anstössigen Titels wiederholt. Denn der bekannte Schröder, der damals zur Truppe des Kurz gehörte, erzählt in seiner Lebensbeschreibung, dass der Schauspieler Grünberg „bei jeder neuen Vorstellung des Doctor Faust neue Ansichten über Magie vortrug, die, wie lange er auch sprechen mochte, den Zuschauern und unter ihnen selbst Schrödern immer zu früh geendigt schienen". Die theologische Facultät von Wittenberg aber bedankte sich für diese Ehrenrettung in einem eigenen Schreiben an das Prediger-Ministerium in Frankfurt. Ob der junge Goethe, der im August 1768 nach schwerer Krankheit von Leipzig nach Frankfurt kam, von diesen Faustspielen Kenntniss hatte, lässt sich nicht mit Sicherheit nachweisen. Kurz verliess Frankfurt allerdings schon im Frühjahr 1768, aber seine Frau führte das Theater noch weiter zur Zeit der Herbst-Messe, und die Möglichkeit, dass Goethe dort ein solches Faustspiel gesehen, scheint nicht ausgeschlossen. Die Klage des Prediger-Ministeriums, sowie die Ausführungen Grünbergs-Faust über Magie bildeten wahrscheinlich längere Zeit das Tagesgespräch in den Theaterkreisen Frankfurts und mögen das Interesse des jungen Dichters auf das Stück gelenkt haben.

Regelmässige Stücke brachte Kurz seltener zur Aufführung.[1]) Durch einen günstigen Zufall erschien der erwähnte Widerruf auf einem Zettel der Minna von Barnhelm, welcher auf diese Weise in den Akten des Prediger-Ministeriums aufbewahrt blieb und uns auch über die Besetzung des Lustspiels Auskunft gibt. Waitzhoffer spielte den Tellheim, Mdslle. Rischarin (die spätere Frau Sacco) die Minna, Grünberg den Bruchsaal, Mad. v. Kurz die Franziska, Köppe den Just, Bergopzoomer den Werner, Mayer den Gastwirth, Mad. Köppe die Dame in Trauer, Pizl den Feldjäger. Die Rolle des Riccaut de la Marlinière entfiel wahrscheinlich wegen Unwohlsein Schröders. Wie diese Namen zeigen, versammelte Kurz in seiner Truppe die besten Kräfte der deutschen Schaubühne seiner Zeit. Zu den Genannten kamen noch die Eheleute Eitels, die Mitglieder des Ballets und einige Figuranten.

Im Herbst 1767 feierte Kurz die Genesung der Kaiserin Maria Theresia durch ein von ihm verfasstes Vorspiel in Versen, worin er selbst die Hauptrolle spielte.

> Maria Theresia Majestät
>
> zur allerunterthänigsten Freudesbezeugung aufgeführet ein auf diese ganz Europa entzückende höchst erfreuliche Begebenheit neu verfertigtes Vorspiel in Versen genannt:
>
> Das in dem Gefilde der Freude frohlockende Teutschland.
>
> Personen desselben. Die Majestät. Die Freude. Der Schutzgeist Oesterreichs. Die Schauspielkunst. Die Unschuld.
>
> Bericht. Der Schauplatz stellet eine angenehme, auf das herrlichste belaubte Gegend vor, mitten in solcher zeigt sich ein auf das allerschönste ausgezierter Altar der Vorsicht. Auf beyden Seiten in erhabenen Pyramiden die kayserl. königlichen Erbländer, und des Heil. Röm. Reichs mit ihren Insignien, Wappen und Inschriften.

---

[1]) Neuerdings aufgefundene Theaterzettel beweisen, dass Kurz in Frankfurt a. M. auch eine Anzahl ernster Stücke zur Darstellung brachte. Es waren meist dieselben, die er kurz vorher in Nürnberg aufführte.

Die Majestät und die Freude flehen zu der Vorsicht um die Wiedergenesung ihro Majestät. Der Schutz-Geist Oesterreichs versichert sie, dass die Vorsicht Allerhöchst-Dieselbe ihren Wünschen wiederum geschenket. Hierauf zeigt sich das auf das herrlichste geschmückte Bildniss Ihro Majestät. Die Vorsicht lässt sich in einer prächtigen Wolken Maschine auf Allerhöchst deroselben Haupt herab. Die Fama erscheint mit einer Inschrift ganz Europa diese höchsterfreuliche Begebenheit zu verkündigen. Die Schauspiel-Kunst, die Unschuld an der Hand führend, mischet sich in das Frohlocken der übrigen, rufet die Tanzenden herbei an dieser allgemeinen Freude Theil zu nehmen; hiemit folget von denenselben ein Tantz, und die Schauspiel-Kunst schliesst mit einer auf die allerhöchste Feyer verfertigte Aria, die allerunterthänigst gehorsamste Zueignung.

Diesem Vorspiel folgte der Essex von Corneille, mit Kurz als Graf Essex. Doch gelang es Kurz nicht in ernsten Rollen Beifall zu erringen, ebensowenig wie seiner Frau Theresina.

Im Frühjahr 1768 machte Kurz schlechte Geschäfte und konnte die Abgabe für das Theater nicht bezahlen. Daher verweigerte ihm der Rath der freien Stadt Frankfurt die Bewilligung für die Spiele zur Herbstmesse. Kurz selbst ging nach Köln, Madame Kurz aber, die hübsche Italienerin, die wohl einflussreiche Freunde unter den gestrengen Rathsherren besass, erhielt die nachgesuchte Spielerlaubniss und führte die Impresa auf der Herbstmesse mit gutem Erfolg weiter, bis sie einem „hohen" Rufe nach München folgte.

Übrigens dürfen wir uns nicht wundern, dass diesen fahrenden Komödianten in den deutschen Reichsstädten kein grosses Wohlwollen entgegengebracht wurde. Nicht allein die häufig rohen, unanständigen Darstellungen, auch das ganze lockere Leben der Schauspieler und der Schauspielerinnen erregte begreifliches Ärgerniss in den kirchlichgesinnten, ehrbaren Bürgerkreisen. Daher gab es meist Schwierigkeiten, die Bewilligung zum Theaterspielen beim Rath zu erlangen und diese musste für jede Messe neu eingeholt werden. Die gesellschaftliche Stellung der Schauspieler war eine untergeordnete, sie waren auf den Verkehr mit den Collegen angewiesen und nur selten fanden einige Mitglieder Eingang in bürgerlichen Familien. Kurz machte auch darin eine Ausnahme durch seine adelige Abkunft und durch seine weltmännische Lebensführung, beide erwarben ihm die Freundschaft verschiedener hoher Herren.

Sein besonderer Gönner war der Churfürst Emmerich von Mainz, wo Kurz am 16. Januar 1767 das neue Schauspielhaus auf der grossen Bleiche mit der „Insel der Vernunft" eröffnete. Das Theater im Hof des adeligen Gesellschaftsgebäudes fasste 3000 Personen und durch einige Zeit errang Kurz auch hier mit seinen Bernardoniaden grosse Erfolge.[1]

Im November 1767 betrat Kurz die Bühne auf dem Fruchtmarkt in Mannheim. Nach der Chronik des Grossherzoglichen Hof- und National-Theaters[2] war er der erste, der seine Vorstellungen über den ganzen Fasching bis zum Aschermittwoch ausdehnen durfte. Trotzdem gingen die Geschäfte hier keineswegs glänzend, denn seine Einnahmen erreichten in den Jahren 1767—69 für je vier Monate nur 32,627 Gulden, obwohl er das „Leggeld" für Logen und andere Plätze höher bestimmt hatte als seine Nachfolger, die für die vier Wintermonate durchschnittlich 12,000 Gulden erzielten. Die Stücke waren dieselben wie in Frankfurt und in Mainz, und da der Churfürst Karl Theodor das Theater gelegentlich mit einem Besuch beehrte, nannte Kurz seine Truppe: „Deutsche Hofschauspielergesellschaft". Am 3. November 1768 feierte Kurz aus demuthsvoller Pflicht das glorreiche Namensfest des Durchlauchtigsten Fürsten und Herrn, Herrn Carl Theodor mit einem musikalischen Vorspiele: „Die frohlockenden Schäfer", das der Genius der Churpfalz mit den Versen schliesst:

---

[1] Jacob Peth, Geschichte des Theaters und der Musik in Mainz. Mainz 1879.

[2] Anton Pichler, Chronik des Grossherzoglichen Hof- und National-Theaters in Mannheim. Mannheim 1879.

O lege grosser Gott auf Carel deinen Segen
Lass dich o Himmel doch durch unser Flehn bewegen,
Es ruf und sing mit mir das ganze Cor
Der Curfürst lebe lang in Carel Theodor!
Corus: Vivat Carl Theodor bis das die Welt
In ihr voriges Caos zerfällt!

Während dieser Jahre 1766—68 spielte Kurz viermal in Köln und aus einer Eingabe[1]) an den Rath der Stadt dieser wohlhabenden lebenslustigen Stadt erfahren wir einiges über die öconomische Gebahrung einer solchen Wanderbühne, über den Missbrauch der „Freybillets", sowie über die Thatsache, dass auch hier Kurz zum Schluss nicht mehr auf seine Kosten kam. So entschloss er sich denn vom Rhein wieder an die Donau in seine Heimath zurück zu wandern.

XII.

Bernardons letztes Auftreten und Misserfolg in Wien 1769,71. „Die Herrschaftskuchel". Abgang nach Danzig 1771. „Insul der gesunden Vernunft". Theaterdirector in Warschau 1771,81. Letzte Jahre und Tod in Wien 1781,83.

Nochmals versuchte Kurz sein Glück in Wien im Jahre 1769. Die Kaiserin Maria Theresia mied seit dem Tod ihres Gemahls das Theater, und nach einem kurzen Aufschwung des regelrechten Schauspiels unter v. Bender (1769) eröffnete der Italiener d'Affligio abermals den alten Stegreifpossen die Bühne. Diesen Augenblick hielt Kurz für sein Unternehmen günstig. Er folgte dem Ruf des d'Affligio, musste aber bald seinen

---
[1]) Siehe Anhang.

Irrthum erkennen und sich überzeugen, wie sehr sich die Verhältnisse in den letzten zehn Jahren geändert hatten. Sein mächtigster Gönner am Hofe, der Kaiser Franz I., war 1765 gestorben, und die Bemühungen der Kaiserin, „der Hauptstadt Deutschlands ein studirtes gesittetes Theater zu geben" waren nicht ohne Erfolg geblieben. War doch Minna von Barnhelm am 14. November 1764 mit glänzendem Erfolg aufgeführt und der schon früher begonnene Versuch, Lessing zur Leitung des Theaters nach Wien zu ziehen, fortgesetzt worden.

Zu den eifrigsten Gegnern der Stegreifkomödie gehörte v. Sonnenfels, der in Wort und Schrift für das regelrechte deutsche Schauspiel eintrat. In Folge seiner Eingabe an den Kaiser Josef II.: „Über die Nothwendigkeit das Extemporiren abzustellen" wurde das Extemporiren streng verboten. Dieses Verbot richtete sich jetzt neuerdings gegen Kurz und nöthigte ihn seine Stücke niederzuschreiben. Damit aber war den Bernardoniaden eigentlich der Boden entzogen. Kurz wusste wohl, wie sehr ihm der Einfluss v. Sonnenfels' schadete und suchte bei jeder Gelegenheit an seinem Widersacher Rache zu nehmen. Als eines Tages das Bildniss v. Sonnenfels' (von Schmutzer) in den Schauläden Wiens erschien, liess Kurz das Seinige in völlig gleicher Ausstattung (von Landerer) anfertigen und als Gegenstück neben das des Ministers hängen. Sonnenfels ärgerte sich über die Frechheit, Kurz hatte für einen Augenblick die Lacher auf seiner Seite, aber für seine Sache nichts gewonnen.[1]) Auch die Stimmung unter den Schauspielern war Kurz ungünstig. Die alten Stegreifspieler Leinhaass, Weisskern und der beliebte Hanswurst Prehauser waren todt. Die neuen Schauspieler aber weigerten sich in der Stegreifkomödie aufzutreten; denn v. Bender hatte

---

[1]) Brünner Zeitung Intelligenz Blatt 1770. No. 16. Karl von Görner, Der Hans Wurst-Streit in Wien und Joseph von Sonnenfels. Wien 1884. Siehe Titelbild.

klugerweise in ihren Contrakten ausdrücklich bedungen, dass sie nicht in extemporirten Stücken spielen mussten.¹) Kurz begegnete also Schwierigkeiten auf allen Seiten.

Was aber mehr in die Wagschale fiel als die äusseren Hindernisse, war die völlige Wandlung des Geschmacks. Unmöglich konnte das an's regelrechte Schauspiel gewöhnte Publikum an den wüsten Spässen des Bernardon noch Gefallen finden. Als Antrittsvorstellung gab Kurz „La serva padrona", später folgten die übrigen bekannten Bernardoniaden, von welchen jetzt Kurz der Censur halber einige drucken liess. Zu diesen gehört die früher sehr beliebte Posse: „Die Herrschaftskuchel". Eine kurze Inhaltsangabe möge zeigen, was Kurz dem Wiener Publikum darin zu bieten wagte.

Ein Neues Pantomimisches Singspiel von einem Aufzuge, genannt: Die Herrschaftskuchel auf dem Lande; Mit Bernardon dem dicken Mundkoch Oder: Die versoffenen Köche, und die verliebten Stubenmädel. Wien, gedruckt bey Johann Thomas Edlen von Trattnern k. k. Hofbuchdruckern und Buchhändlern. 1770. Personen. Fiametta das erste Stubenmädel. Catherl, das zweyte. Allegro, ein Laufer. Presto, ein Postillion. Bernardon, der dicke Mundkoch. 10 Stubenmädel, so tanzen. 10 Köche, so auch tanzen. Das Singspiel fängt in der Frühe an, und endiget sich gegen Mittag. Nachricht. Eine vornehme Herrschaft will auf dem Lande eine grosse Tafel geben; man hat dieser Ursache wegen in dem Walde, so an das Schloss stosset, eine grosse hölzerne Küche errichtet, diese ist mit allen erdenklichen Geräthschaften, so zu einer vollkommenen Küche erforderlich, versehen; und diese Küche stellet heute unser Schauplatz vor. Man sieht gleich beym Anfang viele Köche arbeiten, diese

¹) „Das Possenspiel und Extemporiren hat v. Heufeld, in Mitwirkung mancher noch lebender Mitglieder der Nationalschauspielergesellschaft, glücklich vertrieben. In diesen ruhmwürdigen Bemühungen ist er von dem B. Bender ehemaligen Unternehmer des Theaters, thätigst unterstützt, und von dem Staatsrathe Baron v. Gebler und Regimentsrathe v. Sonnenfels am kaiserlichen Thron mit dem wärmsten Patriotismus vertreten worden. Diesen Männern allen und dem zweckmässigen Benehmen des dermaligen Censors Regimentsrathes v. Hägelin, welcher den zweiten Versuch des Kurz'schen Possenspieles unter Afflisio glücklich vereitelte, hat Wien seine Nationalbühne zu verdanken". Kurzgefasste Nachrichten von den bekanntesten deutschen Nationalbühnen überhaupt und von dem K. K. Nationaltheater zu Wien. Wien 1779.

werden von denen Stubenmädeln als ihren Amantinen nach der Zeit in der Küche besuchet. Fiametta, als das erste Stubenmädel, ist die Geliebte eines Laufers, dieser aber ist ein Flattergeist, und liebet ebenfalls das zweite Stubenmädel Catherl genannt, so die Liebste des Postillions ist. Die Eifersucht der Fiametta und des Postillions, wobey Bernardon als der dicke Mundkoch mitunterlaufet ist eigentlich der Stoff von dem heutigen Singspiele, worinnen Bernardon durch seine Unvorsichtigkeit den Schluss machet; eben zu der Zeit, da er Krapfen backet, das Schmalz brennend wird, und dadurch die ganze Küche in Brand stecket. Ich hoffe meinen Hohen, Gnädig und geneigten Gönnern durch dieses zwar kurze, aber sehr unterhaltliche Stück vieles Vergnügen zu verschaffen, und empfehle mich zu fernern Gnaden.

Jos. v. K.
Bernardon.

In der älteren roheren Form hiess das Singspiel: „die liederliche Haushaltung versoffener Köche und verlöffelter Stubenmenscher". Darin kommen zum Schluss zwei Hunde auf die Bühne, „welche in der Kuchel zu stehlen anfangen. Ein Hund bekommt ein Stück Braten, der andere Hund will ihm dasselbe abjagen, sie fangen an mit einander zu rauffen, sogleich kommt ein grosser Stall-Bock und stosset sie mit seinen Hörnern auseinander". Dies Hundespiel auf der Bühne darf uns nicht wundern, da in Wien bis zum Jahr 1796 Thierhetzen stattfanden und diese noch unter d'Affligio zum Privilegium des Theaters gehörten. Kurz opferte aber diesen Kampf der Hunde mit dem „Stallbock", welcher in früherer Zeit gewiss grossen Beifall gefunden, jetzt dem verfeinerten Geschmack.

Weder die „Herrschaftskuchel" noch „Die Weiber- und Buben-Bateille" oder „Der unruhige Reichthum" erzielten den gehofften Beifall. Anfangs hatte die Neugierde sein Haus gefüllt, alles wollte den berühmten „Vater Bernardon" sehen, bald aber liessen ihn auch seine früheren Freunde im Stich. „Das Schauspielhaus wurde allmählig leer und Kurz erlebte den Verdruss seinen Ruhm an eben dem Orte, wo er vormals zum höchsten gestiegen war, fallen und endlich ganz erlöschen zu sehen. Er wurde zuletzt jedem zum Ekel und beschloss seine theatralische Laufbahn zu Ende Fasching 1771 mit einer elenden Operette: „Die Judenhochzeit", die beinahe ausgepfiffen worden wäre".[1]) Dies war Bernardons Ende in Wien.

Mad. Kurz erging es nicht viel besser. Im Herbst 1768 verliess sie Frankfurt einem „hohen" Ruf nach München folgend und im Sommer 1769 vom 3. Juni bis 5. Oktober leitete sie das Theater in Augsburg. Nach einem Misserfolg in Salzburg zog sie endlich auch nach Wien (1770), um da im regelrechten Schauspiel aufzutreten. Aber der Reiz der Jugend war geschwunden, und für ernste Rollen fehlte die Begabung. Am besten gefiel sie noch in „Arietten" und deshalb wurde sie bis zum Jahre 1773 abwechselnd im Schauspiel und in der Oper beschäftigt. Wie wir sahen, nahmen die beiden Gatten die eheliche Gemeinschaft nicht zu streng, sie blieben vereint, so lange es nützlich schien und trennten sich, wenn es der Vortheil erheischte. Später spielte Theresina nochmals im Theater ihres Gatten in Warschau, kehrte aber nach Deutschland zurück, als Kurz die Bühne für immer verliess.

Über die letzten Lebensjahre des Kurz besitzen wir nur spärliche Nachrichten. Nach dem Misserfolg in Wien vereinigte er sich mit der Wittwe Schuch[2]) in Breslau und ging mit ihr als „Mitdirector" und „Hauptacteur" nach Danzig[3]), wo er am 28. October 1771 „Die Insel der gesunden Vernunft" aufführte:

> Mit Erlaubnis einer hohen Obrigkeit wird heute Mondtag den 28. October 1771 die, von Sr. Königl. Majestät in Preussen allergnädigst general-privilegirte Schuchische Gesellschaft unter der Mit-Direction des Herrn v. Kurtz aufführen: Ein ganz neues hier noch niemals gesehenes Lustspiel in 3 Akten, Welches durch künstliche

---

[1]) Theater-Almanach, Wien 1804.

[2]) Frau Karoline Schuch, Wittwe des Franz Schuch des Jüngeren

[3]) E. A. Hagen, Geschichte des Theaters in Preussen. Königsberg 1854.

Vermischungen von lebhaften Versen und muntrer Prosa, wohlgesetzten Gesängen und Tänzen, ein beliebtes comisches Ganzes vorstellet betitult: **Die Insel der gesunden Vernunft** oder die doppelte Untreue, verfertiget von dem, durch seine Serva Padrona allhie wohl belobten Wiener Acteur Der Preisswürdigen Stadt Danzig dedicirt. Heute erscheinen auf der hiesigen Schaubühne zwo Menschenbilder, die von denen Personen, worunter sie gerathen, nichts als die Gestalt und Stimme gemein haben. Man sieht sie vor wilde Leute an, befindet aber, dass Sie, wahre Philosophen der Natur, und ihre Insel, die Insel der gesunden Vernunft, zu nennen. Aber wie possierlich ist ihr erster Auftrit, und Bekanntschaft mit den Sitten unserer Welt! Sie haben keine Kenntnis von Respect, Complimenten, Ceremonien, und den Zierlichkeiten des menschlichen Umgangs. Sie staunen alles an, und machen sich von dem, was Sie sehen, die abentheuerlichsten und possierlichsten Auslegungen. Wenn man Ihnen die Gegenstände erklärt, so erbittern sie sich über die Ausschweifungen der Europäer, richten und schelten in beissenden und stachlichten Ausdrücken, aber auf eine Art, die auch einen Milzsüchtigen durch Lachen erschüttern möchte. Möchten doch alle Critici, die denen Menschen verbiethen, aus vollem Herzen zu lachen, heute gegenwärtig seyn, um zu sehen, was ein lächerlicher und gemeiner Ausdruck würckt, wenn er von der wahren Pantomime der Augen, der Gebehrden und Stellungen begleitet wird, sie würden hören, dass ein bäuerischer Scherz, wenn er der Natur gemäss vorgebracht wird auch den allerwitzigsten Mann ins Gelächter ausbrechen läst, eben deswegen, weil der Scherz natürlich ist. Da unser Wilde sich bey einer ansehnlichen Hof-Staat aufhält, so bekömt er auch Kenntnis von der grossen Welt, geisselt mit seiner Zunge jedermann, und nach seinem Anspruch sind wir nicht so weise, wie wir uns einbilden, doch vergiebt man ihm alles weil er uns unaufhörlich zu lachen macht. Der Verfasser macht hiebey bekannt, dass er die beyden französischen Comoedien, Arlekin der Wilde, und, Die doppelte Unbeständigkeit, bey seinem Plan genutzet, allein der französische Arlequin ist zu sinnreich und redt die Sprache des Hofes, unser Wilde aber ist wild in Sitten, trägt sein Herz auf der Zunge, und spricht dreist und unerschrocken, von den Thorheiten der Städte und Höfe. Mit einem Worte die wehrtesten Zuschauer werden sich nicht allein heute in der Insel der gesunden Vernunft, sondern auch in einer Insel von Ergötzlichkeiten und Vergnügungen befinden.

 Das Stück spielet auf dem Schlosse des Gouverneurs von der Colonie, fängt sich frühe an und endigt gegen Abend. Der Verfasser stellet die Haupt-Rolle vor, und hoffet durch Anwendung aller Kenntnisse, die er vom wahren comischen besitzt, in der Achtung seiner hohen und geneigten Gönner eine Stuffe Heute höher zu steigen. Joseph von Kurtz.

Das Einlage-Geld ist wie bey denen Sing-Spielen gebräuchlich. Der Schauplatz ist bekannt. Die Person zahlt in einer Loge 2 Gulden 12 Groschen, par Terre 1 Gulden 18 Groschen, auf dem zweyten Platz 24 Groschen, und auf dem letzten Platz 12 Groschen. Der Anfang ist mit dem Schlage 5 Uhr. N. B. Aufs Theater wird Niemand gelassen.

Das Geschäft in Danzig entsprach aber nicht den Erwartungen, denn schon am 9. Dezember trennen sich die Compagnons. Die Wittwe Schuch ging nach Königsberg, während Kurz im Januar 1772 die deutsche Komödie in Warschau übernahm.

Am Ende des Jahres 1772 verbreitete sich in Wien das Gerücht, Kurz sei bald nach seiner Ankunft in Warschau gestorben. Dieses Gerücht drang selbst in die höchsten Kreise und bewiess so welchen Antheil der Hof noch immer, wenn auch ein wenig wider Willen, an dem Manne nahm. Am 7. Januar 1773 schrieb die Kaiserin Maria Theresia an ihren Sohn Ferdinand, der seit einem Jahr als Gouverneur der Lombardei in Mailand lebte: *„Je vous envoie ce livret,*[1]*) la comédie a été extrèmement goûtée, moi je la trouve un peu à la Bernardon. Vous saurez qu'il est mort en Pologne"*.

Diese Nachricht beruhte nicht auf Wahrheit. Denn Kurz führte bis zum Jahr 1781 das Theater in Warschau unter der Intendanz des Fürsten Sulkowsky; Mad. Kurz spielte dort ernste Rollen, Sacco war als Balletmeister engagirt. Welcher Beliebtheit Kurz sich hier erfreute, bezeugt seine Erhebung in den polnischen Freiherrnstand. Aber auch an materiellem Erfolg kann es ihm nicht gefehlt haben, denn nach seinem Abschied vom Theater wandte

---

[1]) Das „livret", welches die Kaiserin ihrem Sohn übersandte, war das von: „Die bestrafte Neugierde" oder „Der Neujahrstag" einem Original-Lustspiel in 5 Aufzügen von Gottlob Stephanie dem Jüngeren, das am 2. Januar 1773 mit so grossem Beifall im Hofburgtheater aufgeführt wurde, dass es in zehn Tagen fünfmal gegeben werden musste, ein damals ganz ungewöhnliches Ereigniss. Obwohl „Die bestrafte Neugierde" gerade kein klassisches Werk war, behandelt es die Kaiserin doch sehr streng, wenn sie es mit den Durchschnitts-Komoedien Bernardons in eine Linie stellt.

sich der immer thätige unternehmungslustige Mann der Industrie zu und errichtete eine Papiermühle. Da er keine technischen Kenntnisse für diesen Beruf besass, muss er sich wohl mit seinen beim Theater erworbenen Ersparnissen an diesem Unternehmen betheiligt haben. Seine Gattin blieb der Bühne treu, ging nach Deutschland zurück und leitete zuerst ein Theater in Münster, später in Ulm.

Am Abend seines Lebens zog wohl den alleinstehenden Greis das Heimweh in die Vaterstadt zurück. Wann Kurz nach Wien zurückkehrte, lässt sich nicht genau bestimmen. Niemand nahm von dem ehemals so gefeierten Bernardon Notiz und wahrscheinlich erfuhren nur wenige seiner früheren Verehrer von seiner Anwesenheit. Nur sein Tod in Wien lässt sich unzweifelhaft nachweisen. Am 2. Februar 1783 brachte das Wiener Diarium die kurze Todesanzeige: „H. Joseph Kurz, gewes. Theater-Direct. zu Warschau, 69 Jahre alt, in der Krugerstrasse 1026." Und das Todtenbuch der Pfarre St. Augustin enthält unter dem gleichen Datum folgenden Eintrag:

„Der Wohlgebohrne Herr Joseph Freyherr von Kurz alt 69 Jahr. Ein Schauspieler und Directeur der Schauspiele in verschiedenen Ländern. Omnibus Sacramentis provisus. Beygesetzt im Pfarrdepositorio und in der Nacht nach Matzleinsdorf geführt und auf dem dortigen Gottesacker vor der Linie begraben. R. P. Mariophilotus et Antonius Cooperatores. 1026 in der Krugerstrasse".

Mit Kurz starb der letzte Vertreter der Stegreifkomödie in Deutschland. Das Stegreifspiel bildete von jeher eine besondere Eigenthümlichkeit der leichtbeweglichen Südländer, und blühte daher während der Renaissance im Gegensatz zum regelmässigen Schauspiel (Commedia erudita) als Volksbelustigung (Commedia dell'arte) vorzüglich in Italien, wo es als „Pulcinella" bis auf den heutigen Tag fortbesteht. Evarista Gherardi, der bedeutendste Stegreifspieler am Hof Ludwig XIV., stammte aus Toscana, Stranitzky verbrachte seine Lehrjahre in Italien, Prehauser spielte anfangs in einer italienischen Truppe und Kurz setzte diese Schule fort. Die Vertreter der regelmässigen Bühne, die Schauspieler, die eine Rolle Wort für Wort auswendig lernen, vergleicht E. Gherardi[1]) mit Schülern, die eine mühsam eingelernte Aufgabe hersagen. Nur der Stegreifspieler, der mehr mit der Phantasie als mit dem Gedächtniss spielt, ist nach seiner Ansicht ein wahrer Künstler. Diese Gabe nun, zu improvisiren, besass Kurz in hohem Grade. Schlagfertigkeit und Witz standen ihm zu Gebote, um das magere Szenarium auszufüllen. Welt- und Menschenkenntniss befähigten ihn ferner, durch Anspielungen auf bekannte Ereignisse und Personen die Darstellung zu würzen und durch mehr oder minder verhüllte Zoten den johlenden Beifall der Menge zu gewinnen. Auch für Bernardon gelten Viola's Worte:

Der Bursch ist klug genug den Narrn zu spielen
Und das geschickt zu thun erfordert einigen Witz.
Die Launen derer, über die er scherzt,
Die Zeiten und Personen muss er kennen — — —
                    Dies ist ein Handwerk
So voll Arbeit als des Weisen Kunst.

Nicht nur Bauer und Bürger traf sein Spott, auch gegen Adel und Hof sandte er gelegentlich spitze Worte und, wie wir sahen, nicht immer mit der nöthigen Vorsicht. Wie vor hundert Jahren E. Gherardi durch Madame de Maintenon, wurde Kurz durch die Kaiserin Maria Theresia wegen seiner losen Zunge vom Hofe verbannt. Einflussreiche Frauen standen in Frankreich und in Deutschland auf Seite des regelrechten Schauspiels und blieben nicht ohne Einfluss auf die Verfeinerung der szenischen Darstellung.

Nachdem sein schauspielerischer Ruf feststand und sein eigentliches Gebiet, die Stegreifposse, in Wien vor

---

[1]) Evarista Gherardi, Théâtre italien. Paris 1695.

dem regelmässigen Schauspiel zurückweichen musste, entfaltete Kurz eine ausserordentlich rege Thätigkeit als Theaterunternehmer. Er wusste stets vorzügliche Kräfte um sich zu versammeln und seine Bühne dort aufzuschlagen, wo Erfolg winkte. Die von ihm geschaffenen Stücke aber, die „Bernardoniaden", erfreuten sich durch Jahrzehnte allgemeiner Beliebtheit in ganz Deutschland. Dieser Geschmack erscheint uns heute kaum begreiflich, und wir müssen, um einen Maasstab zu gewinnen, an unsere Zauberpossen oder Operetten denken, welche auch den Schwerpunkt auf Ausstattung, Musik und Tanz legen. Inwieweit unter dem Unsinn der „Bernardoniaden" nur für die Zeitgenossen verständliche politische, soziale oder literarische Anspielungen sich verbargen, wie etwa in der „Prinzessin Pumphia", mag dahin gestellt bleiben. Dies war gewiss oft genug der Fall. Eine Hauptwirkung der „Bernardoniade" aber, der Gegensatz zwischen der eleganten zierlichen Colombine und dem derben plumpen Bernardon, beruhte auf der persönlichen komischen Begabung der Darsteller. Nicht ohne Grund betonen die Avertissements so häufig: diese Rollen sind auf die „Personage" des Herrn Kurz oder der Signora Kurz gearbeitet. Kurz nahm das für seine theatralischen Zwecke Dienliche aus allen Sprachen. Eine „erschröckliche" oder komische Handlung, wirkungsvolle Szenen oder Figuren der verschiedensten Herkunft wurden zu einem dramatischen Potpourri zusammengeflickt wie die farbigen Streifen auf der bunten Harlekins-Jacke. Der Mangel an Einheit störte sein Publikum nicht. So blieb auch in dieser Spreu der Bernardoniaden gelegentlich ein werthvolles Korn bewahrt, das später auf fruchtbaren Boden keimen und blühen konnte. Wenige Jahre nach dem Tode des Kurz wurde in Wien der geniale Raimund geboren, aus dessen Zauberpossen, die heute noch so viele kindliche Gemüther erfreuen, wohl manche Anklänge an das alte Stegreifspiel heraustönen.

ANHANG.

Zu IV. Seite 34.

Kinder des Johann Joseph Felix von Kurz
mit seiner Frau Franziska geb. Tuskani:

Anna Eleonora Theresia getauft 14. Februar 1745, Taufpathe: Tit. Frau Eleonora Herzogin von Quastalla gebohrne Herzogin von Hollenstein (vertreten durch) Jungfrau Anna Maria Jairillie und Susanna Schenkingerin.

Bartholomäus Chrystophorus Josephus getauft 31. Mai 1746. Taufpathe: Tit. Freyherr Bartholomäus von Tinti, N. Ö. Regimentsrath (vertreten durch) Christophorus de Hager, Virtuose von der Oper.

Susanna Franziska Antonia getauft 29. August 1747. Taufpathe: Johanna Susanna Simonin königl. Polnische Hoflieferantin (vertreten durch) Katharina Schlakofsky, aus dem armen Haus und Barbara Wathoferin.

Maria Anna Agnes } getauft am 21. September 1748. Pathen: Maria
Carolina Maria Anna } Anna Rissin und Maria Anna Pesalia.

Carolus Josephus getauft am 16. Dezember 1749. Pathe: Tobias Josephus Edler von Gollhofer R. R. R. und Maltheser O. Donat, k. k. Ober Cammer Fourier.

Maria Anna Procopia getauft am 22. Mai 1751. Pathe: Graf Procopius Adalbertus Czernin, böhm. Oberlandrichtsbeisitzer und Regimentsrath (vertreten durch) Fr. Maria Anna Bober, Kammerdienerin.

Franz Walricus Heinrich Blasius getauft 3. Februar 1753. Pathe: Hochfürstl. Gnaden Franz Walricus Kynsky suppl. Heinrich Schwarzenberg.

Zu IX. Seite 125.

1760, 12. September.

Kundt und wissentlich seye hiemit jedermänniglichen, dass heunt unten gestelten Jahr, und Tag mit gnädiger Approbation Einer Hoch Löblichen K. Königlichen Ober-Direction in conformitate des untern 16 nächst abgerukten Monaths Augusti, und respective 10ten currentis ergangenen Decretum entzwischen der Löblichen Würthschafts Administration der Königlichen Alten Stadt Prag Eines, dann den Herrn Joseph von Kurtz, Principalem der allhiesigen Teutschen Comoedianten-banda anderten Theils nachfolgende verabredung und respective Miett und vermittungs Contract Beliebet und geschlossen worden

Kraft wessen:
Primo elociret eingangs erwehnt Löbliche Würthschafts-Administration Ihme Herrn von Kurtz das in der Alt Städter Kotzen Befindliche gemeind Opern oder Comoedie Hauss von 15ten lauffenden Monaths anfangend Bis wiederumben den 15ten September Künfftigen 1763 Jahrs mithin auf drey nacheinander gehende Jahre zu keinen anderen gebrauch, als dass derselbe auf dasigen Theatro seine Comoedien, Opern, Pantomimen und andere Schau-spiehle, und Comische vorstellungen nach seinen eigenen willen und Nutzen frey und ohngehindert an Allerhöchsten Orthen aus nicht verbottenen Tägen durch Ihm selbsten oder durch einen andern von Ihm gesetzten Impressario produciren könne, sambt denen darinnen Befindlichen Logen, Orgnester, Parterre und Caffe Laaden gegen einen Jährlichen à Sieben Hunderth Gulden pactirten und folgender gestalten in die richtigkeit zu setzen kommenden zinss

dass nachdem
Secundo.[1] So wohl von dem Scenario, welches die Gemeinde Selbsten hat machen Lassen, als auch von dem so der Rechts und zahlungsflüchtige Impressarius Johann Baptist Locatelli hinterlassen, und Selbte Licitando pr. 446 fl. 30 Xr. erkauffet, hat, während der 1757 Jährig-Preusischen bombardirung einige Blätter durch die in das Theatrum eingebrochnen Soldaten zerschlagen oder sonsten verlohren gegangen und über dieses annoch einige gantze Scenen abgängig seyn, diesen abgang nun zu ersetzen und alles in vollkomen Standt einzurichten nach vorschlag des Herrn von Kurtz 3535 Gulden erforderlich wären. Endtlichen aber hat derselbe Bey der in der Behausung und anwesenheit des Königlichen Alt-Städter Herrn Stadt Haubtmanns :| titulo pleno :| gehaltener Tractations Commission diese gantze erfordernus per Pausch mit alleiniger darzuschüssung von Seithen der

---
[1] Secundo und Tertio bereits gedruckt bei Oscar Teuber l. c. p. 235.

Communität 2300 fl. zu Bestreitten, und das Theatrum sambt den
Scenario in vollständigen Standt Längstens Bies ultimo December
hujus Anni Herzustellen sich erklähret, und verbunden dahingegen
zu dessen wieder Bezahlung Ihme allforderist der von dem Opern
Impressario Angelo Mingotti von 15ten September 1759 Bies deto
September heurigen Jahres vertagte und allbereyts Baär erliegende
Theatralzinss per 600 fl., wie nicht minder auch der Von Letzt Be-
melten dato annuatim à 700 fl. anticipato durch drey Jahr zu entrichten
kommende zinss für das Erste Jahr in totum - die übrige 2 Jahr
aber nur Jährlich à 500 fl. in handen gelassen, folgbahr der gemeinde
durch gleich mentionirt 2 Letzte Conductions Jahr all Jährlich Bey
eintritt des 15. September 200 fl. und also conjunctim 400 fl. Bahr
ausgefolget und auf diese weiss und arth sothane 2300 fl. zahlbar
gemacht und respective ausgeglichen werden sollen

                      so Bald nun
Tertio diese Theatral Decoration und Augmentatum verfertiget und
in completen Standt hergestellet seyn wirdt soll all dasjenige was
neu angeschaffet in ein zweyfach genaues Inventarium mit Bewerung
was ein, und das andere in Specio gekostet hat, gebracht und nach
endigung gegenwärthigen Miettungs Contract hinwiederumben von
dem Herrn Conducenten in gutten Standt juxta inventarium zurück-
gestellet, und hinterlassen werden

                      im Fall aber
Quarto während dieser drey Jährigen Conductionszeit alle Schauspiehle
ob maestitiam publicam auf einige Zeit von der allerhöchsten Hoff
Stelle verbotten werden solte, in eum casum soll Ihme Herrn Conductori
ebenso Lang als das tempus inhibitionis gedauret hat, nach den
15 September des künfftigen 1763 Jahrs zu vollstreckung dieser drey
Jahren ohne einig weitherer zinsszahlung auf den elocirten Theatro
seine Schau-spiehlo zu produciren frey verbleiben

                      obzwahrenn
Quinto während dieser Pachtungszeit dem Herrn Conducenten vi §phi
1mi Contractus auch einen anderen Impressarium zu setzen die macht
hat, da aber Selbter einem anderen Comoedien oder Opern Principali
sothanen Schau Platz gäntzlich Subelociren wolte, dieses nicht anderst
als mit vorläuffiger anzeigung Einer Löblichen Würthschaffts Administration für sich gehen und geschehen soll

                      wo anbey
Sexto verbleibet wie vorhin allezeit gewöhnlich die Magistratual Logo
frey, dergestalten dass der Herr Entrepreneur auf alle productiones
so viel deren gespieblet werden Fünf Franco billieter in sothaner Logo
alleinig für die Alt Städter Herren Rathsglieder, und respectivo
Administratores in die Hände des : Titular :' Herrn Administrations
Directoris ohne dass solche an jemand andern cediret werden können,

dann für den Herrn Cantzler wegen aufsetzung gegenwärttigen Mittungs-Contract und anderen dem Herrn von Kurtz und mehr Bemeltes Opern Hauss das Jahr hindurch vorfallenden Begebenheiten, und hirwegen zu verfassen kommenden Schrifften Ein derley Francobilliet abzugeben haben, und demselben entweder in sothane Loge, oder aber in das erste Parterre ohne einigen Leggeld zu gehen freystehen wirdt, welche 6 Franco billieter auch wann ein Sub Conductor sich hervorthuen solte zu verstehen seyn

Schlüsslich dann auch Septimo dem Herrn Mietter obliegen wirdt all überkommendes in gutten Standt zu erhalten, das intermedie eingehende proprijs Sumptibus zu richten zu lassen, insonderheitlich damit durch das Feuer daselbst kein schaden Beschehe, gutte obsicht zu tragen, das Comoedi Hauss allzeit Sauber und zu nachts zeit verschlossen zu halten verbunden seyn, immassen da ¦: ausser göttlicher schickung durch einen Donner Streich :¦ ein Feuer in wiederholten Comoedi Hauss entstehen und andurch der gemeinde einige schaden verursachet werden möchte, Er Herr Conducent darfür zu hafften gehalten seyn und falls in dessen derselbe einige abänderung in dem Comoedi Haus machen lassen wolte, dieses allezeit auf seine aigenen unkosten und nach vorhero Einer Löblichen Würthschaffts Administration Beschehener anzeige und Hierauf erfolgter Bewilligung geschehen solle.

Denen allen zur urkundt ist gegenwärttiger in zwey gleich Lauthende Exemplaria verfaster Contract Beederseiths unterferttiget, und jeden Theil ein Exemplar in Händen gelassen worden. So geschehen Prag den 12. September 1760.

L. S.
urbis.

L. S.

(In Rubro.)

Johann Mathias Eser Cantzler und gemein ältister.

Joseph von Kurtz m/p. Impresario derer Opern und Comoedien.

Elocations Contract des Kotzen Theatri, so sich mit 15t September 1763 endiget.

Zu XI.

a) Zu Seite 166. Beilage in Lichtdruck, nach dem Original verkleinert.
b) Zu Seite 175. Ugeb. A. 87. no 18.
  Unterthänig gehorsambstes Memoriale
  Joseph von Kurz Entrepreneur der Teutschen Schauspielergesellschafft die von löbl. Rechnerey Amt allzuhoch angesetzte Messabgabe betreffend

Wohl- und Hoch Edelgebohrne
Gestrenge Vest und Hochgelahrte
Wohl fürsichtige Hoch- und Wohlweise
Insonders grossgünstige Hochgeehrteste und
Hochgebiethende Herrn Bürgermeistern und Rath!

Es ist dieses die Vierte Messe, in welcher ich die gnädige Erlaubnis erhalten, meine Schauspiele aufführen zu dürffen. In zweyen derselben spielte ich in dem von mir neu errichteten Commoedien Hauss, und bezahlte Vor den mir angewiesenen und hiesiger Stadt zugehörigen Platz das bey anderen Schauspieler Vor jede Messe gewöhnliche Quantum Von fünfzig Reichsthaler; die abgewichene Ostermesse hingegen ware ich, wie jezo auch zu meinem empfindlichsten Schaden gezwungen mit dem zu meinen Decorationen allzu kleinen Theater in dem Junghof mich zu behelfen, und man hatte mir damalen, weilen ich keinen Stadtplatz occupiret Von löbl. Rechnerey Amt nur zwanzig Gulden abgefordert. Vorjezo aber habe ich zu meiner Bekümmerniss und grössten Erstaunen die Nachricht erhalten, dass man diese Summa auf Drey Hundert Gulden erhöhen wollen, ohne dass zu selbiger Zeit, da ich die gnädige Erlaubniss Vor diese Messe erhalten sothane neuerliche und für mich ohnbestreitliche Einrichtung zu Nehmung meiner dienlichen Maas-Regeln mir bekannt worden.

Und ob zwar durch die selbst eigene erleuchtete Einsicht eines Hoch Edlen Magistrats, dass die abgegebenen Frey Billets einem jeden zeitlichen Entrepreneur sehr nachtheylig seyen, solche für das Künfftige aufgehoben worden: so kann ich mir doch ohnmöglich Vorstellen, dass sothane Aufhebung mit einem so grossen Preyss bezahlen solte; Zumalen ich mich niemalen geweigeret gedachte Frey Billets an jedes der löbl. Ämter abzureichen, sondern nur den allzustarcken Missbrauch derselben einzuschräncken gesuchet habe; Nicht zu gedencken, dass wie auf einer seythe der allzu niedrige Gebrauch dieser Billets Vorgewaltet, solche hingegen Von vielen Personen nicht einmahl gebrauchet worden; folglich ich jeder Zeit dabey besser bestanden bin, als dass solche mit einer so allzuhohen Summa auslösen solle.

Der Profit, den ich bisshero Von der Commoedie gezogen, ist sehr mittelmässig und eine so grosse Gesellschafft Schauspieler und Tänzer zu unterhalten erfordert dermasige Kosten, Von deren Vergütung ich mir ausser der Messe allhier keine Hoffnung machen kan. Ich muss ohne solchen ganze Jahre durch fortdaurenden Aufwand nur Vor eine Messe an den H^{rn} Innhaber des Theater fünff Hundert Rthlr. Zinnss bezahlen und dieses betragt jede Commoedie 30 fl., das Orgester kostet alle Tage 18 fl. 30 kr., die Illumination Täglich 12 fl., und diese drey Posten machen allein jeden Tag 60 fl. 30 kr. aus, ohne dass ich den Druck der Commoedien Zettel und aus

Träger, die Besoldung derer Cassirern, der Billeten Einnehmeren, der Mahler, Tischler, Zimmerleuthe, Taglohner, Lichterbuzer und Guardetrobber etc. in anschlag bringen Mag. Und da ich durch mein Haussbuch beweisen kan, dass in Voriger Messe nur 40, 30 und etliche 20 fl. zu gewissen Tägen gelöset; so wird man hieraus sehen, dass ein Entrepreneur, wenn er keine Schulden machen will, nicht diejenigen Vortheile hat, die man sich Von Ihm Vorstellet, folgsam die dermalig geforderte Abgabe ohnmöglich aufbringen kan.

Wie denn in eben dieser Betrachtung, und damit ein Entrepreneur bestehen könne, ich von der löbl. Reichs Stadt Cölln das glück gehabt zum Nuzen dasiger Bürgerschafft ein solches ohnbestimmtes Privilegium und Plaz zu Erbauung eines Commoedien Hauss erhalten, ohne die geringste Abgabe zu thuen alle Spetacul Vorstellen zu können.

An Euer Wohl und Hochedelgeboren ergehet dahero bey Vorwaltenden Umständen und da mir nicht möglich ist, alle andern ausgaben zu bestreiten, mein Unterthänig gehorsambstes bitten, Hochdieselbe mir für diessmal die allzuhoch angesezte Forderung löbl. Rechnerey Amts zu entlassen und das gewöhnliche von mir anzunehmen gnädig geruhen möchten, der ich unter Anhoffung huldreicher Erhörung in tiefester Veneration beharre

Euer Wohl- und Hochedelgeboren gestreng und Herrlichkeiten wie auch Hoch und Wohl fürsichtige Weissheiten
unterthäniger
Joseph von Kurtz.

Auf diese Eingabe erhielt Kurz folgenden Bescheid:

Lect. in Senat: d. 13. September 1768. Solle man den Entrepreneur von Kurz anweisen annoch in dieser Woche sich bey löbl. Rechnerey Amt zu melden und seine Abgab mit demselben zu reguliren.

LITERATUR.

Wiener Diarium. Gelehrte Nachrichten. Erscheint seit 1703.
Die deutsche Schaubühne zu Wien nach alten und neuen Mustern. Wien 1749—1762.
Répertoire des Théâtres de la ville de Vienne, depuis l'année 1752 jusqu'à l'année 1757. Dans l'imprimerie de Jean Leop. Rob. de Ghelen. Vienne en Autriche 1757.
Engelschall, Jos. Heinrich von. Zufällige Gedanken über die deutsche Schaubühne in Wien. Wien 1760.
Die Welt. Wochenschrift von Kleinm und Herrl. Wien 1762—1763.
Der östreichische Patriot. Wochenschrift. Wien 1764—1766.
Der Mann ohne Vorurtheil. Wochenschrift. Wien 1765—1767.
Chr. H. Schmid. Chronologie des deutschen Theaters. Leipzig 1775.
Müller, J. H. F. Geschichte und Tagebuch der Wiener Schaubühne. Wien 1776.
De Luca. Das gelehrte Östreich. Wien 1778.
Kurz gefasste Nachrichten von den bekanntesten deutschen Nationalbühnen überhaupt und von dem K. K. Nationaltheater zu Wien. Wien 1779.
Sonnenfels, Joseph von. Gesamm. Schriften. Wien 1783—1787.
Dies, A. Ch. Biographische Nachrichten von Jos. Haydn. Wien 1810.
Meissner, A. G. Sämmtliche Werke. Wien 1813—1814.
Graeffer, F. Kleine Wiener Memoiren. Wien 1845.
Realis, Curiositäten und Memorabilien-Lexikon von Wien. Wien 1846. Seite 184 befindet sich ein Holzschnitt, mit der Darstellung Bernardons in der Rolle eines Cölnischen Stadtsoldaten. (Siehe Seite 14.)
Gervinus, G. G. Geschichte der deutschen Dichtung. Leipzig 1853.
Wurzbach von Tannenberg, Constant. Biographisches Lexicon des Kaiserthum Östreich enthält die Lebensskizzen der denkwürdigsten Personen, welche seit 1750 im Kaiserstaate und in seinen Kronländern gelebt haben. Wien 1857—1891.
Hysel, Franz Eduard. Das Theater in Nürnberg von 1612—1863. Nürnberg 1863.
Pohl, C. F. Joseph Haydn. Leipzig 1875 u. 1882.

Richter, H. M. Geistesströmungen. Berlin 1876.
Wlassak Dr. Eduard. Chronik des K. K. Hofburgtheaters zu dessen Säcularfeier im Februar 1876. Wien 1876.
Pawel Jaro. Die literarischen Reformen des XVIII. Jahrhunderts. Wien 1881.
Reden Esbeck v. Caroline Neuber. Leipzig 1881.
R. Genée. Lehr- und Wanderjahre des deutschen Schauspiels. 1882.
Mentzel, E. Geschichte des Theaters und der Schauspielkunst in Frankfurt a. M. Frankfurt a. M. 1882.
Teuber, Oscar. Geschichte des Prager Theaters. Prag 1883.
Görner, Karl von. Der Hans Wurst-Streit in Wien und Joseph von Sonnenfels. Wien 1884.
Devrient, E. Geschichte der deutschen Schauspielkunst. Leipzig 1884-1885.
Goedecke, Karl. Grundriss zur Geschichte der deutschen Dichtung. Dresden 1884—1897.
Klein, J. L. Geschichte des Dramas. Leipzig 1886.

LITERARISCHE ANSTALT, RÜTTEN & LOENING,
FRANKFURT a. M.

MENSCHEN UND WERKE.

Essays

von

Georg Brandes.

Mit dem Gruppenbild der 17 im Buche besprochenen Schriftsteller in Glanzlichtdruck.

Zweite durchgesehene und ergänzte Auflage.
Gr. 8°; 1895.

Gebunden in Leinwand Mk. 11.—.

1. Goethe und Dänemark. 2. Ludwig Holberg. 3. Adam Oehlenschläger: Aladdin. 4. Friedrich Nietzsche. 5. Emile Zola. 6. Guy de Maupassant. 7. Puschkin und Lermontow. 8. Fjodor Dostojewski. 9. Leo Tolstoi. 10. Das Thier im Menschen. 11. Kristian Elster. 12. Alexander L. Kielland. 13. J. P. Jacobsen. 14. August Strindberg. 15. Hermann Sudermann. 16. Gerhart Hauptmann.

Georg Brandes ist ein Classiker unter den Essaysten. Seine Essays sind Meister- und Musterstücke ihrer Art: von reinster Harmonie in dem Zusammenklang von Inhalt und Form, von köstlicher Klarheit des Ausdrucks und prachtvoller Frische des Stils; sie sind nicht in dem Maasse mit gelehrtem Beiwerk überwuchert, dass sie aufhören, an ein anderes, als ein allgemein gebildetes Publikum sich zu wenden und da sie der Tiefe und des Ernstes nicht entbehren, so fesseln sie auch den Leser, dem seine Bildung die höchsten Ansprüche an den Autor zu stellen erlaubt. In dem vorliegenden stattlichen Bande — auf 550 Seiten — behandelt Brandes eine Reihe von Schriftstellern, die entweder wie Zola, Maupassant, Nietzsche und Tolstoi, ein europäisches Publikum gefunden und in gewaltiger Fermentation auf den Geschmack und die geistige Cultur unserer Zeitepoche eingewirkt haben, oder, er wendet sich zu jenen stillen Grössen der Literatur, die, wie J. P. Jacobsen, in jenen engen Kreisen Freunde fanden, in denen man den Genuss nach seiner Intimität und seiner Feinheit zu schätzen versteht . . . . Das Buch des ausgezeichneten Literaturkenners empfehlen wir eindringlich allgemeiner Beachtung: es gewährt dem Leser eine Fülle von Anregungen, bringt ihm Aufklärungen und Licht und bereitet die reine Freude geistigen Geniessens in reichstem Maasse.

(„Hamburger Nachrichten".)

LITERARISCHE ANSTALT, RÜTTEN & LOENING,
FRANKFURT A. M.

Die Bühnengeschichte des Goetheschen Faust
von **Wilhelm Creizenach**. Geheftet. M. 1.50.

Die Frage, in wie weit Goethes Faust auf die Bühne gebracht werden könne und solle, ist in der letzten Zeit viel erörtert worden, und hat das lebhafte Interesse der weitesten Kreise erregt. Der Verfasser hat sich bestrebt, das ganze auf diese Frage bezügliche, weitzerstreute Material klar und übersichtlich zusammenzustellen, die mannigfachen Schicksale Fausts auf der Bühne anschaulich zu schildern und hat namentlich auch die bisher gar zu wenig in Betracht gezogene Vorfrage, in wie weit Goethe selbst den Faust als Bühnenwerk betrachtet wissen wollte, zum Gegenstand einer eingehenden Untersuchung gemacht.

Goethes Faust in seiner ältesten Gestalt.
Untersuchungen
von **J. Collin**.
Eleg. geheftet, X, 275 Seiten.
Preis M. 5.—.

Die Entstehungsgeschichte des ältesten Faust ist es, die der Verfasser, Privatdozent für neuere deutsche Litteraturgeschichte an der Universität Giessen, behandelt. Er geht dabei hauptsächlich von psychologisch-historischen Erwägungen aus und giebt so zugleich ein Bild von der inneren Entwickelung des jungen Goethe, soweit sie sich im Faust abspiegelt. Sein Zusammenhang mit den übrigen Werken der Leipziger und Frankfurter Jahre wird im einzelnen verfolgt und aus ihnen wie aus dem inneren Leben des Dichters, seinem Verhältnis zu seiner Zeit und seinem künstlerischen Standpunkt, ein fester Boden zur Erklärung und zeitlichen Festsetzung der einzelnen Szenen gewonnen.